高等职业教育“十四五”规划教材

蔬菜生产技术

（南方本）

彭　婷　李向前　主编

中国农业大学出版社
·北京·

内容简介

本书根据行业四新和国家标准，运用现代职教理念，贯彻课程思政，按照南方气候环境，设置了蔬菜生产基础以及茄果类、豆类、瓜类、叶菜类、根菜类、薯芋类、白菜类、芽苗菜类、多年生类蔬菜绿色生产十个项目，化繁为简，突出工作过程培养，分别设计典型蔬菜案例详细完整真实的生产实训任务，注重从生产方案制订、培育壮苗、嫁接改良、移栽定植、田间管理、环境调控、绿色防治到采收贮藏的整个生产过程对学生进行能力培养，每个项目明确知识、能力、思政目标，配合任务单、任务计划、情况记录、总结分析、多元评价等，理实一体，产教融合，课证融通，力求实现专业教学与学生就业岗位紧密对接。本教材适合作为高等职业院校相关专业课程教材，也可供蔬菜生产相关从业人员学习、参考。

图书在版编目(CIP)数据

蔬菜生产技术 / 彭婷，李向前主编. -- 北京：中国农业大学出版社，2023.12
ISBN 978-7-5655-3037-1

Ⅰ. ①蔬…　Ⅱ. ①彭…②李…　Ⅲ. ①蔬菜园艺-高等职业教育-教材　Ⅳ. ①S63

中国国家版本馆 CIP 数据核字(2023)第 235360 号

书　　名　蔬菜生产技术
作　　者　彭　婷　李向前　主编

策划编辑　康昊婷　　**责任编辑**　康昊婷　刘彦龙
封面设计　郑　川　李尘工作室
出版发行　中国农业大学出版社
社　　址　北京市海淀区圆明园西路 2 号　　**邮政编码**　100193
电　　话　发行部 010-62733489，1190　　编辑部 010-62732617，2618
出版部 010-62733440　　读者服务部 010-62732336
网　　址　http://www.caupress.cn　　**E-mail**　cbsszs@cau.edu.cn
经　　销　新华书店
印　　刷　涿州市星河印刷有限公司
版　　次　2024 年 1 月第 1 版　　2024 年 1 月第 1 次印刷
规　　格　185 mm×260 mm　　16 开本　　16 印张　　399 千字
定　　价　59.00 元

编委会

主　编　彭　婷（眉山职业技术学院）

　　　　李向前（眉山职业技术学院）

参　编　张世姣（眉山职业技术学院）

　　　　李　倩（眉山职业技术学院）

　　　　闫　凯（成都农业科技职业学院）

　　　　王　丽（眉山职业技术学院）

　　　　何　斌（眉山职业技术学院）

　　　　张琪凯（山东省伟丽种苗科学研究院）

　　　　黄仁权（贵州农业职业学院）

　　　　杨剑锋（湖北科技学院）

　　　　许　炎（凯盛浩丰智慧农业有限公司）

　　　　李　义（眉山职业技术学院）

　　　　张树金（眉山市农业农村局）

审　稿　杨　俊（眉山职业技术学院）

前言 Preface

随着我国进入新的发展阶段，产业升级和经济结构调整不断加快，各行各业对技术技能人才的需求越来越紧迫，职业教育的重要地位和作用越来越凸显。《国家职业教育改革实施方案》（简称“职教二十条”）坚持以习近平新时代中国特色社会主义思想为指导，把职业教育摆在教育改革创新和经济社会发展中更加突出的位置。牢固树立新发展理念，服务建设现代化经济体系和实现更高质量更充分就业需要，对接科技发展趋势和市场需求，完善职业教育和培训体系，优化学校、专业布局，深化办学体制改革和育人机制改革，以促进就业和适应产业发展需求为导向，鼓励和支持社会各界特别是企业积极支持职业教育，着力培养高素质劳动者和技术技能人才。要求“及时将新技术、新工艺、新规范纳入教学标准和教学内容”，并且应“每3年修订1次教材，其中专业教材随信息技术发展和产业升级情况及时动态更新”。《职业院校教材管理办法》（2019）要求“打造精品教材，切实提高教材建设水平”。

为响应国家号召及在新形势下高等职业教育现代农业专业群“蔬菜生产技术”课程的教学需要，编者根据现代农业、农村的发展情况，在教材中融入了党的二十大精神，将思政元素融入育人思想贯穿课程教学环节，增强大学生服务农业农村现代化、服务乡村振兴的社会责任感和使命感。

蔬菜生产技术是从事农作物生产工作岗位对应专业学生的必修专业课程，适用于高等职业院校农职类专业，包含两学期的教学内容。

本课程根据行业四新和国家标准、现代职教理念，贯彻课程思政，按照南方气候环境，以农业生物学分类，分为茄果类、豆类、瓜类、叶菜类、根菜类、薯芋类、白菜类、芽苗菜类、多年生类，分别设计其典型蔬菜的详细完整真实生产实训项目，从生产方案制订、培育壮苗、嫁接改良、移栽定植、田间管理、环境调控、绿色防治到采收贮藏的整个生产过程能力培养，结合蔬菜生产基础知识，让学生做中学，理论联系实践，在实践中总结提升，不断积累经验，并且树立保护环境、节约资源的意识，掌握蔬菜的高效优质科学绿色栽培技术，为今后从事本专业相关工作打下坚实基础。同时，注重培养学生知农、爱农、服务“三农”的情怀，传承耕读精神，引导学生自愿投身于振兴乡村的队伍中，促进我国农业现代化生产转型升级，为生产出安全优质的绿色蔬菜，从食品源头保障食品安全，从而发挥出蔬菜的最大营养价值，强健国民体质。

编者

2023 年 6 月

目录 Contents

模块一　蔬菜绿色生产基础 …… 1
学习情景　认识蔬菜绿色生产基础 …… 1
学习任务单 …… 1
任务资讯单 …… 2
知识链接 …… 2
任务实施 …… 4
任务一　蔬菜分类 …… 4
任务二　蔬菜的生长与发育 …… 7
任务三　蔬菜生育环境因子 …… 10
子任务一　温度 …… 10
子任务二　光照 …… 11
子任务三　水分 …… 13
子任务四　气体 …… 14
子任务五　养分 …… 14
子任务六　生物 …… 15
任务四　蔬菜种子 …… 15
子任务一　蔬菜种子的分类 …… 16
子任务二　蔬菜种子质量检测 …… 16
任务五　蔬菜播种育苗 …… 20
子任务一　蔬菜播种 …… 20
子任务二　蔬菜育苗 …… 23
任务六　蔬菜生产管理 …… 26
子任务一　整地 …… 26
子任务二　施肥 …… 27
子任务三　定植 …… 29
子任务四　灌溉 …… 29

子任务五　植株调整 …… 31
任务七　蔬菜园区规划设计 …… 32
总结分析 …… 33
活动评价单 …… 33
知识拓展 …… 34

模块二　茄果类蔬菜绿色生产 …… 35

学习情景 1　番茄周年温室生产管理 …… 35

学习任务单 …… 35
任务资讯单 …… 36
知识链接 …… 36
任务实施 …… 38
任务一　制订生产计划 …… 38
子任务一　品种选择 …… 38
子任务二　制订生产方案 …… 39
子任务三　生产记录及生产记录保存 …… 40
任务二　培育壮苗 …… 40
子任务一　确保种子质量 …… 41
子任务二　种子处理 …… 41
子任务三　穴盘育苗 …… 42
子任务四　苗期管理 …… 43
任务三　嫁接改良 …… 44
子任务一　劈接法 …… 45
子任务二　贴接法 …… 45
子任务三　嫁接后管理 …… 46
任务四　移植定植 …… 47
子任务一　定植前准备 …… 47
子任务二　移栽定植 …… 49
任务五　环境调控 …… 50
任务六　植株调整 …… 52
任务七　绿色防控 …… 55
任务八　采收保鲜 …… 56
总结分析 …… 57
活动评价单 …… 58
知识拓展 …… 59

学习情景 2　辣椒春夏季露地生产管理 …… 60
学习任务单 …… 60
任务资讯单 …… 60
知识链接 …… 61
任务实施 …… 63
任务一　制订生产计划 …… 63
子任务一　品种选择 …… 64
子任务二　制订生产方案 …… 64
子任务三　生产记录及生产记录保存 …… 64
任务二　播种育苗 …… 65
子任务一　确保种子质量 …… 65
子任务二　种子处理 …… 66
子任务三　苗床育苗 …… 66
子任务四　穴盘育苗 …… 67
子任务五　苗期管理 …… 67
任务三　栽培管理 …… 68
子任务一　移栽定植 …… 68
子任务二　田间管理 …… 69
任务四　绿色防控 …… 71
任务五　采收保鲜 …… 74
总结分析 …… 74
活动评价单 …… 75
知识拓展 …… 76

模块三　豆类蔬菜绿色生产 …… 77

学习情景　豇豆春夏季露地生产管理 …… 77
学习任务单 …… 77
任务资讯单 …… 78
知识链接 …… 78
任务实施 …… 80
任务一　制订生产计划 …… 80
子任务一　品种选择 …… 80
子任务二　制订生产方案 …… 81
子任务三　生产记录及生产记录保存 …… 82
任务二　播种育苗 …… 83

子任务一　播种前准备 …… 83
任务三　播种育苗 …… 84
任务四　栽培管理 …… 85
子任务一　肥水管理 …… 85
子任务二　整枝搭架 …… 87
子任务三　保花保果 …… 88
任务五　绿色防控 …… 88
任务六　采收贮藏 …… 90
总结分析 …… 90
活动评价单 …… 91
知识拓展 …… 92

模块四　瓜类蔬菜绿色生产 …… 93

学习情景　黄瓜秋冬季设施生产管理 …… 93
学习任务单 …… 93
任务资讯单 …… 94
知识链接 …… 94
任务实施 …… 96
任务一　制订生产计划 …… 96
子任务一　品种选择 …… 96
子任务二　制订生产方案 …… 97
子任务三　生产记录及生产记录保存 …… 98
任务二　培育壮苗 …… 99
子任务一　种子处理 …… 99
子任务二　穴盘育苗 …… 100
子任务三　播后管理 …… 101
任务三　嫁接改良 …… 102
子任务一　插接法 …… 102
子任务二　靠接法 …… 103
子任务三　嫁接后管理 …… 103
任务四　移栽定植 …… 104
子任务一　移栽前准备 …… 104
子任务二　移栽定植 …… 106
任务五　环境调控 …… 107
子任务一　空气环境调节 …… 107

子任务二　土壤环境调节 …… 108
任务六　植株调整 …… 110
任务七　绿色防控 …… 112
任务八　采收分级 …… 114
总结分析 …… 115
活动评价单 …… 116
知识拓展 …… 117

模块五　叶菜类蔬菜绿色生产 …… 118

学习情景　生菜周年水培生产管理 …… 118
学习任务单 …… 118
任务资讯单 …… 119
知识链接 …… 119
任务实施 …… 121
任务一　制订生产计划 …… 121
子任务一　品种选择 …… 122
子任务二　制订生产方案 …… 123
子任务三　生产记录及生产记录保存 …… 124
任务二　育苗 …… 124
子任务一　营养液配置 …… 125
子任务二　水培系统搭建 …… 126
子任务三　育苗 …… 127
任务三　绿色栽培 …… 129
子任务一　定植前的准备 …… 129
子任务二　定植 …… 129
任务四　采收贮藏 …… 133
总结分析 …… 135
活动评价单 …… 136
知识拓展 …… 136

模块六　根菜类蔬菜绿色生产 …… 137

学习情景　萝卜秋冬季露地生产管理 …… 137
学习任务单 …… 137
任务资讯单 …… 138
知识链接 …… 138

任务实施…………140
任务一 制订生产计划…………140
子任务一 品种选择…………140
子任务二 制订生产方案…………141
子任务三 生产记录及生产记录保存…………142
任务二 播种育苗…………143
子任务一 播种前准备…………143
子任务二 播种育苗…………144
任务三 田间管理…………145
任务四 田间诊断…………147
任务五 绿色防控…………149
任务六 采收贮藏…………150
总结分析…………152
活动评价单…………153
知识拓展…………154

模块七 薯芋类蔬菜绿色生产…………155

学习情景 马铃薯秋冬季露地生产管理…………155
学习任务单…………155
任务资讯单…………156
知识链接…………156
任务实施…………158
任务一 制订生产计划…………158
子任务一 品种选择…………158
子任务二 制订生产方案…………159
子任务三 生产记录及生产记录保存…………160
任务二 播种前准备…………161
子任务一 播前准备…………161
子任务二 种子处理…………161
子任务三 播种…………163
任务三 栽培管理…………163
任务四 绿色防控…………165
子任务一 马铃薯晚疫病的绿色防控…………165
子任务二 马铃薯早疫病的绿色防控…………166
子任务三 马铃薯青枯病的绿色防控…………166

子任务四　二十八星瓢虫的绿色防控 …… 167
子任务五　蚜虫的绿色防控 …… 168
子任务六　马铃薯块茎蛾的绿色防控 …… 168
子任务七　地下害虫的绿色防控 …… 169
任务五　采收、分级与贮藏 …… 169
子任务一　采收 …… 170
子任务二　分级 …… 171
子任务三　贮藏 …… 171
总结分析 …… 172
活动评价单 …… 173
知识拓展 …… 173

模块八　白菜类蔬菜绿色生产 …… 174

学习情景　结球甘蓝越冬露地生产管理 …… 174
学习任务单 …… 174
任务资讯单 …… 175
知识链接 …… 175
任务实施 …… 178
任务一　制订生产计划 …… 178
子任务一　品种选择 …… 178
子任务二　制订生产方案 …… 180
子任务三　生产记录及生产记录保存 …… 181
任务二　培育壮苗 …… 182
子任务一　选择购买种子 …… 182
子任务二　种子处理 …… 182
子任务三　播种育苗 …… 183
子任务四　苗期管理 …… 184
任务三　栽培管理 …… 185
任务四　绿色防控 …… 188
任务五　采收贮藏 …… 191
总结分析 …… 193
活动评价单 …… 194
知识拓展 …… 195

模块九　芽苗菜蔬菜绿色生产 …… 196

学习情景 1　花生芽菜周年无土生产 …… 196

学习任务单…… 196
任务资讯单…… 197
知识链接…… 197
任务实施…… 198
任务一 生产前准备…… 198
子任务一 制订生产计划…… 198
子任务二 生产记录及生产记录保存…… 199
子任务三 培养室准备…… 199
子任务四 育芽盘准备…… 200
子任务五 种子选择…… 200
任务二 种子处理…… 201
子任务一 浸种…… 201
子任务二 催芽…… 201
任务三 播种育苗…… 202
任务四 采收销售…… 202
子任务一 采收…… 202
子任务二 分级包装…… 202
子任务三 销售…… 203
总结分析…… 203
活动评价单…… 203
知识拓展…… 204
学习情景 2 豌豆苗菜周年无土生产 …… 205
学习任务单…… 205
任务资讯单…… 206
知识链接…… 206
任务实施…… 206
任务一 生产前准备…… 206
子任务一 制订生产计划…… 206
子任务二 生产记录及生产记录保存…… 207
子任务三 生产环境准备…… 208
子任务四 种子选择…… 208
任务二 种子处理…… 209
子任务一 清选…… 209
子任务二 浸种…… 209
子任务三 预生…… 209

任务三　播种育苗……210
子任务一　播种……210
子任务二　叠盘……210
子任务三　催芽……210
子任务四　育苗管理……211
任务四　绿色防控……212
任务五　采收……213
总结分析……213
活动评价单……214
知识拓展……215

模块十　多年生蔬菜绿色生产……216

学习情景　黄花菜多年生生产管理……216
学习任务单……216
任务资讯单……217
知识链接……217
任务实施……220
任务一　制订生产计划……220
子任务一　品种选择……220
子任务二　制订生产方案……222
子任务三　生产记录及生产记录保存……223
任务二　育苗方式……224
任务三　栽培管理……225
任务四　绿色防控……227
任务五　采收贮藏……230
总结分析……232
活动评价单……233
知识拓展……233

参考文献……234

数字资源索引

二维码 1-1 生产简介 …… 2
二维码 1-2 蔬菜分类 …… 4
二维码 1-3 蔬菜生长与发育 …… 7
二维码 1-4 蔬菜生产环境因素之温度 …… 10
二维码 1-5 蔬菜生产环境因素之光照 …… 11
二维码 1-6 蔬菜生产环境因素之水分 …… 13
二维码 1-7 蔬菜生产环境因素之气体 …… 14
二维码 1-8 蔬菜种子 …… 15
二维码 1-9 蔬菜播种育苗之播种 …… 20
二维码 1-10 蔬菜播种育苗之育苗 …… 23
二维码 1-11 蔬菜生产管理之整地定植 …… 26
二维码 1-12 蔬菜生产管理之施肥 …… 27
二维码 1-13 蔬菜生产管理之灌溉 …… 30
二维码 1-14 蔬菜生产管理之植株调整 …… 31
二维码 1-15 蔬菜园区规划设计 …… 32
二维码 1-16 蔬菜营养缺乏症状 …… 34
二维码 1-17 二氧化碳缺乏症状及措施 …… 34
二维码 2-1 番茄生产简介 …… 36
二维码 2-2 番茄品种选择与生产计划 …… 38
二维码 2-3 番茄培育壮苗 …… 40
二维码 2-4 番茄嫁接改良 …… 45
二维码 2-5 番茄定植前准备 …… 47
二维码 2-6 番茄环境调控 …… 50
二维码 2-7 番茄整枝引蔓 …… 52
二维码 2-8 番茄病虫害防控 …… 55
二维码 2-9 番茄采收分级 …… 56
二维码 2-10 番茄株苗徒长 …… 59
二维码 2-11 番茄植株早衰 …… 59
二维码 2-12 番茄品质 …… 59
二维码 2-13 番茄虚拟仿真软件环境调控 …… 59
二维码 2-14 辣椒生产简介 …… 61
二维码 2-15 辣椒生产计划 …… 64
二维码 2-16 辣椒播种育苗 …… 65
二维码 2-17 辣椒栽培管理 …… 68
二维码 2-18 辣椒提质增效 …… 71
二维码 2-19 辣椒苗期会出现哪些问题？如何才能避免？ …… 76
二维码 2-20 日光温室辣椒栽培管理技术 …… 76
二维码 2-21 辣椒品质研究进展 …… 76
二维码 2-22 温室大棚辣椒栽培技术 …… 76
二维码 2-23 甜椒嫁接技术 …… 76
二维码 3-1 豇豆生产简介 …… 78
二维码 3-2 豇豆品种选择及生产计划 …… 80
二维码 3-3 豇豆播前准备 …… 83
二维码 3-4 豇豆播种育苗 …… 84
二维码 3-5 豇豆田间管理 …… 85
二维码 3-6 豇豆整枝搭架 …… 87

二维码 3-7　搭架 …… 87
二维码 3-8　豇豆田间管理 …… 88
二维码 3-9　豇豆采收分级 …… 90
二维码 3-10　豇豆根瘤菌共生 …… 92
二维码 3-11　豇豆泡菜制作 …… 92
二维码 4-1　黄瓜生产简介 …… 94
二维码 4-2　黄瓜品种选择与生产计划 …… 96
二维码 4-3　黄瓜培育壮苗 …… 99
二维码 4-4　黄瓜嫁接改良 …… 102
二维码 4-5　黄瓜插接 …… 102
二维码 4-6　黄瓜靠接 …… 103
二维码 4-7　黄瓜定植前准备 …… 104
二维码 4-8　黄瓜移栽定植 …… 106
二维码 4-9　黄瓜环境调控 …… 107
二维码 4-10　黄瓜整枝引蔓 …… 110
二维码 4-11　黄瓜病虫害防治 …… 112
二维码 4-12　黄瓜采收分级 …… 114
二维码 4-13　黄瓜早衰 …… 117
二维码 4-14　黄瓜畸形 …… 117
二维码 5-1　生菜生产简介 …… 119
二维码 5-2　生菜生产计划 …… 121
二维码 5-3　生菜水培育苗 …… 124
二维码 5-4　生菜绿色栽培 …… 129
二维码 5-5　生菜采收贮藏 …… 133
二维码 5-6　生菜露地栽培 …… 136
二维码 5-7　生菜病虫害防治 …… 136
二维码 6-1　萝卜种子选择及生产计划 …… 140
二维码 6-2　萝卜播种前准备 …… 142
二维码 6-3　萝卜播种育苗 …… 144
二维码 6-4　萝卜田间管理 …… 145
二维码 6-5　萝卜田间诊断 …… 147
二维码 6-6　萝卜病虫害防治 …… 149
二维码 6-7　萝卜采收分级 …… 150
二维码 6-8　萝卜苗徒长 …… 154
二维码 6-9　萝卜“露肩” …… 154
二维码 7-1　马铃薯生产计划 …… 158
二维码 7-2　马铃薯栽培管理 …… 164
二维码 7-3　马铃薯绿色防控 …… 165
二维码 7-4　马铃薯采收与贮藏 …… 170
二维码 7-5　马铃薯徒长 …… 173
二维码 7-6　马铃薯发芽 …… 173
二维码 8-1　结球甘蓝生产简介 …… 175
二维码 8-2　结球甘蓝生产计划 …… 178
二维码 8-3　结球甘蓝播种育苗 …… 182
二维码 8-4　结球甘蓝栽培管理 …… 185
二维码 8-5　结球甘蓝绿色防控 …… 188
二维码 8-6　结球甘蓝采收贮藏 …… 191
二维码 8-7　结球甘蓝不结球 …… 195
二维码 8-8　结球甘蓝先期抽薹 …… 195
二维码 9-1　花生芽菜无土栽培 …… 198
二维码 9-2　泡沫箱无土栽培花生芽菜技术 …… 204
二维码 9-3　绿豆芽周年无土生产 …… 204
二维码 9-4　豌豆苗菜无土生产 …… 207
二维码 9-5　家庭芽苗菜自动化栽培装置 …… 215
二维码 9-6　香椿芽苗菜无土生产 …… 215
二维码 10-1　黄花菜生产简介 …… 217
二维码 10-2　黄花菜生产计划 …… 220
二维码 10-3　黄花菜培养管理 …… 225
二维码 10-4　黄花菜绿色防控 …… 228
二维码 10-5　黄花菜采收贮藏 …… 230
二维码 10-6　鲜黄花菜祛毒处理 …… 233
二维码 10-7　黄花菜不开花怎么办 …… 233

模块一　蔬菜绿色生产基础

学习情景　认识蔬菜绿色生产基础

学习任务单

学习情景 1	认识蔬菜绿色生产基础
知识目标	☞ 了解蔬菜的分类、生长发育、生育环境、种子识别与检测、育苗、管理、规划设计等内容； ☞ 理解蔬菜的分类、生长发育、生育环境、种子识别与检测、育苗、管理、规划设计等的原理及方法； ☞ 掌握蔬菜绿色生产的方法及技巧。
能力目标	☞ 能够认识常见蔬菜及其种子并正确分类； ☞ 能够设计蔬菜及其种子的识别方案； ☞ 能够进行种子质量检验； ☞ 能够配制无毒营养土； ☞ 能够根据实际情况选择播种的方式； ☞ 能够掌握蔬菜嫁接的方法； ☞ 能够设计整地方案； ☞ 能够测土成分并进行科学合理施肥； ☞ 能够进行植株调整； ☞ 能够自主采集信息，完成学习任务； ☞ 能够接受、应用新技术并完成典型工作任务； ☞ 能够自主分析解决问题，进行知识迁移。
思政目标	☞ 培养团结协作、诚实守信的职业精神； ☞ 具备遵纪守法、保护生态的职业责任感； ☞ 树立知农爱农、服务“三农”的使命感。
任务描述	根据市场需求、当地气候条件、栽培条件等因素，制订出科学合理的蔬菜优质栽培管理方案，并对蔬菜选种、播种、养护管理、绿色防控、采收保鲜的整个栽培管理过程按要求实施任务，最终培育出优质高产的蔬菜。
任务要求	☞ 按照任务资讯单内容，认真准备资讯问题； ☞ 按各项任务的具体要求，认真设计栽培方案并实施； ☞ 严格按照要求实施各项任务，确保蔬菜绿色优质生产； ☞ 严格遵守劳动纪律，认真踏实对待各项任务； ☞ 认真学习并向同学、老师、企业师傅虚心请教探讨问题； ☞ 认真观察并发现生产中的问题并分析解决问题； ☞ 分学习小组，分工协作实施任务，确保蔬菜品质。

任务资讯单

学习情景 1	认识蔬菜绿色生产基础
资讯方式	阅读教材；浏览本课程精品在线开放课程及相关网站；查阅图书馆相关书籍；观看 PPT 课件、视频，认真听讲；调研当地蔬菜的生产及销售情况；请教老师、企业师傅。
资讯问题	☞ 如何选择蔬菜的品种？ ☞ 如何进行茬口安排？ ☞ 如何依据蔬菜的生育特点进行方案的制订？ ☞ 如何选择种子处理方式？ ☞ 育苗技术要点有哪些？ ☞ 播种的密度如何掌握？ ☞ 如何进行科学合理的田间管理？ ☞ 如何提高嫁接成活率？ ☞ 如何进行播种前准备？ ☞ 如何选择整地作畦的方式？ ☞ 蔬菜采收分级的方法有哪些？注意事项有哪些？ ☞ 蔬菜采后保鲜的方法有哪些？ ☞ 如何提高蔬菜的品质和产量？ ☞ 怎样提高蔬菜生产的经济效益？
学习资料	信息单、教材、精品课程网站等

知识链接

蔬菜是可供佐餐的植物或菌类的总称，它可提供人体所必需的多种维生素和矿物质等。同时，蔬菜是人类的主要食物来源之一，也是农业的第二大支柱产业。因此，学生作为现代农业接班人，应该树立科学严谨的学习态度，掌握蔬菜生产基础，以高效低耗能、保护环境为前提，规范蔬菜生产标准，生产出让人们放心的安全健康优质的蔬菜，促进蔬菜行业的良性发展。

一、蔬菜生产起源

中国古代蔬菜来自对野生植物的采集，以后随着农业生产的发展，栽培蔬菜开始兴起，野生蔬菜逐步向栽培种转化，种类不断增加。同时，国内外交往的增加促进了蔬菜的引入。

二维码 1-1　生产简介

蔬菜栽培的历史可以追溯到 6 000 年前的仰韶文化时期，甲骨文中的“园”“圃”就是当时栽培蔬菜的地方。中国最早比较详细地记载蔬菜的数据是在 2 500 年前的《诗经》中。而蔬菜栽培文字记载，已有 1 000 多年，例如，《南方草木状》就详细记载了华南地区栽培的蔬菜种类，并且记载了相关的生物防治。

二、蔬菜的营养

蔬菜品种繁多，各类营养丰富。

1.富含多种维生素

蔬菜含有对人体极为重要的多种维生素，例如维生素C、胡萝卜素，人体食用后可维持正常的新陈代谢，增强免疫能力；如果缺乏各种维生素，会引起各种疾病。

2.富含矿物质

蔬菜中含有钙、铁、磷、钾、镁等矿物质，是人体矿物质元素的主要来源。

3.富含膳食纤维

蔬菜含有丰富的膳食纤维，能解毒，加快食物通过速度，刺激结肠蠕动而通便，减少致癌物与肠组织的接触时间，预防和治疗便秘，降低肠癌发病率等。

4.维持体内的酸碱平衡

蔬菜呈碱性反应，可以中和酸性物质。

5.其他营养保健功能

不少蔬菜还含有一些特殊的具有生理调节和保健功能的元素，如番茄红素是一种较强的抗氧化剂，可降低患某些癌症和心脏病的风险。

三、蔬菜行业发展趋势分析

我国是世界蔬菜生产和消费的第一大国，目前已形成长江流域冬春蔬菜区、黄土高原夏秋蔬菜区等六大优势区域。各区域优势品种不同，上市档期交替，形成良性互补的区域发展格局。随着专业化、规模化的发展以及交通运输的改善，蔬菜产业形成了大生产、大市场、大流通的格局。我国的蔬菜生产在新品种选育、育种技术、设施栽培技术、无公害生产技术、蔬菜病虫害综合防治、无土栽培、节水灌溉、应用现代生物技术对蔬菜品种改良及其产业化等方面都得到迅猛发展。

中国蔬菜产业将呈现以下发展趋势。

1.品种多元化

随着蔬菜消费市场的多元化发展，适应不同消费群体、不同季节、不同熟性的蔬菜新品种将不断涌现。

2.布局区域化

蔬菜生产季节性强，随着种植技术的发展，温室大棚、反季蔬菜逐渐成为调节蔬菜季节供应不均衡的主要推动力，不同蔬菜的优势产业区域将进一步扩大。

3.种植趋向环保科技型

国内外都将加强蔬菜质量认证体系建设，无公害蔬菜将成为我国蔬菜产品的主体。

4.深加工化

根据国内外消费习惯的发展变化，预计今后蔬菜贮藏和加工能力将大幅提高，蔬菜产业链条显著拉长，蔬菜产品附加值明显增加。

5.行业价值链的构成

蔬菜行业的产业价值链以现代化育种、育苗为起点，集约化种植为根本，采后商品化处理，并通过一级、二级经销商将产品运送到各个食品终端。产业链中每个环节相互依赖，整体性较强。

6. 完善可追溯体系

为了保障蔬菜的品质，追踪溯源的需求日益增长。完善蔬菜的可追溯体系能够促进产业的良性发展，是未来的发展趋势。

蔬菜生产在人们生活中有着举足轻重的地位，对农业和农村经济发展可以起到重要作用。要从食品源头确保饮食安全健康，发挥蔬菜的最大营养价值，强健国民体质。作为现代农业专业的大学生，应该牢记使命，响应国家号召，以深厚的专业素养，坚定服务“三农”、振兴乡村的信念。同时，以节能减排、保护环境为前提，科学地发展蔬菜行业，从而提升产品品质，保障食品安全，使广大群众受益。

任务实施

任务一　蔬菜分类

我国蔬菜种质资源十分丰富，据统计，全世界的蔬菜种类有 860 多种，我国各地栽培的蔬菜至少有 298 种。

二维码 1-2　蔬菜分类

蔬菜分类是根据蔬菜栽培、育种等的需要，对蔬菜作物进行归类排列的方法。现已形成了植物学分类、食用器官分类、农业生物学分类等多个蔬菜分类系统。不同的分类方法有着不同的用途。例如，植物学分类法通常用于种子资源或育种方面，而农业生物学分类能够归类相似的栽培管理，便于生产管理。因此，了解蔬菜的分类，能够更好地进行生产管理，从而提高生产效率，促进蔬菜行业的发展，进而为振兴“三农”打好基础。

一、植物学分类法

植物学分类法是根据蔬菜作物的形态特征，按照科、属、种、变种进行分类。

1. 十字花科

草本；萼片、花瓣均为 4 片，花冠“十”字形；侧膜胎座，角果。如白菜、萝卜、甘蓝等。

2. 豆科

草本；蝶形或假蝶形花冠；边缘胎座，荚果。如菜豆、豇豆等。

3. 茄科

茎直立；浆果或蒴果。如茄子、辣椒、番茄、马铃薯等。

4. 葫芦科

具卷须的草本藤木；侧膜胎座，瓠果。如南瓜、黄瓜、丝瓜等。

5. 伞形科

草本；伞形或复伞形花序；双悬果。如芹菜、胡萝卜等。

6. 菊科

常草本；头状花序，有总苞。如菊芋等。

7. 百合科

多草本；花被 6 片，排成 2 轮。如葱、洋葱、大蒜、金针菜等。

8. 禾本科

多草本；单叶，颖果。如竹笋等。

二、食用器官分类法

对于属于被子植物门的蔬菜，可根据蔬菜作物食用器官的不同来进行分类，分为根、茎、叶、花、果等 5 类。这种分类方法对蔬菜栽培技术有一定的意义。

1. 根菜类

以肥大的肉质根为产品的蔬菜作物，可分为直根类和块根类。

①直根类。以肥大的主根为产品，如萝卜、胡萝卜等。

②块根类。以肥大的直根或营养芽发生的根为产品，如豆薯等。

2. 茎菜类

以肥大的茎部为产品的蔬菜作物，可分为地下茎类蔬菜和地上茎类蔬菜两种类型。

(1)地下茎类蔬菜分为以下几种。

①块茎类。如马铃薯、山药等。

②根茎类。如姜、莲藕等。

③球茎类。如慈姑、芋等。

④鳞茎菜类。如大蒜、百合等。

(2)地上茎类蔬菜分为以下两种。

①肉质茎类。如茭白、莴笋等。

②嫩茎类。如芦笋、竹笋等。

3. 叶菜类

以叶片、叶柄、叶球、叶丛、变态叶为产品的蔬菜，可分为普通叶菜类、结球叶菜类和香辛叶菜类 3 种。

①普通叶菜类。如菠菜、茼蒿等。

②结球叶菜类。如结球甘蓝、结球白菜等。

③香辛叶菜类。如葱、薄荷、韭菜等。

4. 花菜类

以花器或肥嫩的花枝为产品的蔬菜。

①花器类。如黄花菜等。

②花枝类。如花椰菜、西蓝花等。

5. 果菜类

以果实和种子为产品的蔬菜，可分为以下几种。

①瓠果类。如黄瓜、南瓜等。

②浆果类。如番茄、茄子、辣椒等。

③荚果类。如菜豆、豇豆、豌豆等。

④杂果类。如甜玉米、菱等。

三、农业生物学分类法

农业生物学分类法是将蔬菜作物的生物学特性和栽培技术基本相似的蔬菜作物归为一类，综合了植物学分类法和食用器官分类法的优点，比较符合蔬菜生产上的要求。

1. 根菜类

以肥大的直根为产品，均为二年生作物。第一年形成肉质根，贮藏大量的水分和糖分，土壤深厚、肥沃有利于形成良好的肉质根，秋冬低温通过春化阶段；第二年长日照通过光照阶段，开花结实。如萝卜、胡萝卜等。

2. 白菜类

以柔嫩的叶片、叶球、肉质茎或花球为产品，多为二年生植物，喜冷凉、湿润的气候。第一年形成产品器官，低温下通过春化阶段，长日照通过光照阶段，第二年开花结实。如大白菜、结球甘蓝等。

3. 绿叶菜类

这类蔬菜均以幼嫩叶片、叶柄和嫩茎为产品，生长期较短，生长迅速，植株矮小，适于间套作，对温度的要求差异较大。如菠菜、芹菜、茼蒿等。

4. 葱蒜类

以鳞茎或叶、假茎为产品，二年生植物，低温通过春化，长日照下形成鳞茎，耐寒性、适应性强，用种子或鳞茎繁殖。如洋葱、大蒜、韭菜等。

5. 茄果类

以果实为产品，要求深厚肥沃的土壤、温暖的气候、充足的阳光，不耐霜冻，对日照长短要求不严，种子繁殖。如番茄、茄子、辣椒等。

6. 瓜类

以果实为产品，属葫芦科植物，要求气候温暖和光照充足，茎具蔓性，种子繁殖。如黄瓜、南瓜、丝瓜等。

7. 豆类

以荚果或种子为产品，除豌豆、蚕豆要求冷凉气候外，其余为喜温或耐热蔬菜，种子繁殖，根系发达，有固氮能力。如菜豆、豇豆、豌豆等。

8. 薯芋类

以含淀粉丰富的块茎、块根为产品，多无性繁殖。多数喜温、耐热，要求湿润、疏松、肥沃的土壤环境。如马铃薯、芋、山药等。

9. 水生蔬菜类

这类蔬菜作物一般都生长在沼泽地区及河、湖、塘的浅水中，为多年生水生植物，多为无性繁殖。根系欠发达，具有发达的通气系统，适合温暖或炎热的季节生长。如茭白、莲藕、慈姑等。

10. 多年生及杂类蔬菜类

为多年生蔬菜，繁殖一次可连续收获产品多年，多在温暖季节生长，冬季休眠。对土壤条件要求不太严格，如笋竹、黄花菜、香椿等。杂类蔬菜分属不同的科，食用器官、对环境条件的要求均不相同，因此栽培技术差异较大，如菜用玉米、黄秋葵等。

11. 食用菌类

以子实体为产品的一类蔬菜。如香菇、木耳等。

12. 芽苗菜类

利用植物的种子或其他营养贮存器官，直接生长出可供食用的幼芽、芽苗、幼梢、幼茎等。生育期短，可周年生产。如黄豆芽、豌豆芽、香椿芽等。

13. 香草类

含有特殊芳香物质、可作蔬菜食用的一年生或多年生草本植物群。可凉拌、炒食、作馅、烧烤等。如薄荷、迷迭香、百里香等。

四、品质等级分类

蔬菜品质等级分类分为三级：无公害蔬菜、绿色食品蔬菜、有机蔬菜。

1. 无公害蔬菜

指蔬菜中有害物质（如农药残留、重金属、亚硝酸盐等）的含量控制在国家规定的允许范围内，人们食用后对人体健康不造成危害的蔬菜。

2. 绿色食品蔬菜

指按照绿色食品特定生产方式组织生产，经专门机构认定，许可使用绿色食品标志，无污染，安全、优质、营养的蔬菜产品。要按照特定生产方式生产，蔬菜生产、加工过程中按照绿色食品的标准，禁止或限制使用化学合成的农药、肥料等生产资料及其他可能对人类健康和生产环境产生危害的物质。

3. 有机蔬菜

指来自有机农业生产体系，根据国际有机农业的生产技术标准生产出来的，经独立的有机食品认证机构认证允许使用有机食品标志的蔬菜。

蔬菜生产首先要明确市场定位，明确产品品质等级，按照农业生物分类法，确定栽培品种的生产管理措施，科学制订生产方案，以节约资源、保护环境为前提，生产安全健康的产品，促进行业发展，以振兴“三农”。

任务二　蔬菜的生长与发育

蔬菜作物良好的生长发育必须具有适宜的环境，栽培措施基本上离不开对环境的创造与改变。蔬菜栽培，应结合蔬菜生态学、蔬菜生理学、遗传学，采用一系列的栽培措施控制或促进蔬菜的生长与发育，生产出优质高产的产品，以促进蔬菜产业的发展，更好地服务“三农”。

一、蔬菜作物的生长发育特性

二维码 1-3　蔬菜生长与发育

生长、分化、发育是植物最基本且十分复杂的过程，是植物生命活动的外在表现。植物生长发育主要包括两个方面：一是增量，即由于细胞数目的增加和细胞体积的扩大而导致的植物体积和质量的增加；二是质变，是由于新器官的不断出现而带来的一系列可见的形态变化，即形态建成，包括从种子萌发，根、茎、叶的生长，直到开花、结实、衰老、死亡的全过程。

（一）生长

生长是量变，贯穿蔬菜的一生，其植物细胞数量增多、体积增大、内含物增加。蔬菜根、茎、叶、花、果实和种子的体积和重量的增加是典型的生长过程。

（二）分化

分化是质变，指来自同一合子或遗传上同质的细胞转变为在形态、机能和化学构成上异质细胞的过程。

（三）发育

发育是形态与功能的变化，发生在植物从营养生长转向生殖生长的时期。发育广泛地包括根、茎、叶、果实等的发育。

（四）生长、分化和发育的相互关系

生长、分化和发育虽然性质有所不同，但它们密切相关。生长是量变，是基础；分化是局部的质变；发育则是整体的内在质变。

二、蔬菜作物的生长发育时期与类型

（一）生长发育时期

蔬菜作物生长与发育过程是指从种子发芽到重新获得种子的整个过程，可分为种子期、营养生长期和生殖生长期。

1. 种子期

（1）胚胎发育期　从卵细胞受精开始到种子成熟为止。

（2）种子休眠期　不少蔬菜种子成熟后，都有不同程度和不同长短的休眠期。

（3）发芽期　经过休眠期后，若遇到适宜的温度、水分和氧气等环境，种子就会吸水发芽。所以，种子的大小及饱满程度与发芽的快慢及幼苗生长关系很大。

2. 营养生长期

（1）幼苗期　幼苗期间，生长迅速，代谢旺盛，生长速度快，幼苗生长状况影响后期的生长及发育。因此，要保证充分供给幼苗生长所需要的营养。

（2）营养生长旺盛期　植株营养生长是后期产品器官形成的基础，为以后开花结实，叶球或地下块茎、鳞茎等的形成创造良好的营养基础。

（3）营养休眠期　对二年生及多年生蔬菜，在产品器官形成后，有一个休眠期，有的是生理休眠，多数则是强制休眠。

3. 生殖生长期

（1）花芽分化期　花芽分化是蔬菜作物由营养生长过渡到生殖生长的形态标志。

（2）开花期　从现蕾开花到授粉、受精为开花期，是生殖生长的一个重要时期。这一时期对外界环境的反应敏感，抗性较弱。

（3）结果期　从授粉、受精后子房膨大到果实成熟是结果期。这是果菜类形成产量的主要时期。

(二)生长发育类型

蔬菜种类具有多样性,因而产生了特性各异的不同生育类型。

1.一年生蔬菜

指播种的当年开花、结果,并可以采收其果实及种子。如茄果类、瓜类、豆类等。

2.二年生蔬菜

二年生蔬菜在播种的当年为营养生长,经过一个冬季,到第二年才抽薹、开花与结实。如茎用芥菜、萝卜等。

3.多年生蔬菜

多年生蔬菜在一次播种或栽植后,可以采收多年,不需每年繁殖。如黄花菜、芦笋、韭菜等。

4.无性繁殖蔬菜

马铃薯、山药、姜、大蒜等在生产上用营养器官(块茎、块根或鳞茎等)进行繁殖,这类蔬菜称为无性繁殖蔬菜。

三、蔬菜作物的生长相关性与产品器官的形成

(一)蔬菜作物的生长相关性

了解生长相关性,平衡各器官生长,其经济产量就可能提高。

1.地上部与地下部的生长相关性

地上部茎、叶依赖根系吸收的养分与水分;而根系的生长又依赖于地上部的光合产物。

2.营养生长与生殖生长的相关性

对于果菜类蔬菜,营养生长与生殖生长相关性更为重要。营养生长旺盛,根深叶茂,果实才有可能发育得好,产量高。但如果营养生长过于旺盛,也不能获得果实的高产。生殖生长对营养生长有抑制作用,因此平衡营养生长与生殖生长的关系具有重要作用。

(二)生长发育与产品器官形成

蔬菜作物的生长相关性与产品器官形成的关系极为密切。

1.产品器官为生殖器官(花、果、种)

果实的形成与高产,以有足够的同化器官供给有机营养和强大根系供给水分及无机营养为基础。如瓜类、茄果类、豆类等。

2.产品器官为营养器官(根、茎、叶)

产品器官的形成条件是必须充分完成营养生长,并在适宜的环境下,才能形成高产量、高品质的产品器官。因此,在安排播种期时应考虑到产品器官形成的气候条件。

因此,在蔬菜生产前,一定要了解植株生长和产品器官形成之间的相关性,合理制订生产管理措施,最大程度提高产品品质和产量,实现资源优化和最大经济效益,促进蔬菜产业稳步良性发展,进而振兴“三农”。

任务三　蔬菜生育环境因子

蔬菜的生长发育，一方面决定于植物本身的遗传特性，另一方面决定于外界环境条件。影响植物生长发育的环境条件可概括为3类：物理因子、化学因子和生物因子。因此，生产上通过育种技术来获得具有优良遗传性状的品种，也要对环境因素进行控制和调节，以节约资源为首要条件，为蔬菜作物的生长发育创造适宜的环境条件，从而生产出优质高产的蔬菜，进而促进蔬菜行业健康发展。

子任务一　温度

二维码1-4　蔬菜生产环境因素之温度

温度是影响蔬菜生长发育最敏感的环境因子。各种蔬菜的生长发育对温度都有一定的要求，而且都有各自的最高温度、最适温度和最低温度，即温度的“三基点”。

一、蔬菜作物对温度的要求与反应

不同蔬菜的最适温度有所不同，在一定的温度范围内，蔬菜的生长发育最好，产量最高，品质也最佳。最低温度和最高温度是蔬菜在生长发育过程中对温度的极限。蔬菜生长季节均应设法避开最低、最高温度，并尽量将蔬菜生长发育最重要的时期安排在温度条件最适合的季节。

蔬菜作物的不同品种、不同生育期、不同器官对温度的要求差异很大。此外，土壤温度对蔬菜根系的生长也有直接影响。通常土温比气温变化小，所以土温对根生长的影响不像气温对地上部生长那样明显。例如越冬的多年生蔬菜，地上部已受冻，而根系仍在正常生长。

根据蔬菜对温度的不同要求，可分为以下5类。

1. 耐寒的多年生宿根蔬菜

地上部分耐高温，但到了冬季，地上部枯死，以地下的宿根越冬，能耐0 ℃以下甚至−10 ℃的低温，生长最适温度12～24 ℃。如韭菜、茭白、辣根等。

2. 耐寒蔬菜

能耐−2～−1 ℃低温，或短期的−10～−5 ℃低温，生长最适温度为15～20 ℃，在黄河下游地区可以越冬。如菠菜、葱类、白菜类中的某些耐寒品种。

3. 半耐寒蔬菜

可抗霜，但不耐长期的−2～−1 ℃低温，生长最适温度为17～20 ℃，在长江以南，均能露地越冬。如根菜类、白菜类等。

4. 喜温蔬菜

最适同化温度20～30 ℃，超过40 ℃生长几乎停止，低于15 ℃受粉不良，引起落花落果。不耐0 ℃以下低温。如茄果类、黄瓜等。

5. 耐热蔬菜

在30 ℃左右同化作用最高，在40 ℃高温下仍能生长。如瓜类、豇豆等。

二、高温和低温危害

限制蔬菜分布地区和栽培季节的主要因素是温度，所以，过低或过高的温度都会对蔬菜产生危害。

1. 高温危害

当蔬菜作物所处的环境温度超过其正常生长发育所需温度的上限时，会引起蒸腾作用加强，水分平衡失调，发生萎蔫或永久萎蔫。同时，光合作用降低而呼吸作用增强，同化物积累减少。

高温引起的危害包括日伤(灼)、落花落果、雄性不育、生长瘦弱，严重的还会导致死亡。

2. 低温危害

低温危害包括冷害和冻害。

(1)冷害　又称寒害，是指植物在 0 ℃以上的低温环境中所受到的损害。

(2)冻害　指 0 ℃以下的低温造成植物组织内的细胞间隙水分结冰而引起的部分细胞乃至全株死亡。

不同蔬菜作物，甚至同种蔬菜作物在不同的生长季节及栽培条件下，对低温的适应性不同，因此抗寒性也不同，一般处于休眠期的植物抗寒性增强。

三、温周期的作用

温度并不是一成不变的，而是呈周期性的变化，这称为温周期。

温周期现象是作物生长发育对日夜温差周期性变化的反应，白天较高的温度有利于光合作用，夜晚较低的温度有利于光合产物的转化储存和呼吸消耗降低。因此，在果实生长后期，昼夜温差是影响果实品质的一个重要因素。但不同植物适宜的昼夜温差范围不同。

四、春化作用

春化作用主要指低温对蔬菜作物发育所引起的诱导作用。感受低温影响的部位是茎顶端的生长点。根据作物对低温的需要，可用人工施加低温处理来代替，这种处理称作春化处理。

子任务二　光照

光照是蔬菜作物生长发育的重要环境条件。光照度、日光周期和光质影响光合作用及光合产物，从而影响植物的生长发育、产量和品质。根据光照对不同蔬菜品种生长发育的影响，选择或调控栽培光环境，最大程度利用自然光源，收获经济效益最大化的产量及品质，以推动蔬菜产业的发展。

一、光照度对蔬菜作物生长发育的影响

光的强弱通过影响叶片的光合作用、蒸腾作用等而影响植物的生长。按照对光照度的要求不同，可把蔬菜分为 3 类。

二维码 1-5　蔬菜生产环境因素之光照

1.要求强光照的蔬菜作物

如瓜类、茄果类和某些耐热的薯芋类，其光饱和点一般都在 5 万 lx 以上，光照不足，产量及产品品质就会下降。

2.对光强要求中等的蔬菜作物

主要是一些白菜类、根菜类和葱蒜类等。

在蔬菜栽培上，光照必须与温度相互配合，才有利于植株的生长及器官的形成。光照增强，温度也相应地增加，才有利于光合产物的积累。

二、光周期对蔬菜作物生长发育的影响

光周期指日照长短的周期性变化，指一天中从日出到日落的理论日照时数。

日照长短周期性变化对植物生长发育的影响称为光周期现象。

对蔬菜作物光周期现象的基本认识有以下几个方面。

1.按照蔬菜作物对日照长短反应不同的分类

按照蔬菜作物对日照长短反应不同，分类为长日照蔬菜、短日照蔬菜、中日照蔬菜和日中性蔬菜。

①长日照蔬菜。日照时数长于一定时数才能成花的蔬菜。对这些蔬菜延长光照时数可促进或提早开花；相反，如延长黑暗则推迟开花或不能成花。如白菜、萝卜、芹菜等。

②短日照蔬菜。日照长度短于一定时数才能成花的蔬菜。对这些蔬菜适当延长黑暗或缩短光照时数可促进或提早开花；相反，如延长光照时数则推迟开花或不能成花。如豇豆、扁豆、茼蒿等。

③中日照蔬菜。这类蔬菜在一定的日照长度范围内才能开花，日照长些或短些都不能开花。如一些野生菜豆只能在日照为 12～16 h 时才开花。

④日中性蔬菜。这类蔬菜的成花对日照长度不敏感，只要其他条件满足，在任何长度的日照下均能开花。如番茄、甜椒、黄瓜等只要温度适宜，一年四季均可开花结实。

2.温度对光周期的影响

在光周期效应中，温度是一个重要的环境因素，会促进或延长花期，在生产上应把光周期与温度结合起来考虑。

3.植株年龄对光周期反应的影响

植株年龄也是影响光周期反应的一个因素。植株年龄愈大，对光周期反应愈敏感。

光周期也影响蔬菜营养生长与产品器官的形成。不同品种对光周期的反应差异很大，一般早熟品种对日照时数要求不严，南方品种多要求较短日照，而北方品种则多要求较长日照。

三、光质对蔬菜作物生长发育的影响

光质即光的组成，指具有不同波长的太阳光谱成分。其中波长为 380～760 nm 的光，称为光合有效辐射。

一般地，植物吸收最多的是红光，其次为黄光。红光有利于植物糖类的合成，促进长日照植物的发育；而蓝紫光有利于短日照植物发育，促进蛋白质和有机酸的合成。目前，我国制造的适合设施栽培的四波长荧光灯，可人为调控光环境。

子任务三　水分

水是万物生长的基础，从植物生理来说，水是原生质的组分，是生理生化反应的溶剂，是物质运输的介质，也是维持细胞膨压的重要条件。植物缺水，叶片萎蔫，生长缓慢以至停止生长，严重缺水则枯死。因此，掌握不同蔬菜品种及其不同时期的需水量，科学合理浇水，可以节约水资源，减少浪费。

二维码 1-6　蔬菜生产环境因素之水分

一、水对蔬菜生长的主要作用

①水分是蔬菜的重要组成部分，蔬菜的含水量一般都在 90%以上；

②水对维持蔬菜的固有形状起重要作用；

③水为蔬菜输送各种养分；

④水可以维持细胞的活性；

⑤水是蔬菜进行光合作用的原料；

⑥水可以维持蔬菜植株的温度。

二、蔬菜的需水特性分类

水培植物不分对水分需求量的大小，也不分根系和叶片大小，其根系浸在水中，只要营养液浓度、pH 和温度适宜，不缺氧，植物即可正常生长。

而对于土壤和无土固体基质栽培而言，蔬菜需水量常分为 3 种。

(1)需水量大的蔬菜　有黄瓜、白菜及各种绿叶菜，主要是因其叶面积大，但根系不发达，要求灌水较多。

(2)需水量少的蔬菜　如西瓜和甜瓜。其根系强大，叶有缺刻，能减少水分蒸腾，抗旱力较强。

(3)需水量中等的蔬菜　有茄果类和豆类。

三、蔬菜作物不同生育期对水分要求的变化

同种蔬菜作物不同生育期对水分的需求量也不同。

1. 种子萌发时

需要充足的水分完成种子吸胀，打破休眠，以利胚根胚芽的伸出。

2. 幼苗期

因根系弱小，在土壤中分布较浅，抗旱力较弱，须经常保持土壤湿润；但水分过多，幼苗长势过旺，易形成徒长苗。生产上通过控制土壤水分，适当蹲苗，以促进根系生长，增强幼苗抗逆能力；但如果蹲苗过度，控水过严，易形成“小老苗”，即使定植后其他条件正常，也很难恢复正常生长。

3. 蔬菜旺盛生长期

大多数蔬菜旺盛生长期均需要充足的水分，此时如果水分不足，叶片及叶柄皱缩下垂，植

株呈萎蔫现象；但如果水分过多，由于根系生理代谢活动受阻，吸水能力降低，易出现叶片发黄等症状。

4. 开花结果期

要求较低的空气湿度和较高的土壤含水量，一方面满足开花与传粉所需的空气湿度，另一方面充足的水分又有利于果实发育。

因此，要根据不同蔬菜品种和不同时期的需水量，以节约用水为核心，科学合理浇水，培育健壮植株，减少病虫害，降低环境污染，以生产出健康优质的蔬菜，惠农利民。

子任务四 气体

二维码 1-7 蔬菜生产环境因素之气体

蔬菜生产环境复杂多变，其生命活动离不开气体，尤其是氧气和二氧化碳，也离不开物质营养的供给，但同时也受到生物因素的影响。

一、有益气体

1. 二氧化碳

二氧化碳是光合作用的原料之一。一般光合作用最适宜的二氧化碳浓度为 0.1%，而大气中的平均含量仅 0.03%。因此，在温度、光照、水分条件适宜及矿质营养充足时，适当补充二氧化碳是设施栽培中提高产量的一个有效措施。大田中的微风可促进二氧化碳流动，增加蔬菜群体内的二氧化碳浓度。但根系中过多的二氧化碳对蔬菜的生长发育反而会产生毒害作用。

2. 氧气

蔬菜叶面呼吸作用所需氧气来自空气，但土壤中氧气往往得不到满足。如果土壤水分过多或土壤板结而缺氧，则根系呼吸窒息，新根生长受阻，地上部萎蔫，生长停止。因此，栽培上须及时中耕、松土，以改善土壤中的氧气状况。

二、有害气体

在工矿区附近，常有各类有害气体存在。在设施栽培中，若化肥施用不当就会有氨气挥发，明火加温也会放出一氧化碳、二氧化硫等有害气体。一般在白天光照强、温度高、湿度大时有害气体危害较严重。

有害气体主要通过气孔，也可通过根部进入植物体中，其危害程度取决于其浓度大小，植株特性等。

子任务五 养分

多数蔬菜对土壤营养的要求有 5 个方面：①“厚”，即熟土层深厚；②“肥”，即养分充足、完全；③“松”，即土壤松软通气；④“温”，即温度稳定，冬暖夏凉；⑤“润”，即保水性好，不旱不涝。

要满足以上条件，必须在逐年深耕的基础上，结合施用大量有机肥，改善排灌条件。前茬收后要立即翻耕休整，经霜冻或晒白风化，以提高肥力、改善土壤透气性、消灭病虫害。

蔬菜最重要的营养元素为氮、磷、钾，其次是钙、镁。微量元素是必需的，但需要量较小。蔬菜作物种类繁多，对营养元素需求也存在一定的差异。即使同一种类、同一品种，因生育期不同，对营养要求也各异。因此，了解各种蔬菜作物的生理特性，采取相应的措施是栽培成功与否的关键。

子任务六　生物

植物的生长环境是一个复杂的生态体系，它同其他植物、动物和微生物之间有着各种各样的关系，如共生、寄生、竞争以及相克等。因此，了解这些关系有助于我们科学合理地进行蔬菜生产。

例如，土壤中有各种各样的微生物，如真菌、细菌、放线菌等，一些有害微生物和害虫在为害蔬菜等植物的同时，也有一些有益微生物或昆虫如蜜蜂等对蔬菜生长产生有益的影响。

植物与植物之间的相互作用主要表现在两个方面：一是相互竞争，即对环境生长因素如光、肥、水的竞争，如高秆植物对矮秆植物生长的影响等；二是相生相克（也称他感作用），即通过分泌化学物质来促进或抑制周围植物的生长，这些次生代谢物对植物生理代谢及生长发育均能产生一定的影响。

豆科植物的根瘤菌与豆类蔬菜的共生是典型的共生关系，这种共生产生了互利互惠的关系，双方的生长均受到促进。而在寄生的情况下，寄生物有时能抑制寄主植物的生长，如菟丝子寄生在大豆上会抑制大豆植株的生长。

因此，要根据不同蔬菜对气体、土壤养分、生物等的要求，制订科学合理的田间或设施内环境调控方案，以节约资源、保护环境为核心，生产安全健康的蔬菜，让人们吃得放心，并促进行业发展。

任务四　蔬菜种子

种子是蔬菜生产的基础，优良的种子是获得蔬菜高产、优质的前提。了解蔬菜种子特性，掌握发芽条件，尽可能提高出苗率和出苗整齐度，以便节约用种，培育壮苗，为高产优质生产打下坚实的基础。蔬菜种子是有生命的活体，因此也有寿命。

二维码 1-8　蔬菜种子

一、种子寿命（发芽年限）概念

种子寿命是指在一定环境条件下，种子保持发芽能力/生活力的年限。

二、蔬菜种子寿命的影响因素

影响蔬菜种子寿命的因素包括蔬菜本身的遗传特性、种子个体的生理成熟度及种子的结构、化学成分等，同时也受到贮藏环境条件的影响。

在自然贮藏条件下，不同蔬菜种子的寿命有很大的差异。如果能合理调节种子贮藏的条件，改善贮藏方法，利用先进技术等，可以显著地延长种子寿命。例如，现代种子库——低温微真空干燥技术可显著延长种子寿命。

子任务一 蔬菜种子的分类

蔬菜作物的种类很多，从蔬菜栽培的角度上看，所谓的种子，泛指在蔬菜作物栽培上用作播种材料的任何器官、组织等，包括以下 5 类。

1. 植物学意义的种子

由胚珠受精后形成，由胚、胚乳和种皮构成。如瓜类、豆类、茄果类、白菜类等。

2. 果实

由胚珠和子房构成，种皮是由子房形成的果皮，真正的种皮为薄膜状，如芹菜、菠菜种子等，或被挤压破碎粘于果皮的内壁，如莴苣种子。

3. 营养器官

由鳞茎(如蒜、百合)、球茎(芋头、荸荠、慈姑)、根状茎(姜、莲藕)、块茎(马铃薯、山药)作为播种材料。

4. 菌丝体和孢子

如食用菌类和蕨类等的繁殖体。

5. 人工种子

即以人工制作手段，将植物离体细胞产生的胚状体或其他组织、器官等包裹在一层高分子物质组成的胶囊种皮内所形成的种子，具有类似植物自然种子的功能，也称合成种子、无性种子。

子任务二 蔬菜种子质量检测

蔬菜种子质量的优劣直接影响蔬菜的生长及产量和产品质量。因此，种子是农业的“芯片”，应用优质的种子对蔬菜生产来说是十分重要的。习近平总书记高度重视种业问题，反复强调要下决心把民族种业搞上去。2022 年 4 月，总书记在海南考察时强调指出，“中国人的饭碗要牢牢端在自己手中，就必须把种子牢牢攥在自己手里。要围绕保障粮食安全和重要农产品供给集中攻关，实现种业科技自立自强、种源自主可控，用中国种子保障中国粮食安全。”由此可见，种源安全已经上升到关系国家安全的战略高度，农作物种子检测的重要性不言而喻。

《中华人民共和国种子法》规定：任何单位或者个人未经植物新品种权所有人许可，不得生产、繁殖或者销售该授权品种的繁殖材料，不得为商业目的将该授权品种的繁殖材料重复使用于生产另一品种的繁殖材料；但利用授权品种进行育种及其他科研活动除外；农民可自繁自用授权品种的繁殖材料。

《“十四五”现代种业提升工程建设规划》明确：种业处于农业整个产业链的源头，要建成一批现代化种养业良种生产基地，实现基础强、体系强、科技强、企业强，全面提升种业现代化水平，为我国粮食安全和重要农产品有效供给提供有力保障。

一、蔬菜种子质量

蔬菜种子质量指蔬菜种子的品种品质和播种品质能够满足既有规定或潜在需要的程度，因此，品种品质和播种品质是科学评价种子质量高低的两个主要方面。

我国蔬菜种子质量国家质量标准主要以纯度、净度、发芽率、水分含量等指标来评判种子的质量，并以纯度、净度、发芽率等作为种子分级的依据。

(1)品种品质　优良品种，主要体现在产品抗性、品质和产量。

(2)播种品质　播种品质体现在出苗率、出苗速度、整齐度、秧苗健壮程度等，以种子的净度、发芽率、水分含量、千粒重(饱满度)、生活力和健康度等指标进行检验。

(3)影响种子质量的因素

①影响种子品种品质的因素。蔬菜种子种性的真实性差、品种纯度不高，原因除某些人为因素外，主要是由于混杂退化和不正确的选择留种方法等。

防止蔬菜种子品种品质下降的主要措施包括建立、健全良种生产体系，改进采种技术，严格选择亲本或原种，注意隔离留种，坚持田间去杂，认真执行蔬菜种子收获加工技术操作规程等。

②影响种子播种质量的因素。一是采种植株生长发育状况及环境条件；二是收种时间；三是种子收获后清选、加工和贮藏过程中的环境条件。

二、蔬菜种子休眠与发芽

(一)种子休眠

种子休眠是指种子在温度、湿度及氧气都适于生长的条件下而不能萌发的状态。许多蔬菜的种子在成熟以后，都要经过一定时间的休眠期。休眠的原因主要有以下几种。

(1)厚种皮阻止了水分与氧气进入种子内部。

(2)种子内含化学物质，阻止了种子发芽。

(3)胚胎在种子采收后尚未发育完全。

处于休眠状态的种子，虽具有生命力，但不会发芽，而需经过一段时间，待休眠解除以后，才能在适宜的温度、水分及氧气的条件下发芽。

种子休眠一般分为自发休眠和被动休眠。

造成种子自发休眠的原因有两点：一是由于胚本身未成熟，需要一段时间后熟；二是由于种子中贮藏物质未成熟以及抑制萌芽物质的存在。

而被动休眠是指在不适宜的环境条件下，表现为休眠，一旦遇到适宜的发芽条件，可立即发芽。

(二)打破休眠的方法

打破休眠的方法常分为3类。

1.打破种皮限制

由于种皮较厚，限制了氧气的供给和水分的吸收，因而不能发芽，如豆类蔬菜种子。为增加坚硬种皮的透性，可以采用低温、干燥、震荡、热水处理等方法打破种皮限制。

2.后熟

一些蔬菜从植株上采收后，需要有一段后熟时间，即经过一段时期的贮藏才能发芽。

3.低温与沙藏

为了打破休眠及加速发芽，可把种子放在潮湿而低温(1～10 ℃)的条件下处理一段时间，通常为几个星期。而水生蔬菜以及用块茎、球茎和根状茎繁殖的蔬菜常使用沙藏法。

(三)种子萌发

蔬菜种子的发芽过程本质上就是把种子内所贮存的营养，供给幼胚生长发育的过程。所以，发芽过程，就是在适宜的温度、水分和氧气条件下，种子内的胚器官利用所贮存的营养进行生长的过程。

1.种子萌发的过程

蔬菜种子的萌发须经历吸水膨胀、萌动和发芽等过程。

(1)吸水膨胀　种子经休眠后，在一定的温度、水分和空气等条件下吸水膨胀，这是种子发芽的第一个阶段。种子吸水膨胀是一种纯物理作用，而不是生理现象。种子吸胀能力的强弱，主要取决于种子的化学成分。

(2)萌动　有生命力的种子，随着吸收水分，酶的活性加强，贮藏的营养物质开始转化和运转，胚部细胞开始分裂、伸长，胚根首先从发芽孔伸出，俗称露白或露根，便完成种子的萌动。

(3)发芽　种子露白后，胚根、胚轴、子叶、胚芽的生长加快，胚轴顶着幼芽破土而出。幼芽出土有两种不同情况：①子叶出土型，如白菜类、瓜类、根菜类、豆类中的长豇豆、菜豆等；②子叶留土型，由于下胚轴不伸长，而由上胚轴伸长把幼芽顶出土面，子叶则留在土壤中，直到养分耗尽解体，如玉米等。

种子发芽期间，要求氧气充足，否则因缺氧呼吸而产生乙醇，会造成胚芽的窒息甚至死亡。不饱满的种子因营养物质不足，子叶较难出土，或即使出土也是弱苗。

2.种子发芽的环境条件

水分、温度、空气是种子发芽必不可少的3个基本条件。此外，光、二氧化碳以及其他因素对种子发芽也有不同程度的影响。

(1)水分　水分是种子发芽的重要条件，种子萌发的第一步就是吸水。种子吸水过程与土壤溶液渗透压及水中气体含量有密切关系。

(2)温度　不同蔬菜种子发芽要求的温度不同。喜温蔬菜种子发芽要求较高的温度，适温一般为25～30 ℃；耐寒、半耐寒蔬菜种子发芽适温为15～20 ℃。在适温范围内，发芽迅速，发芽率也高。

(3)氧气　种子发芽需氧气浓度在10%以上，无氧或氧不足，种子不能发芽或发芽不良。

(4)光　光能影响种子发芽，按照种子发芽时对光的要求，将蔬菜种子分为需光种子、嫌光种子和中光种子3类。

①需光种子。发芽需要一定的光，在黑暗条件下发芽不良，如莴苣、紫苏、芹菜、胡萝卜等。

②嫌光种子。要求在黑暗条件下发芽，有光时发芽不良，如苋菜、葱、韭菜及其他一些百合科蔬菜种子，茄果类及瓜类如番茄、茄子及南瓜等也基本属于这一类。

③中光种子。发芽时对光的反应不敏感，在有光或黑暗条件下均能正常发育，如豆类等蔬菜种子。

三、种子质量检测方法

严格按照《农作物种子检验规程》(GB/T 3543.1～3543.7—1995)规范操作。种子检验的项目中必检项目是净度、纯度、发芽率、水分测定 4 项,生活力、千粒重、健康度等其他检验属非必检项目。通常选购种子时要进行自主发芽试验,以鉴定种子的发芽情况。

测定种子批的最大发芽潜力,依此可以比较不同种子批的质量,同时估测田间播种价值,对种子经营和农业生产都是极为重要的。

操作流程:取 4 份种子,每份粒数相同→将发芽纸放入培养皿,加水湿润→匀放种子于发芽纸上,贴上标签→记录发芽势、发芽率。

以辣椒种子为例,操作流程如下。

(1)第一步:取样　从净种子中随机数取 100 粒辣椒种子作为一次处理,设置 4 次重复,进行种子发芽试验。

一般中、小粒种子如辣椒、番茄以 100 粒为 1 次重复,设置 4 次重复;大粒种子如豆类以 50 粒为 1 次重复,设置 8 次重复;特大粒种子如胡豆可以设 25 粒为 1 次重复,共设置 16 次重复。

(2)第二步:发芽床制作　一般小、中粒种子采用纸上(TP)发芽床,中粒种子可在纸间(纸卷,BP)发芽,大粒种子或对水分敏感的小、中粒种子适于在沙床(S)上发芽。无论是选择纸床还是沙床,在整个发芽试验中都要保持足够的水分。

(3)第三步:放置种子　将数好的种子分别均匀分布于发芽床,种子之间要留有种子直径 1～2 倍的间隙,防止种子在培养过程中发霉而相互交叉感染,同时也保证每粒种子都有充足的生长空间,最大限度发挥每粒种子的发芽潜能。

(4)第四步:写标签　在培养皿外侧贴上标签,标签上要标明样品编号、品种名称、重复号、置床日期等信息,然后盖好容器盖子。

(5)第五步:培养和管理　将培养皿放入恒温培养箱或人工气候室中,设置适宜的温度和光照。每天检查温度和水分,水分不足时及时补充,每天需要浇相同的水量,保证发芽的条件具有一致性,将每天种子发芽情况记录在表 1-1 种子发芽情况记录表中,同时每天在学习平台上上传种子发芽的图片和管理图片。由于培养皿中湿度比较大,种子容易长霉菌。如果发现发霉的现象需要及时清洗霉变部分,防止扩散蔓延,影响种子发芽。如果发霉部分过多,需要更换发芽床。

表 1-1　种子发芽情况记录表

日期	管理方式	处理 1 发芽粒数	处理 2 发芽粒数	处理 3 发芽粒数	处理 4 发芽粒数

(6)第六步:结果统计及计算　根据《农作物种子检验规程》的要求,保证种子萌发有足够的持续时间发芽,每株幼苗必须按照规定的标准进行鉴定。计算公式如下。

发芽率=正常种子发芽数/供试种子总数×100%

发芽势=发芽试验规定期限的最初1/3期间内的种子发芽数量/供试种子总数×100%。

任务五　蔬菜播种育苗

培育壮苗可为蔬菜栽培打下坚实基础,因此,要熟练掌握蔬菜播种育苗方式,因地制宜,结合蔬菜品种,选择适宜的播种方式并进行科学合理的管理,以培育出优质壮苗。

子任务一　蔬菜播种

二维码1-9　蔬菜播种育苗之播种

播种的时期、方式、密度、深度等会直接影响培育壮苗。要提前制订播种育苗计划,保持严谨的工作态度,为产品品质打下坚实基础。

一、播种期的确定

适期播种对培育壮苗和蔬菜产品器官形成具有重要作用。

1.适宜的播种期

检验播种期是否适宜的指标包括发芽率、成苗率、病虫害轻重、品质优劣、产品器官能否形成、产量高低、销售量和经济效益等。

2.播种期确定原则

播种期要根据当地的气候条件、蔬菜种类、设施条件、栽培技术、茬口安排、病虫害发生情况、市场需要及经济效益等条件决定,尽量使产品器官的旺盛生长期,处于适宜的气候条件。

因地制宜确定安全定植期,如黄瓜、西葫芦、番茄、茄子、辣椒、菜豆等喜温性蔬菜,终霜后露地定植;喜冷凉的甘蓝、莴笋、芹菜等蔬菜,可在终霜前20～30 d露地定植;设施早熟栽培,因有防寒保温设备,可比露地栽培提前播种。

二、播种量的计算

播种量取决于栽培面积、蔬菜种类、种子使用价值、育苗技术和栽培密度等因素。

点播种子播种量计算公式为:

种子使用价值=纯度×发芽率×100%

播种量(g/亩)=每亩栽植穴数×每穴粒数/(每克粒数×种子使用价值)

三、播种前的种子处理

为了打破种子休眠,提高种子的生命力,促进种子发芽和幼苗出土后苗全、苗齐、苗壮,从而节约用种量及播种成本,提高植株抗性,获得蔬菜的早熟和丰产,栽培上常在播种前对种子进行各种不同的处理。

(一)我国种子处理历史

汉代《尹都尉书》和《氾胜之书》中已有关于谷物药剂拌种和浸种处理方法的记载，是世界上有关种子处理的最早的文字记载。

(二)种子处理方法

一般分为物理处理、药剂处理等。

1. 物理处理

通常以光、温、水等物理因素对种子进行处理，包括浸种、催芽、变温或低温锻炼、干热处理、射线处理等。

(1)浸种　浸种是保证种子在有利于吸水的温度条件下，在短时间内吸足从种子萌动到出苗所需的全部水量，以达到出苗“快、齐、全”而采用的措施。

①一般浸种。浸种时的浸泡水温和浸泡时间是重要条件。浸种时间为：番茄 3～4 h，茄子、辣椒 4～6 h，黄瓜 3 h，甘蓝 2 h，芹菜 12～24 h。

②温汤浸种。适于种皮较厚、难以吸水的喜温蔬菜种子(如西瓜、苦瓜、丝瓜等)，或耐热蔬菜冬春育苗时使用，可加速种子吸水，也可杀灭菌卵、软化种皮、利于吸涨。通常先用常温浸泡种子，再用 55 ℃ 的温水对种子进行消毒 10 min，并不断搅拌，然后再浸种一定的时间(图 1-1)。

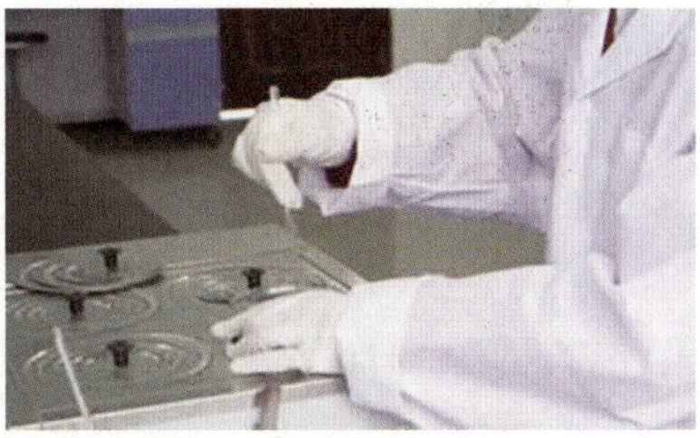

图 1-1　温汤浸种

③热水烫种。一般适用于种皮较厚的喜温蔬菜或耐热蔬菜及难吸水的种子，可强化灭菌、软化种皮。即先用常温浸泡种子，再用 70～85 ℃热水对种子进行消毒 10 s，并不断搅拌，然后再浸种一定的时间。

(2)催芽　催芽是保证种子在吸足水分后，促进种子中的养分迅速分解运转，供给幼胚生长的措施，目的是确保出苗“快、齐、壮”等。

经过浸种的种子，洗净后包以湿润的纱布等，直接置入容器内，放在温暖处催芽。催芽期间要注意掌握一定的温度、湿度和通气条件。

(3)变温或低温锻炼　把萌动的种子每天在－5～－1 ℃温度条件下处理 12～18 h，再在 18～22 ℃温度条件下处理 6～12 h，如此经过 1～10 d 或更长时间，可提高种胚的耐寒性。处理期间应保持种子湿润，避免温度骤变。

某些耐寒或半耐寒的蔬菜在炎热的夏季播种时，往往有出芽不齐的现象，可在播前采用低温处理数小时后，置于冷凉处催芽，即可解决。

(4)干热处理　一些瓜类和茄果类等种子，经干热空气处理后，具有促进后熟、增加种皮透性、促进萌发、种子消毒和预防病害等作用(图 1-2)。

(5)射线处理　使用伽马装置照射黄瓜种子，照射后的种子表现出发芽势及出苗率均有所提高，采收期比对照延长 1.5～2 周，增产 16%。

图 1-2　干热处理

2. 药剂处理

化学处理常用于打破休眠、促进发芽、增强抗性和种子消毒等。

(1)药剂浸种　把种子浸到一定浓度的药剂中，以达到杀菌消毒的目的。药液量一般以液面浸过种子 5～10 cm 为宜，大致为种子质量的 2 倍。

①打破休眠。过氧化氢、硫脲、硝酸钾、赤霉素等对打破种子休眠有效。例如，黄瓜种子用过氧化氢浸泡，可显著提高种子的发芽率与发芽势；赤霉素对茄子、莴苣以及深休眠的紫苏均有效。

②促进萌发。用聚乙二醇(PEG)处理辣椒、茄子、冬瓜等蔬菜种子，可在较低温度下使种子出土提前，出土百分率提高，且幼苗健壮。微量元素如硼酸、硫酸铜等用于浸种，有促进种子发芽及出土的作用。

③杀菌消毒。浸种的杀菌消毒药剂主要有福尔马林、磷酸三钠、硫酸铜、高锰酸钾等。例如，防治番茄病毒病，可先将种子用清水浸 3～4 h，再浸入 10%磷酸三钠水溶液中。浸种消毒后，注意必须用清水将种子的药液冲洗干净，以免发生药害。

(2)药粉拌种　一般取种子质量 0.3%的杀虫剂和杀菌剂，在浸种后把药粉与种子充分拌匀便可，也可与干种子混合拌匀，可防治病虫害，促进出苗快、齐、壮。

(3)种子包衣　种子包衣是将杀菌剂、颜料和少量黏着剂等混合物，包黏在种子表面，并使种子的形状和大小一致。

种子包衣一般由种子公司进行。此法不仅有消毒效果，而且能使种子适用于精量播种。但包衣种子增加了贮藏容积和运输质量，也较难长期保存。

四、播种形式

蔬菜品种繁多，播种方式各不相同，主要分为两类。

(一)根据播种的方式不同，蔬菜播种可分为撒播、条播和穴播

1. 撒播

在平整好的畦面上，均匀地撒上种子，然后覆土镇压。

撒播多适用于生长迅速、植株矮小的速生菜类及育种和苗床播种。

优点：省时省力，可有效提高土地利用率。

缺点：种子用量大，间苗费工且不均匀，对撒子技术和覆土厚度要求严格。

2. 条播

在平整好的土地上按一定行距开沟播种，然后覆土镇压。

条播一般用于生长期较长和单株占地面积较小的蔬菜，如胡萝卜、大蒜等。

优点：条播地块行间较宽，便于机械化播种及中耕、起垄，覆土方便。

缺点：间苗较为费工且不均匀，用种量较大。

3. 穴播

穴播又称点播，即按一定行距开穴点播，然后覆土镇压。

穴播多用于生长期较长的大型蔬菜以及大粒种子，如瓜类、豆类、白菜类、薯芋类等。

优点：点播用种最少，也便于机械化耕作管理。

缺点：播种用工多，出苗不整齐，易缺苗。

(二)根据播种前是否浇水可分为干播和湿播

1. 干播

播种后覆土镇压。这种方式适于播种时湿润的土壤。凡是经过浸种催芽的种子都不能用于干播。

2. 湿播

播种前先灌水,待水渗下后播种,再覆盖干土。这种方式适于生长条件较好的季节及种子发芽速度较快的蔬菜种类,如菜豆、秋播白菜、萝卜等。

五、播种深度

播种深度即覆土厚度,主要依据种子大小、土壤质地、气候条件和品种种子性质而定。一般种子小宜浅播,大粒种子可深播;疏松的土壤宜深播,黏重的土壤播种宜浅;高温干燥时播种宜深,天气阴湿时宜浅。

因此,掌握播种知识,能够根据种子特性选择适宜的种子处理方法、播种时期、播种方法等,制订科学播种方案,为蔬菜生产打下坚实的基础,同时也可节约种子和生产资源等,树立节约意识。

子任务二　蔬菜育苗

蔬菜育苗指移植的蔬菜在苗床中从播种到定植的全部作业过程。蔬菜育苗的实质是使蔬菜提前生长发育,即由于气候或茬口等原因,创造可以提前或按时栽培的条件,以缩短育苗时间,培育健壮的幼苗,节约资源,从而生产出优质高产的蔬菜。

二维码 1-10　蔬菜播种育苗之育苗

一、壮苗标准

蔬菜育苗的基本要求是培育数量充足的壮苗,为蔬菜早熟、高产打好基础。壮苗的标准有两个:一是生态的,即长相;二是生理的,即适应力。

1. 生态标准

根系发育好,侧根多呈白色;子叶完整、肥大、无病虫害;茎粗壮、节间短;叶色深绿,生长健壮。

2. 生理标准

根、茎、叶中含有丰富的营养物质,束缚水含量多;对露地环境(低温、霜冻、病害、干热风)的适应性、抗性强;生理活动旺盛,定植大田后能迅速恢复生长。

3. 苗龄

表示幼苗的年龄有两种方法:一是绝对年龄(或称日历年龄),即用播种至大田移植的时间来表示,如 30 d;二是生理年龄,即以幼苗的生长状态来表示,如子叶苗、三叶苗等。

为了正确地表示幼苗的年龄,可同时采用绝对年龄和生理年龄表示。

二、育苗方式

我国蔬菜育苗，已从传统的露地育苗逐步转为现代化设施育苗；可以人工培育，也可采用集约化育苗，即利用先进的育苗设施和装备，充分利用自然资源，采用科学化、标准化的技术措施及机械化、自动化的生产手段，以实现优质、快速、低成本、高效率、批量化生产优质秧苗的目的。

图 1-3　穴盘育苗

1. 穴盘或营养钵

育苗穴盘是按照一定的规格制成的带有很多小型钵状穴的塑料盘(图 1-3)。目前国内常用的穴盘有 50 孔、72 孔、128 孔、200 孔和 288 孔的；而营养钵常用于分苗，且有多个规格大小。

2. 育苗基质

目前理想的基质有草炭、蛭石、珍珠岩、炭化稻壳、棉籽壳、锯末等。育苗基质配比一般为草炭∶蛭石∶珍珠岩＝6∶4∶1。

3. 育苗设备

穴盘育苗的关键设备主要有基质消毒机、基质搅拌机、育苗穴盘(钵)自动精播生产线装置、恒温催芽设备及育苗设施内的喷水系统、二氧化碳增施机等。

4. 恒温催芽室

恒温催芽室是一种能自动控制温度的育苗催芽设施。标准的恒温催芽室是具有良好隔热保温性能的箱体，内设加温装置和摆放育苗穴盘的层架。

5. 育苗温室

应选用塑料大棚、连栋大棚或铝合金玻璃温室。在冬季加强保温或采用加温措施；夏季利用遮阳网覆盖、室外喷淋降温等降温措施。

三、嫁接育苗

将一植物的芽或枝条接到另一植物体的适当部位，使之成为新的植物体的技术称为嫁接。利用这一技术培育的蔬菜幼苗称嫁接苗。嫁接育苗是一种有效防治蔬菜土传病害的技术措施。嫁接育苗采用具有抗性的植株作砧木，用栽培品种作接穗。

四、育苗环境条件

育苗期间的环境条件包括温度、光照、水分及营养条件等，直接影响到幼苗的生长速度。

1. 温度的影响

温度过低，生长缓慢或停滞，易造成僵苗；温度过高，生长过快，易造成徒长。

2. 光照的影响

植物的光合作用，在饱和照度以下时，光照度增加，光合作用也加强。

3. 湿度的影响

保持适宜的土壤含水量和空气相对湿度，对秧苗正常生长和减少病害有重要作用。

五、蔬菜苗期管理技术

1. 水分管理

播种覆盖作业完毕后，将育苗盘基质充分浇透水，以穴盘底部渗出水为宜，后保持基质含水量 70%左右。装盘前要将基质拌湿，要求播后的水一定要浇透。

2. 温度管理

原则为：前高后低，即播种至出苗时高，以后逐步降低，到定植前进行适当的低温锻炼，以适应定植后的环境。

3. 光照管理

光能使苗床温度升高，满足秧苗生长发育对温度的要求；也能使秧苗正常进行光合作用，制造生长所需的养分。一般冬季补光，夏季遮阳。

4. 养分管理

一般不需追肥。日历苗龄较长的幼苗(35 d 以上)，随浇水施入有机营养液肥。施肥、浇水要匀，该浇透的一定要浇透。

5. 病虫害防治

育苗期害虫主要有蚜虫、白粉虱、潜叶蝇等，可采用黄板、蓝板等诱杀。前期病害主要是猝倒病和立枯病，中后期主要有早疫病、灰霉病、炭疽病和枯萎病等。

6. 补苗和分苗

一次成苗的需要在第一片真叶展开时尽快将缺苗孔补齐。根据幼苗生长情况进行选择性分苗。

7. 炼苗

苗出棚前 5～7 d 应移动穴盘防止根往外扎，或使断根愈合；适当控水并加强通风炼苗，使苗更适应定植的环境条件。

8. 成苗贮运

达到定植期的幼苗可直接将穴盘带苗一起运到地里，但要注意防止穴盘的损伤，也可用专用的运苗车辆进行运输。

六、育苗时的常见问题及原因

1. 烂种或出苗不齐

烂种一方面与种子质量有关，如种子未成熟，贮藏过程中霉变，浸种时烫伤均可造成烂种；另一方面，如果播种后低温高湿、施用未腐熟的有机肥、种子出土时间长、长期处于缺氧条件下也易发生烂种。出苗不齐是由于种子质量差、底水不均、覆土薄厚不均、床温不均、有机肥未腐熟、化肥施用过量等原因造成的。

2. 沤根

幼苗表现为不发新根，根呈锈色。沤根主要是由于苗床土温长期低于 12℃，加之浇水过量或遇连阴天，光照不足，致使幼苗根系在低温、过湿、缺氧状态下发育不良形成的。应注意提高土壤温度，浇足底水，出苗过程中适当控水，严防床面过湿。

3. 徒长苗

徒长苗茎细长，叶薄色淡，须根少而细弱，抗逆性较差，定植后缓苗慢，不易获得早熟高产。幼苗徒长是光照不足、夜温过高、水分和氮肥过多等原因造成的，可通过增加光照、保持适当的昼夜温差、适度给水、适量播种、及时分苗等管理措施来防止。

4. 老化苗

老化苗茎细弱、发硬，叶小发黑，根少色暗，定植后发棵缓慢，开花结果迟，结果期短，易早衰。老化苗是苗床长期水分不足、温度过低或激素处理不当等原因造成的，育苗时应注意防止长时间温度过低、过度缺水和不按要求使用激素。

学生应科学掌握蔬菜育苗知识，以理论结合实践，制订科学的蔬菜育苗方案，始终保持节约资源、保护环境初心，保持科学严谨的工作态度，培育壮苗，为生产优质蔬菜打下坚实基础。

任务六　蔬菜生产管理

蔬菜生产管理水平直接决定了蔬菜产品的品质，必须扎实各生产环节的操作要点，因地因时进行调整，以便生产出高品质的绿色蔬菜。

子任务一　整地

二维码 1-11　蔬菜生产管理之整地定植

根系的良好生长发育是蔬菜生产的根本。因此，整地关乎蔬菜优质高产。我们应该以严谨的工作态度，辩证分析，制订科学合理的定植方案，为生产出安全健康的蔬菜打下坚实基础。

一、菜畦的主要类型

菜畦主要有平畦、高畦、低畦和垄几种形式。

1. 平畦

畦面与畦间通道相平，地面平整后不需要筑成畦沟和畦埂，适于排水良好、气候干燥的地区或季节。

2. 高畦

畦面高于田间通道。在降水多、地下水位高或排水不良的地方宜采用高畦。

3. 低畦

畦面低于畦间通道，有利于蓄水和灌溉，适于地下水位低、排水良好、气候干燥的地区或季节。

4. 垄

垄是一种较窄的高畦，表现为底宽上窄，一般垄底宽 60～70 cm，顶部稍窄，高约 15 cm，垄间距根据蔬菜种植的行距而定。

二、作畦

作畦一般跟土壤耕作结合起来进行，在土壤耕翻后根据栽培需要，确定合理的菜畦类型及走向，按照栽培畦的基本要求作畦。

1. 畦向

畦向是指畦的延长方向。畦向直接影响植株的受光、通风、热量、地表水分等，应根据地形、地势及气候条件确定合理的畦向。

2. 作畦的基本要求

整地作畦时，要注意土壤要细碎、畦面应平坦、土壤松紧要适度。

三、地膜覆盖

地膜覆盖栽培追肥不便，基肥要充足。一般追肥可以开孔施、破膜施或随灌溉沟施以及根外追施。采收结束后，要及时清除田间地膜，防止其残留在土壤里产生危害。

四、蔬菜的轮作、连作、间作、混作、套种

1. 轮作、连作

在同一块菜地上，按一定年限轮换栽种几种性质不同的蔬菜称为轮作。连作是在同一块土地上不同年份内连续栽培同一种蔬菜。

2. 间作、混作与套种

两种或两种以上的蔬菜隔畦、隔行或隔株同时有规则地栽培在同一块土地上称为间作；无规则地混合种植称为混作；前作蔬菜生育后期在其行间或株间种植后作蔬菜，前后作共生时间较短的称为套种。例如，早春菜间套春夏菜；春萝卜、普通白菜等早春速生菜，间套豆类、茄子等。

子任务二　施肥

对蔬菜进行科学合理的灌溉施肥，必须首先考虑蔬菜作物的栽培模式、栽培季节、目标产量以及在该目标产量水平下的干物质累积及养分吸收规律，以确定不同生育时期养分分配施用的比例。科学合理的施肥，能够减少过量施肥对土壤和环境造成的影响，可保护环境，促进蔬菜高品质生产。

二维码 1-12　蔬菜生产管理之施肥

一、蔬菜干物质累积特点

许多蔬菜品种的生物产量高，生长速度快，在其生长发育过程中对水分和养分供给的要求也相对较高。绝大多数蔬菜的干物质积累呈 S 形曲线，即在其生长的前期生物量累积速度很慢，进入生育中期生长速度明显加快，而到末期接近成熟采收时生长速度又下降。

二、蔬菜养分需求特点

1.需肥量大

蔬菜作物产量高，茎、叶及食用器官中氮、磷、钾等营养元素含量均比大田作物高，与大田作物相比，其需肥量要大很多。

2.吸收强度大

蔬菜作物根部的伸长区具有强大的吸收能力和氧化力。

3.多为喜硝态氮作物

多数蔬菜在完全硝态氮条件下，产量最高，且不宜施过多的铵态氮。

4.需硼量高

蔬菜作物多属于双子叶植物，所以其需硼量也较多，如根菜类蔬菜比麦类高8～20倍。

5.需钙量高

需钙量高可能是因为钙能中和作物代谢过程中所形成的有机酸。

三、蔬菜根系发育特点

蔬菜根系普遍分布较浅，吸收养分能力相对较弱。

四、常见肥料的选择与施用

(一)有机肥的选择与施用

1.养分总量控制原则

有机肥为蔬菜作物生长提供了全面的养分和丰富的有机质。有机肥必须通过堆肥处理，杀死大部分的杂草种子和病原菌、钝化重金属活性后才能施用。要考虑养分均衡供应，鼓励施用C/N高的有机肥，如通过秸秆还田等措施，提高土壤有机质水平和微生物活性。

2.选用不同种类的有机肥

新菜田可适当以粪肥为主，主要原因是通过粪肥的施用迅速改善菜田土壤的理化性状，提高菜田土壤养分供应；老菜田多施用秸秆类有机肥、生物有机肥等可避免养分继续过量累积、增加土壤微生物多样性、提高土壤生物肥力、减少作物土传病害、提高作物产量。

(二)尿素

尿素可作基肥和追肥，一般不作种肥。

(三)过磷酸钙

可以作为基肥、种肥的追肥，施肥方式可以是集中施用、与石灰配合施用和根外追肥。

五、施肥量

依据土壤类型、土壤肥力水平、气候条件、作物种植种类和品种，将其划分成若干配方区。同一配方区的土壤类型、土壤肥力水平、气候条件、生产条件、作物品种应一致。配方区的面积可大可小，根据实际情况而定。

子任务三 定植

在露地或设施培育的蔬菜幼苗长到一定大小后，将其从苗床中移到菜田的作业称为定植（移栽）。

一、定植前的准备

整地作畦，开沟或挖定植穴，施入适量腐熟的有机肥和复合肥，选择适龄的壮苗，分级摆放，准备定植。

二、定植时期

由于各地气候条件不同，蔬菜种类繁多，各地应根据气候与土壤条件、蔬菜种类、产品上市时间及栽培方式等来确定适宜的播种期与定植期。低温定植时间为10：00到14：00为宜；高温定植时，选在傍晚为好。

三、定植方法

用锄头在畦内开定植穴，取苗定植。营养钵育苗的，用手压住营养钵中的土坨，翻转营养钵的底部，取出土坨后定植。

四、定植密度

定植密度因蔬菜的种类、品种、栽培方式、管理水平和气候条件的不同而异。在保证蔬菜正常生长发育的前提下，应尽量做到合理密植，以提高产量和品质。

五、定植深度

秧苗栽植的深度，与定植时间、地下水位的高低和蔬菜种类有一定的关系。一般早春地温较低，定植宜浅；地下水位较高时，定植不宜过深。

六、定植时注意事项

(1)尽量多带土，减少伤根。
(2)栽植深浅适宜，一般以子叶下为宜。
(3)选择合适的定植时间。一般寒冷季节选晴天，炎热季节选阴天或午后进行定植。

子任务四 灌溉

水分不仅是蔬菜的重要组成物质，也是蔬菜生长发育中必不可少的。因此，合理的灌溉，可以促进植株生长发育，培育壮苗，平衡植株长势。

二维码 1-13　蔬菜生产管理之灌溉

一、合理灌溉的依据

(一)根据蔬菜的需水特性进行灌水

1.根据蔬菜种类合理灌溉

需水量大的蔬菜应多灌水,耐旱性蔬菜应少灌水。

2.根据蔬菜的生育阶段合理灌溉

(1)幼苗出土前不宜浇水,出土后灌水要少,保持畦面半干半湿。

(2)产品器官形成前一段时间,应控水蹲苗,防止旺长。

(3)产品器官盛长期,应勤灌水,保持地面湿润。

(4)产品收获期,要少灌水或不灌水,以提高产品耐贮性。

3.根据秧苗长相进行灌水

蔬菜长相是体内水分状况的外部表现。叶片的姿态变化、色泽深浅,茎节的长短、蜡粉的厚薄等都可作为判断蔬菜是否需要灌水的依据。

(二)根据气候变化进行灌水

寒冷季节灌水要少,并且应在晴暖天中午前后灌水。高温季节灌水要勤,并且要在早晨或傍晚灌水。越冬蔬菜入冬前要浇封冻水,可防冻防旱。

(三)根据土壤类型合理灌水

(1)沙性土的保水性差,要增加灌水次数。

(2)黏性土的保水力强,灌水量及灌溉次数要少。

(3)盐碱地应勤灌水、灌大水,防止盐碱上移。

(4)低洼地要小水勤灌,防止积水。

(四)结合栽培措施进行灌水

(1)定植前浇灌苗床,有利于带土起苗;追肥后灌水,有利于肥料的分解和吸收利用。

(2)分苗、定植后灌水,有利于缓苗。

(3)间苗、定苗后灌水,可弥缝、护根。

(4)秋菜播种后,地温高不利于出苗,应多灌井水,以降低地温。

二、灌溉方法

蔬菜种类繁多,其栽培方式、栽培时期及各地气候土壤等条件不同,所采用的灌溉方式也不一样。目前,生产上灌溉的方法主要有泼浇、地面灌溉(明水灌溉)、滴灌、微喷等。

在这几种灌溉方法中,滴灌具有以下特点。

(1)滴灌的蒸发损失很少,是最省水的灌溉方法,同时比地面灌溉省工。

(2)滴灌主要是借助毛管力作用湿润土壤,不破坏土壤结构,使土壤内部水、肥、气、热能经常保持适于蔬菜作物生长的良好状况。

(3)滴灌比喷灌耗能少,可低压力运行,同时便于自动控制。

(4)为防止滴头堵塞,对水质和过滤设备的要求较高。

(5)用滴灌法培育的蔬菜作物生长好,劳动效率高。

三、水肥一体化

水肥一体化是根据蔬菜生长过程中对水分和肥料的吸收规律和需要量，进行全生育期的需求设计，在一定的时期把定量的水分和肥料养分按比例直接提供给作物。水肥一体化可减少盲目过量施肥造成的地下水及土壤环境污染，减少农药残留污染，改善水资源短缺现状，同时节约资源，保护环境。

因此，掌握灌溉依据，根据蔬菜的生育特点，选择水肥一体化，合理灌溉，减少肥害，减少农药残留污染，保护环境，改善农田生态环境，对促进农业可持续发展意义重大。

子任务五　植株调整

蔬菜植株调整能够平衡营养器官和生殖器官的生长，加强通风透光，促进光合，并减少病虫害，降低环境污染，节约资源。

蔬菜的植株调整包括搭架、引蔓、绑蔓、落蔓、压蔓、摘心、摘叶、束叶等。

二维码 1-14　蔬菜生产管理之植株调整

一、搭架

搭架的主要作用是使植株充分利用空间，改善田间的通风、透光条件。架子一般分为单杆架、人字架、四角架、小型联架、拱架等几种形式。搭架必须及时，宜在倒蔓前进行。

二、引蔓

果菜类（如黄瓜、番茄等）引蔓时期为株高约 30 cm 时。

三、绑蔓

对搭架栽培的蔬菜需要进行人工引蔓和绑扎，使其固定在架上。绑蔓材料要柔软坚韧。

四、落蔓

为保证茎蔓有充分的生长空间，需于生长期内进行多次落蔓。当茎蔓生长到架顶时开始落蔓。落蔓前先摘除下部老叶、黄叶、病叶，将茎蔓从架上取下，将基部茎蔓在地上盘绕或按同一方向折叠，使生长点置于架上适当高度后，重新绑蔓固定。

五、压蔓

压蔓就是待蔓长到一定长度时用土将一段蔓压住，并使其按一定方向和分枝方式生长。压蔓能促进发生不定根，增加植株的养分吸收能力和防风能力。压蔓宜在下午进行。引蔓时可用土块压蔓。

六、摘心

除去顶芽，控制茎蔓生长称为摘心（或打顶）。当无限生长类型的果菜类蔬菜生长到一定果穗数目时，可在顶穗果的上方留 2～3 片真叶，除去生长点。掐尖作业完成后，应及时喷一次杀菌剂。摘心时间应掌握稍早勿晚的原则。

七、摘叶

摘叶的适宜时期是在其生长的中后期，摘除基部色泽暗绿、继而黄化的叶片，以及严重患病、失去同化功能的叶片。摘叶宜选择晴天的上午进行，留下一小段叶柄用剪子剪除。

八、束叶

束叶适合于大白菜和花椰菜，可以促进叶球和花球软化，也可以防寒，还可以增加株间空气流通，防止病害。

任务七　蔬菜园区规划设计

二维码 1-15　蔬菜园区规划设计

合理规划菜园，能够规范种植，使资源利用合理化，最大程度节约资源，实现最大化经济效益；同时，规模化生产能够促进蔬菜行业发展，以振兴“三农”。

一、菜田的选择

（一）影响菜田选择因素

1. 产地气候条件和土壤条件对蔬菜产量品质的影响

要考虑光热资源、雨水资源，土壤的质地、肥力、pH 与地下水位，以及前茬作物史等，环境条件还要满足蔬菜生长发育和产品器官形成，使自然气候特点与蔬菜生产基地产品特点相吻合。

2. 生产与销售的关系

(1)生产相对集中→规模化→产业化。

(2)使蔬菜生产形成“大生产、大市场、大流通”的格局。

(3)逐步建立蔬菜批发市场，形成品牌。

3. 生产成本与经济效益状况

根据当地气候光热资源、地热/工厂废热资源、生产资源、设施资源等，对资源进行合理有效配置，以降低生产成本。

4. 菜田的内外环境条件

交通条件便利、灌溉水源充足、无污染的生产环境条件，大气洁净指数高、水质达到饮用水最低标准以上、土壤重金属含量不超标、远离工业三废排放点、保证生产和运销的基本条件、保证无公害的生产条件等。

二、菜田规划

菜田规划原则：能够便于田间作业、轮作倒茬、采后保鲜、净菜上市、就地批发与运销。

1. 规划内容

规划的主要内容有：菜田分区、分块，道路和农田防护林带、排灌系统、供电系统、设施布局、堆肥场地、采后包装保鲜车间等。

2. 生产方式

明确园区发展方向，确定园区栽培方式。例如，露地栽培、简易拱棚栽培、连栋温室或全智能温室栽培等。

3. 作物行向

(1)一般冬季和早春多东西向。

(2)冬春季多东西向，北风多，太阳入射角小，向南面受光强，寒风少，利于早熟、丰产。

(3)夏秋季多南北向：太阳入射角大，气温高，多南风，同时可减少病虫害。

总结分析

活动评价单

学习情景			认识蔬菜绿色生产基础				
项次	项目要求		配分	评分细则	自评得分	小组评价	教师评价
素养(20分)	纪律情况(7分)	按时上课，不早退	2分	缺勤全扣，迟到、早退出现1次扣1分			
		积极思考问题	4分	根据上课回答问题情况得分			
		学习用品准备	1分	自己主动准备好学习用品并齐全			
		执行教师要求		此为否定项，违规酌情扣10～100分，违反校规按校规处理			
	职业道德(8分)	团结友爱	2分	主动合作和帮助同学得2分；合作不积极得1分			
		吃苦耐劳	2分	农耕劳作乐于吃苦得2分；敷衍行事得1分			
		严谨细致	2分	对学习精益求精且效果明显得2分			
		知农爱农	2分	对农业生产有热情，用心学农得2分；被动学习得1分			
	阅读能力(5分)	快速阅读能力，并理解要求	5分	能快速明确任务要求并清晰表达得5分；能主动沟通指导合格得3分；其余不得分			

续表

学习情景		认识蔬菜绿色生产基础				
项次	项目要求	配分	评分细则	自评得分	小组评价	教师评价
任务完成情况（80分）	蔬菜分类	10分	按要求实施并取得预期结果得10分;不符合要求逐项扣分			
	蔬菜生长与发育	10分	按要求实施并取得预期结果得10分;不符合要求逐项扣分			
	蔬菜生育环境因子	10分	按要求实施并取得预期结果得10分;不符合要求逐项扣分			
	蔬菜种子	10分	按要求实施并取得预期结果得10分;不符合要求逐项扣分			
	蔬菜播种育苗	15分	按要求实施并取得预期结果得15分;不符合要求逐项扣分			
	蔬菜生产管理	10分	按要求实施并取得预期结果得10分;不符合要求逐项扣分			
	蔬菜园区规划设计	15分	按要求实施并取得预期结果得15分;不符合要求逐项扣分			
合计		100分				
总分(自评10%,小组评价30%,教师评价60%)						
组长签字		教师签字				

知识拓展

二维码 1-16　蔬菜营养缺乏症状

二维码 1-17　二氧化碳缺乏症状及措施

模块二　茄果类蔬菜绿色生产

学习情景 1　番茄周年温室生产管理

学习任务单

学习情景 1	番茄温室周年生产管理
知识目标	☞ 了解番茄的起源、种类、生育特征、市场定位等内容； ☞ 理解番茄培育壮苗、嫁接改良、移栽定植、环境调控、植株调整、绿色防控、采收分级的原理及方法； ☞ 掌握番茄从生产方案制订到栽培管理的方法及技巧。
能力目标	☞ 能够设计番茄温室栽培管理方案； ☞ 能够根据市场的需求选择品种，培育壮苗； ☞ 能够选择适宜的方式进行番茄嫁接； ☞ 能够根据实际情况选择适合的种植方式，并按要求定植； ☞ 能够根据番茄的长势，适时进行环境调控、水肥管理、植株调整； ☞ 能够及时诊断番茄生育情况，适时适量进行绿色防控； ☞ 能够适时采收番茄，并按标准分级、保鲜、销售； ☞ 能够自主分析解决问题、学会知识迁移。
思政目标	☞ 养成团结协作、吃苦耐劳、严谨细致的职业精神； ☞ 养成遵纪守法、保护生态的职业责任感； ☞ 树立知农、爱农、服务“三农”的使命感。
任务描述	根据市场需求、当地气候条件、栽培条件等因素，制订出科学合理的番茄优质栽培管理方案，并对番茄培育壮苗、嫁接改良、移栽定植、环境调控、植株调整、绿色防控、采收保鲜的整个栽培管理过程按要求实施任务，最终培育出优质高产的番茄。
任务要求	☞ 按照任务资讯单内容，认真准备资讯问题； ☞ 按各项任务的具体要求，认真设计栽培方案并实施； ☞ 严格按照要求实施各项任务，确保番茄绿色优质生产； ☞ 严格遵守劳动纪律，认真踏实对待各项任务； ☞ 虚心学习并向同学、老师、企业师傅请教探讨问题； ☞ 认真观察，发现生产中的问题，合理分析解决问题； ☞ 分学习小组，分工协作实施任务，确保番茄品质。

任务资讯单

学习情景 1	番茄温室周年生产管理
资讯方式	阅读教材;浏览本课程精品在线开放课程及相关网站;查阅图书馆相关书籍;观看 PPT 课件、视频,认真听讲;调研当地番茄温室栽培及销售情况;请教老师、企业师傅。
资讯问题	☞ 番茄温室栽培特点是什么? ☞ 如何选择番茄的品种? ☞ 如何进行茬口安排? ☞ 番茄育苗有哪些方式? ☞ 培育番茄壮苗的关键技术要点有哪些? ☞ 番茄嫁接成活的原理是什么?目的意义是什么? ☞ 番茄嫁接的方式及操作流程有哪些? ☞ 如何提高嫁接成活率? ☞ 番茄移植定植前需要做哪些准备? ☞ 定植时需要注意哪些? ☞ 番茄温室环境调控的设施设备有哪些? ☞ 如何进行精准环境调控? ☞ 如何明确番茄的水肥需求? ☞ 水肥一体化对番茄生产的作用有哪些? ☞ 物联网对于番茄温室栽培的运行原理是什么? ☞ 怎样诊断番茄的生理性病害? ☞ 如何区分番茄的病理性病害? ☞ 番茄绿色防控的核心是什么? ☞ 如何实现绿色防控? ☞ 番茄采收分级的方法是什么?注意事项有哪些? ☞ 番茄采后保鲜的方法有哪些? ☞ 如何提高番茄的品质和产量? ☞ 怎样提高经济效益? ☞ 怎样才能更好地推广番茄温室优质栽培模式,促进当地农业发展?
学习资料	信息单、教材、精品课程网站等

二维码 2-1 番茄生产简介

知识链接

番茄的食用部位为多汁的浆果,营养丰富,风味鲜美,含有蛋白质、糖和矿物质以及较高的胡萝卜素、B 族维生素、维生素 C,属于菜果兼用的高档鲜菜。番茄含有的"番茄红素",具有消除人体自由基、抗氧化、抗癌、防癌等生理功能;含有的苹果酸、柠檬酸和糖类,有助消化。

一、番茄起源

番茄又称西红柿、番柿、洋柿子,原产于南美洲,是茄科番茄属,为茄果类蔬菜,具有强烈气味的草本植物。其在热带为多年生植物,而在温带则是一年生植物。在我国栽培的最早记载见于明朝。番茄最初被当作观赏植物,到 20 世纪 30 年代才开始作为蔬菜种植并供应市场。

20世纪50年代，中国栽培番茄才迅速发展起来。番茄具有适应性强、栽培容易、产量高、用途广泛等优点，而成为各地主要蔬菜之一。

二、番茄的植物学特征

1. 根

番茄根系发达，分布广而深，主要分布在30 cm的耕作层内，最深可达150 cm。根的再生能力强，故适于育苗移栽。

2. 茎

番茄的茎基部带木质，易生不定根，因此可进行扦插繁殖。番茄的茎分枝性强，叶腋内的芽可抽生侧枝。茎的生长习性可分为两大类，即直立类型和蔓生类型。

(1)直立类型品种　茎秆粗壮，节间短，枝丛密集，但一般果小，品质差。

(2)蔓生类型品种　节间长，茎较软，叶较稀疏，呈半匍匐生长状态，需搭架栽培。

3. 叶

番茄的叶为羽状复叶或羽状深裂复叶，互生。小叶卵形或侧芽也可生长出新的侧枝及开花结果。

4. 花

番茄的花为两性花。总状花序或复总状花序，自花授粉。

5. 果实

番茄的果实为多汁的浆果，食用部分包括果皮及胎座组织。果形有圆球、扁圆、椭圆及洋梨形等。果实的大小、颜色因品种而不同。

6. 种子

番茄的种子呈扁圆卵形，颜色为灰黄色或淡黄白色，有胚乳。

三、番茄的生长发育周期

1. 发芽期

从种子萌发到子叶充分展开为番茄的发芽期，一般为3～5 d。

2. 幼苗期

从真叶始出到第一花穗显蕾的时期为幼苗期，需40～50 d。

(1)营养生长阶段　从第一片真叶出现至幼苗具有2～3片真叶，需25～30 d，此时期根系生长快，形成大量侧根。

(2)花芽分化阶段　营养生长和生殖生长同时进行。番茄花芽分化早而快，且具有连续性。

3. 开花结果期

从第一花穗显蕾到果实采收完毕为开花结果期。

(1)始花结果期　从第一花穗现蕾到坐果为始花结果期，它是以营养生长为主向以生殖生长为主的过渡阶段。

(2)开花结果盛期　从第一花穗坐果到果实采收完毕为开花结果盛期。此时开始转向以生殖生长为主，是产量形成的主要时期。

四、番茄的栽培季节

各地区不同的气候环境，使得播种栽培季节有所不同。栽培季节通常分为特早熟栽培、早春茬设施栽培、夏秋季露地栽培、秋冬季设施栽培、长季设施栽培。

通常，利用智能温室可以长季栽培，它是使用无限生长型番茄品种，实现周年开花结果的高产、高效、节本的生产技术，生长期在 10 个月以上。简易大棚和露地栽培通常为有限生长型番茄。

任务实施

任务一　制订生产计划

番茄的品种多样，应根据市场需求、气候条件、栽培方式等，选择适宜的番茄品种，以科学严谨的专业态度，提前制订合理的生产计划，以实现番茄优质生产。

子任务一　品种选择

二维码 2-2　番茄品种选择与生产计划

不同品种之间的表现性状不同，应根据番茄的生育特性和种类，选择适于栽培的品种。

一、番茄生育特征

番茄是喜温性蔬菜，在其整个生育期内，适宜的温度范围是 15～33 ℃，其中，白天 22～26 ℃、夜间 15～18 ℃。

番茄是喜光性蔬菜，虽为短日照蔬菜，但对光周期的反应不敏感，只要温度合适，有充足的光照，就能开花结果。因此，番茄四季均可栽培。

二、番茄的类型

番茄类型很多，如普通番茄，秘鲁番茄、智利番茄、多毛番茄等，我国绝大部分的栽培品种属于普通番茄。

番茄品种数目繁多，在园艺学上大体可分为以下几种类型。

（一）按植株生长习性分

可分为无限生长型和有限生长型（包括自封顶、高封顶）两类。

（1）有限生长型　花穗下的侧芽和茎尖均会变成花芽而封顶。因此，其植株较矮小，开花结果早而集中，供应期较短，早期产量较高，适于早熟栽培，如‘合作 903’等。

（2）无限生长型　其茎能不断生长，生长高度不受限制。因此，其植株高大，开花结果期长，总产量高，如‘毛粉 802’等。

（二）按叶型分

可分为普通叶型（裂叶型）、薯叶型（大叶型）、皱缩型 3 种。绝大多数番茄品种的叶属于普通叶型。

（三）按果实大小或颜色分

按果实大小可分为大果型（150 g 以上）、中果型（100～149 g）、小果型（100 g 以下）；按果实颜色可分为大红（火红）果、粉红果、黄色果（橙黄、金黄、黄、淡黄）等。

三、品种选择原则

可根据当地种植条件、市场要求、饮食文化、栽培习惯、气候条件因地制宜选用适宜的品种，有利于获得较好的经济效益。早春茬番茄育苗期和生育前期处于低温、弱光的冬季，营养生长基本是在低温弱光期完成，而中后期气温回升快，光照强，应根据消费习惯和栽培目的选用无限生长类型的早熟品种，其植株具长势旺盛、分枝性弱、耐低温、有寡照性、耐高湿、耐强光、不裂果、高产、优质、抗病、耐贮运等特点。如‘天宝 326’‘粉迪妮 217’等。

子任务二　制订生产方案

根据当地气候条件和市场消费条件，选择相应的设施设备，节约资源、保护环境，使用科学种植技术，降低生产成本，确保生产安全无公害、高品质番茄。

一、番茄种类与种植制度

确定品种、种植面积、种植方式等。

二、所需的农业生产资料

包括种子、肥料、农药、生产工具、农膜、黄板、吊绳、夹子、穴盘、基质等。

三、生产管理内容制订

（1）培育壮苗　包括消毒、种子处理、基质装盘、播种、管理、分苗、炼苗等。
（2）嫁接　包括确定材料工具、时期、方法等。
（3）移栽定植　包括定植前准备、明确时期、打孔、挖穴、定植、管理等。
（4）环境调控　包括设施内温度、湿度、光照、气体、营养等。
（5）水肥管理　包括浇水追肥时期、数量等。
（6）植株调整　包括搭架、引蔓、摘心、打杈、摘叶等。
（7）绿色防控　以农业防治为主，配合物理、生物防治，少量使用环境友好型化学药剂。
（8）采收保鲜　明确收获时期、方法，使用工具，分级标准、储藏保鲜等。

四、资金预算

包括土地租金，设施、农资、劳动力、管理费用等。

五、编制番茄周年温室生产计划表

番茄周年温室生产计划见表 2-1。

表 2-1 番茄周年温室生产计划

序号	生产计划项目	具体实施	备注
1	番茄种类与种植制度		
2	所需的农业生产资料		
3	生产管理内容制订		
4	资金预算		

子任务三 生产记录及生产记录保存

生产记录通常包括从播种育苗、种植管理到采收销售的整个生产过程，如各项农事操作的日期、生育时期、生育情况、农事操作、方式、劳动力、完成情况等(表 2-2)，同时记录病虫害的发生和防治情况(表 2-3)。一般农产品生产记录应当保存 3 年。

表 2-2 番茄周年温室生产农事操作生产记录单

序号	日期	生育时期	生育情况	农事操作	方式	劳动力	完成情况	备注

表 2-3 番茄温室栽培药剂防治生产记录单

序号	日期	生育时期	病虫害发生情况	药剂名称	来源	用法用量	效果	备注

任务二 培育壮苗

培育壮苗是茄果类栽培的一个特点，也是优质丰产的基础。因此把握番茄壮苗培育，能够节约资源，促进生产出安全健康的蔬菜，促进番茄产业的蓬勃发展，以吸引更多年轻人加入农业生产中。

二维码 2-3 番茄培育壮苗

子任务一　确保种子质量

选择种子是蔬菜生产的第一关键环节，种子质量关乎发芽势、苗齐、苗壮。因此，选择饱满、均匀、新鲜、干燥、健康的优质种子可以培育壮苗、增加植株抗逆性，为蔬菜产品器官的成熟打下基础。要到正规的农资店购买大厂家生产的种子，要各项手续齐全，并填写留存购买种子分析单（表 2-4）。应选择种子包衣处理，并检查包装袋标签标注的各项内容是否齐全真实。

表 2-4　购买种子分析单

种子名称	销售公司	经销商	手续	标签信息	单价	数量	总价	单据	评价

子任务二　种子处理

包衣种子和丸粒化种子可直接播种，未包衣和未丸粒化的种子可采用高温处理、温水浸种、低温处理、药粉拌种或药剂浸种。

一、高温处理

将干燥种子放在 70 ℃的温箱里处理 72 h，然后再浸种、催芽、播种，对番茄病毒病有一定的防治效果。

二、温水浸种

利用热水杀死附着和潜伏在种子表面及内部的病菌，种子充分吸胀打破休眠。

具体做法是：先用清水浸泡种子，然后捞出倒入 55 ℃左右温水里浸泡 10 min，不断地迅速搅拌，使种子均匀受热，再用冷水继续浸种 3～4 h。

三、低温处理（冷冻处理）

将浸胀后将要发芽的种子，放置在 0 ℃左右的温度下 24～28 h。低温处理可促进种子发芽，增强幼苗的抗寒性，有提早成熟的效果。

四、药粉拌种

用 70%敌克松粉剂拌种，用药量为种子重量的 0.3%，对防止番茄立枯病的发生有显著效果。

五、药剂浸种

先用清水预浸种子 3～4 h，然后再将种子捞出后倒入 0.1% 硫酸铜溶液或 60%多菌灵溶液中浸种消毒 20 min。

子任务三 穴盘育苗

番茄根的再生能力强，适于育苗移栽。

一、适时播种

可从产品采收上市时期，推算适宜定植期，再按育苗天数往前推算适宜的播种期。番茄温室栽培育苗应在 8 月，南方番茄早春茬应在 10 月中旬播种，12 月中下旬移栽。

二、准备穴盘

一般采用规格为 26 cm×52 cm 的 72 孔穴盘，每一苗床横向排列 3 排，穴盘用 50%多菌灵可湿性粉剂 600 倍液浸泡 2～3 h 消毒后备用。

三、基质配制

选择洁净、消过毒的混凝土地面或基质搅拌机，选用养分全面、灭菌较好、质量安全的基质，通常按照草炭∶珍珠岩∶蛭石为7∶2∶1 比例配制(或用专用番茄育苗基质)，加入腐熟有机肥和适量水，充分搅拌均匀后，基质含水量为 50%～60%(用手握成团，松开手不散)，堆置 1 d 后装盘。

四、基质装盘

将拌好的基质装入穴盘，湿度控制在 30%左右。每个穴孔都要装满基质，用刮板刮去穴格以上多余基质。再用专用穴盘打孔板从上向下均匀用力下压，在填装有基质的穴盘的每个孔穴中央打直径 1 cm、深度 1～1.5 cm 的播种穴。

五、播种

人工或机械方式将种子点播至穴盘的每个播种穴。将蛭石或珍珠岩覆盖到播种后的每个穴盘上，用刮板刮去多余的基质，使穴盘孔格清晰可见。用人工或喷淋设备对播种覆盖后的穴盘洒水，直至基质湿透，穴盘底部排水孔有水渗出。

六、催芽

1. 催芽室催芽

有条件的可进行催芽室催芽处理，即将穴盘运送至催芽室，穴盘放至催芽架穴盘隔板上，在设定环境条件下催芽。当有 60%种子的子叶拱出时，及时运送至育苗室育苗。

2. 苗床催芽

将穴盘直接运送至育苗设施，摆放至苗床，覆盖白色地膜、微孔地膜、无纺布等材料保湿。当有 60%种子的子叶拱出时，及时揭去覆盖物。

穴盘育苗流程：

子任务四　苗期管理

播后管理是培育适龄壮苗的关键，同时又是花芽分化的重要阶段，也是产量形成的基础。管理应以花芽分化、保叶、促根、培育壮苗为重点，温度和水肥的管理应本着“保”“控”相结合的原则。

一、环境调控

发芽期最适温度为 25～30 ℃，且要求土壤水分充足，含氧量为 10%左右。

1. 温度

四川盆地秋冬季育苗，宜采用多层覆盖保温加温措施，以维持幼苗正常生长发育所需温度。出苗前，棚内保持昼温 25 ℃以上，夜温 18 ℃左右，4～6 d 即可出苗。出苗后，维持白天温度 20～25 ℃，夜间温度 10～15 ℃，超过 28 ℃时要及时通气降温，防止小苗徒长。

2. 湿度

采用通风降低育苗设施内空气湿度，采用洒水、弥雾等措施增加育苗设施内的空气湿度，使设施内空气湿度保持在 50%～60%。中午适当揭开拱棚两端，降低空气湿度，减少苗期病害，防止徒长。定植前 1 周，设施内空气湿度降低至 40%。

3. 光照

采用清洁透明覆盖材料、悬挂反光膜、安装补光灯等措施，增加光照度和光照时间；定植前 1 周应接近外界自然光照度。

4. 二氧化碳浓度

采用通风或开启二氧化碳发生器等措施，增加设施内二氧化碳浓度，在幼苗发育阶段使设施内昼间二氧化碳浓度达到 600～800 mg/L。

二、水肥管理

根据番茄不同幼苗发育阶段，采用水溶肥料和灌溉施肥方法补充水分和矿质养分。常用的水溶肥料含微量元素，各种配比的肥料可交替使用。一般地，幼苗生长前期发育慢，需肥量小，宜选择低磷肥料，并适当延长施肥间隔期；而幼苗生长旺期，幼苗生长发育快，宜缩短施肥间隔期。育苗期若遇低温、连阴天气，可延缓施肥。

三、病害防治

番茄苗期易发猝倒病（图 2-1）和立枯病（图 2-2），除进行种子消毒、床土消毒、加强苗期管理、合理控制苗床的温湿度等措施外,还可采用药剂防治。

图 2-1　猝倒病

图 2-2　立枯病

育苗后期常发生早疫病(图 2-3、图 2-4)和灰霉病,可用 0.2%～0.25%等量式波尔多液进行防治。

图 2-3　早疫病(1)

图 2-4　早疫病(2)

四、其他管理

图 2-5　炼苗

(1)要及时发现、识别和拔除假杂种苗和机械混杂苗。

(2)有 2～3 片真叶时一次性移苗进钵。营养钵直径以 8～10 cm 为好,可预先填充营养土。小棚内维持白天温度 20～25 ℃,夜间温度 10～15 ℃,保持苗钵湿润和肥力充足。

(3)炼苗　为了培养壮苗,定植前要适当降低温度和控制湿度,提高秧苗的抗逆能力。定植前 5～7 d 需进行炼苗(图 2-5),逐渐加大白天通风量,至昼夜通风,在不发生冷害的前提下,最低温保持在 3～5 ℃,可昼夜去掉覆盖物,控制浇水。一般炼苗期间不要浇水。

(4)壮苗标准　定植壮苗缓苗快,发棵早,以后生长也比较旺盛,开花结果早,早熟高产。壮苗的特征是花芽分化早,花芽多,素质好,生命力强,耐低温,茎短粗,节间紧密,叶大而厚,叶色正,须根多,没有病虫害,无机械损伤等。

任务三　嫁接改良

番茄设施栽培,前期投入大,不宜轻易更换栽培场地。利用嫁接换根栽培,可提高植株抗土传病害的能力,增强植株抗寒性,克服连作障碍,减少病虫害、降低农药残留及环境污染,从而提高产品品质和产量。

一般地，野生番茄具有较高的抗性，能够适应连作的土壤，因此将番茄栽培苗嫁接到野生番茄苗上，可提高番茄栽培品种的抗性。嫁接方法通常有劈接法、贴接法。

二维码 2-4　番茄嫁接改良

子任务一　劈接法

劈接法是常见的嫁接方法。

一、砧木处理

将砧木苗从苗床内拿出放在操作台上，在第二片和第三片真叶之间用刀片横切一刀，砧木苗下部留两片真叶，然后在茎的横断面的中央位置，垂直向下劈切深度为 0.6～0.8 cm 的接口。

二、接穗处理

接穗苗茎上面取两叶的位置，将接穗苗上端横切掉，接穗茎下端削成一个楔形（即两面各削一刀），最小厚度约 0.3 cm，削面长 0.6～0.8 cm，尽量与砧木的接口大小相近（图 2-6）。

图 2-6　劈接

三、嵌合处理

将削好的接穗苗接口与砧木苗的接口对准，插入砧木切口内，使接穗与砧木形成层表面充分接合，接穗苗尽量插到砧木接口的底部不留空隙，避免产生不定根。

四、接口固定

对好接口后，用嫁接夹子夹住接口部位（图 2-7）。劈接法要求使用的嫁接夹为方夹子，因为使用方夹子比较牢固，接穗不易脱落，可提高嫁接苗的成活率。将嫁接苗放入已经准备好的育苗床内，再喷 50%多菌灵可湿性粉剂 800 倍药液，防止病害发生。

图 2-7　接口固定

子任务二　贴接法

目前，生产上大量使用的方法是贴接法。

一、砧木处理

将砧木苗从苗床内拿出放在操作台上，在第二片和第三片真叶之间用刀片斜切一刀，砧木苗下部留两片真叶，削成30°的斜面，切口斜面长0.6～0.8 cm.

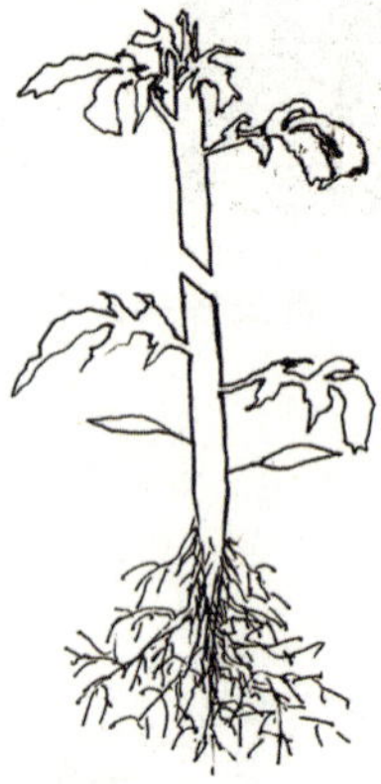

图 2-8　贴接

二、接穗处理

穗苗茎上面取两叶的位置，将接穗苗上端横切掉，接穗茎下端斜切成30°斜面，斜面的长度在0.6～0.8 cm，尽量与砧木的接口大小接近。

三、贴接处理

将削好的接穗苗切口与砧木苗的切口对准形成层，贴合在一起(图2-8)。

四、接口固定

对好接口后，用嫁接夹子夹住嫁接部位。贴接法同样要使用方夹子。将嫁接苗放入已经准备好的育苗床内，再喷50%多菌灵可湿性粉剂800倍药液，防止病害发生。

子任务三　嫁接后管理

一、温度管理

温度是保证嫁接幼苗快速愈合、恢复生长的关键因素，因此，番茄幼苗嫁接后前6 d，白天温度需要保持在25～28 ℃，夜间温度需要保持在18～20 ℃。后期，通过较高的温度和一定的昼夜温差来促进番茄嫁接幼苗的健康生长。

二、湿度管理

嫁接后，番茄幼苗上的开放伤口会加剧水分流失，所以要尽快将嫁接苗移栽到小拱棚内，并加强温度和湿度管理。1～3 d内，小拱棚内的湿度需要保持在90%～95%，以减少水分流失，必要时可以人工在拱棚内进行喷水。嫁接后4～6 d，可以逐渐增加通风量和通风时间，使伤口基本愈合的嫁接幼苗逐步适应外界环境。同时，嫁接幼苗在整个生长过程中，环境的湿度不能低于80%。

三、光照管理

番茄嫁接后前3天需要进行遮光处理，可使用遮阳网或草帘遮阳降温，防止接穗失水萎蔫，既能达到遮光作用，又能保障保温效果。嫁接4 d后，可以循序渐进地增加光照量和光照时间。要注意天气变化，特别是多云转晴后接穗易萎蔫，一定要及时遮阳。

四、病虫害防治

番茄苗期易发猝倒病和立枯病，应采取农业防治、物理防治、化学防治相结合的方法，进行综合防治。

除保持育苗周边环境无污染，清理干净育苗设施内部环境，加强苗期管理，合理控制苗床的温湿度外，还可采用药剂防治。育苗后期常发生早疫病和灰霉病，可用0.2%～0.25%等量式波尔多液进行防治。

五、壮苗标准

番茄嫁接苗壮苗标准为：株高 20 cm 左右，茎粗一般在 0.5 cm 以上，且上下尖削度小，节间短，节间长基本相等；叶片 5～6 片，叶色浓绿，叶片肥厚，根系发达，侧根数量多，花芽肥大，数量多；植株无病虫害，无机械损伤。

操作计划

任务四　移植定植

番茄产地环境条件要求土壤、水体和大气环境质量等符合农产品生产质量要求，生产基地应选择在无污染和生态条件良好的地区，具有可持续生产能力。

子任务一　定植前准备

一、土壤选择

番茄对土壤条件要求不严，除极黏重、排水不良的低洼易涝地外均可栽培。因此，番茄日光温室以富含有机质、土层较厚、排水良好、土壤 pH 为 6.0～7.0 的肥沃土壤为宜。在前茬收获后土壤翻耕前，每亩撒施生石灰 150～200 kg，以提高 pH，预防病虫害。番茄智能温室栽培通常使用袋装椰糠作为栽培基质。

二维码 2-5　番茄定植前准备

二、大棚处理

根据当地气候条件，选择适宜的设施大棚，以提供番茄生长周期所需要的环境条件。

种植前对大棚处理的方法有高温闷棚、药剂熏蒸等。

（1）太阳能高温闷棚　首先清园，彻底清除前茬病残体，其次均匀施入有机肥，然后翻地整平，闭棚 15～20 d。也可采用药剂混土、灌水等措施。

（2）药剂熏蒸　可选用的药剂有威百亩等。

三、整地

定植前至少提前 10 d 开始整地清园，深翻晒田，也可结合药剂杀菌杀虫或用枯草芽孢杆菌抑制有害微生物生长，改善土壤理化性质。整地要求细致，要把残根和石头等杂物捡除，并且深耕多翻、碎土，一般耕地深度为 25～30 cm。可利用整地机整地。

四、施基肥

基肥以有机肥为主，选择无毒无污染、充分腐熟的有机肥和肥料利用率高的化学肥料。番茄结果期长，产量高，需肥量大。结合整地施足基肥，每 667 m^2 施农家肥料 1.5 t 左右，钙镁磷肥 20～25 kg、施硫钾型复合肥 50～60 kg，并配合施用生物有机肥 300～500 kg，进行深翻混匀，打碎耙平。

五、作畦

南方各地雨水多，均宜用深沟高畦，以利于排水及提高土温，促进根系发育。土壤翻耕施肥后，立即整地作畦，要求深沟高畦，畦宽 1.4 m(连沟)，畦高 30 cm。畦面做成马鞍形，便于双排种植和水肥管理。

六、铺设滴灌

畦面整平后铺设滴灌带，能省时省力，降低人工费用，节约水肥，提高肥料利用率，进而提高生产品质和产量。

符合《水肥一体化技术规范　总则》(NY/T 2624—2014)。将滴灌带铺设至每畦畦面中央处，并将出水口朝上。确保水压能够使滴灌带末端均匀出水。

图 2-9 为滴灌控制中心，图 2-10 为袋装基质滴头，图 2-11 为大田滴管。

图 2-9　滴灌控制中心

图 2-10　袋装基质滴头

图 2-11　大田滴管

七、覆盖地膜

图 2-12　覆膜

定植前采用银黑色双面地膜进行全大棚覆盖，并压实地膜(图 2-12)。覆盖银黑色双面地膜能够有效提高地温，保水保温保肥，增加光照，促进果色均匀，降低大棚空气湿度，抑制杂草生长，减少病虫害，降低农药残留及环境污染，进而提高产品品质和产量。

操作计划

子任务二　移栽定植

一、定植时期

番茄日光温室或智能温室 9 月移栽，翌年 8 月拉秧，可持续栽培一年；早春茬番茄大棚栽培，华中地区应在 12 月定植，最好选择晴天扣膜保温，10 cm 以上土温稳定在 10 ℃以上后移栽。

二、选择壮苗

定植时幼苗不宜过大。苗龄过长，幼苗过大，对定植后的生长发育不一定有利，反而会带来移栽及管理上的不便。

三、定植密度

按照品种特性和栽培方式确定正确的行距、株距和密度，每 667 m^2 定植密度为早熟品种栽 3 500 株，中熟品种栽 3 000 株，晚熟品种栽 2 500 株。

四、定植方法

(1)将幼苗定植在靠近滴灌带附近，按株距在膜上打孔，破口尽量小。

(2)将幼苗摆放在穴内，深度以苗坨与畦面相平为宜。

(3)轻轻扶住植株后覆土，轻压固定。

(4)将苗坨和地膜孔用土封严。

(5)滴灌浇定根水。

五、定植后管理

1. 缓苗期控温

白天适宜温度为 25～28 ℃，夜间 15～17 ℃，地温 18～20 ℃。

2. 浇缓苗水

缓苗后视情况浇 1～2 次提苗水，一般不追肥，也可视生长情况轻施一次速效肥。

操作计划

任务五 环境调控

番茄温室栽培应注意对环境因素进行控制和调节，为番茄的生长发育创造适宜的环境条件，从而生产出优质高产的番茄。

二维码 2-6 番茄环境调控

一、温度调控

1. 番茄生长环境影响

番茄喜光喜温，不耐炎热，生长的适宜温度为 20～25 ℃。当低于 15 ℃时，番茄生长缓慢，不形成花芽或开花授粉不良；当低于 10 ℃时，生长近于停止，长时间在 5 ℃条件下会造成低温危害；当温度达到 40 ℃时，虽能短时间忍受，但对生长不利，易诱发病毒病。番茄根系生长最适土温为 20～22 ℃，10 ℃时生长停止，－1 ℃时植株受冻而死亡。如果长期处于 35 ℃以上的高温，生长停止，易衰亡。

图 2-13 保温幕

开花前后对环境条件反映比较敏感，日温 20～25 ℃，夜温 15～17 ℃条件下，花芽分化节位低，小花多，质量好。若温度低于 15 ℃或高于 35 ℃易落花落果或出现畸形果。一般从开花授粉到成熟需要 40～50 d。

2. 保温加温调控

(1)扣膜或关窗。

(2)覆盖内层保温膜或打开保温幕(图 2-13)。

(3)热水加温(图 2-14、图 2-15)。

图 2-14 加温水管

图 2-15 多功能加温管道

3. 降温调控

(1)遮阳网降温(图 2-16)。

(2)湿帘风机系统降温（图 2-17)。

图 2-16　遮阳网降温

图 2-17　湿帘

二、光照调控

番茄属短日照植物,但对光周期的反应不敏感,只要温度适宜,均能开花结果。番茄喜光,要求充足的光照。光照不足,番茄会徒长,开花数少,营养不良,从而引起落花、落果,加剧生理障碍和病害。

因此,采用透光性好、防尘的棚膜,必要时棚内加反光膜增强棚内光照,根据实际情况,添加补光灯(图 2-18)。若白天光照不充分,夜间的温度要稍低些,以避免能量的消耗。

图 2-18　补光

三、湿度调控

番茄植株叶片多,营养面积大,蒸腾作用强烈,且果实为浆果,结果数多,所以需水量大。同时,番茄根系发达,吸水力较强,因此对水分的要求表现为半耐旱性。番茄在生育期内地上部茎叶茂盛,蒸腾作用很强,需要较多的水分,要注意灌水,但不要经常大量灌水。不同的生育期对水分的要求也不同,幼苗期生长快,为避免徒长,土壤湿度不宜太高,果实膨大期,需要增加水分供应,可通过调节滴管流量来调节土壤湿度(图 2-19)。

番茄在不同生长发育时期对水分的要求不同。其幼苗期适宜的土壤湿度为 60%,结果期为 80%。果实成熟时,如果土壤水分过多或干湿变化剧烈,易引起裂果,降低商品价值。所以番茄在结果期时应经常保持土壤湿润,防止时干时湿。番茄不耐涝,田间积水达 24 h,易使根部缺氧而窒息死亡,所以应深沟高畦,防止田间积水。

图 2-19　滴管

温室内空气湿度高，可高达70%～100%，易诱发多种病害，造成植株徒长、落花落果。因此，必须采取措施降低棚内的湿度。主要方法是：采用防雾滴玻璃温室或无滴膜覆盖，合理通风，采用膜下水肥一体化滴灌系统。

四、营养管理

番茄生长期长，需肥量大，尤其对钾肥需要量大，生长期内施肥要适量。施肥原则是前期施氮、磷肥，不宜过量施用氮肥，中后期增施钾肥和微量元素，可以促进根系发育，加速果实生长和成熟，提高果实品质和产量。此外，番茄对钙的吸收量也很大，番茄缺钙易得脐腐病及引起生长点坏死。

施肥量要根据土壤中可供养分含量的多少以及植株体内对各种营养元素的要求来确定。不但要有充足的氮肥及一定数量的磷、钾肥作为基肥，而且要早施及多次追肥。

肥料选择：应选用水溶性肥料，包括大量元素水溶肥、有机液肥、含氨基酸液肥、含腐殖酸液肥等。肥料质量应符合国家标准。可采用水肥一体化滴灌，实行精准化水肥管理。

五、气体调控

冬季长时间扣棚保温，会导致温室内的CO_2含量降低，影响光合作用，因此可采取增施有机肥、通风、补充CO_2等方法提高空气中CO_2含量。

配置YD-660型烟气电净化CO_2气肥机的使用技巧：自定植后植株6节位花朵伸出开始工作，使用时间在晴天上午，放风前停止使用气体肥，下午无须使用。

操作计划

任务六　植株调整

二维码2-7　番茄整枝引蔓

番茄植株调整能够平衡营养器官和生殖器官的生长，加强通风透光，促进光合作用，减少病虫害，降低环境污染，节约资源，从而生产出优质高产的番茄。

一、吊蔓引蔓

番茄的主茎带蔓性，需搭架栽培，并进行整枝摘心。

番茄定植后到开花前，植株长到大约30 cm高时，随着植株的向上生长应及时进行绑蔓。及时搭架绑蔓，便于采光、不易生病，可防止植株东倒西歪或茎蔓下坠，还可防止倒伏。

1. 搭架

采用“人”字形交叉架，番茄种植在垄的两侧边上，用细竹子做成“人”字架的形式，然后把番茄枝条靠在支架上。采用八字环法，在枝条上绕一圈交叉后再系到竹竿上，把果穗调整在架内，茎、叶调整到架外。

2. 吊绳

用无色塑料绳吊蔓，下端系或夹在番茄植株的中下部，然后在植物周围缠上活扣两周。吊蔓高度以 1.7 m 为宜。注意不要把花芽绕进绳里，以防止活扣松动并使茎落在地上。绑蔓要松紧适度。

3. 盘头

随着番茄植株的生长，要及时将番茄头部进行缠绕固定。

二、整枝

利用整枝，合理调节和控制营养生长和生殖生长的关系。

1. 摘心打杈

早熟栽培一般采用单干整枝，每株只留一个主干，当侧芽长到 3～4 cm 时留 1～2 cm 高的杈基部后摘除。无限生长型番茄一般在 5 穗果后留 2～3 片顶叶摘心。自封顶类型番茄品种进行高产栽培和无限生长类型番茄稀植时，可采用双干整枝、改良式单干整枝或连续摘心整枝法。摘心宜在晴天进行，以利于伤口愈合。人手、剪刀要做好消毒工作。先打健壮无病的植株，后打感病的植株。打下来的残体要及时清园。

2. 摘叶

番茄生长后期，枝叶繁茂，通风透光不良，容易导致病害，应及时疏除植株下部老叶、黄叶、病叶和密叶（图 2-20），并带到棚室外深埋或烧掉。摘叶利于透光通风、去霉菌，减少养分消耗，降低病虫害发生。

3. 落蔓

当番茄的植株生长点已经超过钢丝时，就要及时摘心落蔓，茎蔓在距离地面 30 cm 以上时可落蔓，除去下部叶片、果柄。将缠绕茎蔓的吊绳松下，顺势把空蔓落于地面（图 2-21），注意不能生拉硬拽，要自然打弯，同行间植株生长点要位置齐平。

图 2-20 摘叶

图 2-21 落蔓

图 2-22　果柄夹

落蔓可使植株生长势强，结果周期长。落蔓宜在晴天午后进行。落蔓前 10 d 不要浇水，以增强茎秆的韧性。落蔓后，应适当提高温度，以利于茎蔓的伤口愈合。

4. 果柄夹

番茄果柄夹，专门解决番茄果穗柄弯折的问题，可提高产量，增加效益（图 2-22）。

三、保花保果

1. 引起落花落果的原因

（1）肥水管理不当，棚膜透光差，光照不足、干旱、水渍等均可引起落花落果。

（2）早春的气温过低（夜温低于 15 ℃）会引起落花落果。

2. 防止落花落果的措施

（1）改善肥水管理，更换新棚膜，打开补光灯，保持土壤湿润等。

（2）低温阶段宜选择熊蜂授粉或人工辅助授粉（根据温度高低采用适宜浓度的番茄灵等植物生长调节剂喷花序，促进坐果）。

四、疏花疏果

疏花蔬果是生产精品番茄的必需措施。特别是在冬春低温季节，疏花疏果更是保证营养供应、协调植株生长平衡的关键措施。

（1）春茬粉果番茄一般留果 4 穗左右，大红番茄一般留果 5～7 穗，后保留 2 片叶摘心。

（2）每穗选留 5～6 朵正常健壮的花蕾，其余花蕾全部疏掉，一般疏掉最早开放的花，以提高番茄精品果率。

（3）除掉萼片数在 9 枚以上的花蕾，因其易形成畸形果，可提高坐果率。

（4）待每穗果坐齐后，再及时疏掉畸形果、特小果，使得每穗保留较整齐的 3～4 个果。

操作计划

任务七 绿色防控

病虫害的防治坚持“预防为主，综合防治”的植保方针，以农业防治为基础，优先采用物理和生物防治技术，辅以化学防治措施。

二维码 2-8 番茄病虫害防控

一、防治对象

番茄早春栽培常见病害包括病毒病、早疫病、晚疫病、青枯病、灰霉病、脐腐病、褐斑病等，苗期猝倒病和立枯病；虫害主要有蚜虫、蓟马、棉铃虫、潜叶蝇等。同时也有各种生理病害，如卷叶、断梢、脐腐、褐心、裂果、日灼及畸形果等，不仅影响果实的产量，也影响果实的品质。

二、防治方法

（一）农业防治

(1)选用抗病虫品种，如番茄的茎、叶上密被腺毛，分泌汁液，散发特殊气味，对蚜虫有驱避作用。

(2)实行轮作制，与非茄科作物轮作 3 年以上，提倡水旱轮作或夏季灌水休耕 1 个月以上，或采用嫁接苗。

(3)种子杀菌消毒处理、培育壮苗、耕翻晒垡、深沟高厢覆膜栽培，采用膜下滴灌。

(4)平衡施肥，增施腐熟有机肥，合理灌溉等。

(5)及时清除上茬病株残体，拔除田间病株；整枝或摘心时，一定要做到病、健株分开操作。

(6)根据天气、植株长势严格控制温室内温度及湿度。

（二）物理防治

1. 设施保护

设施放风口用 25～30 目的防虫网封闭，减少或阻止外部害虫潜入，从而减少用药，使番茄更好地达到无公害标准。人进入温室前，应进行换衣消毒，减少病原携入。

2. 颜色诱杀

设施内悬挂黄色或蓝色捕虫板诱杀，每亩需 30～40 块。当黄板粘满虫时，更换黄板（或重涂机油），一般 7～10 d 重换一次。

3. 银灰色薄膜

全棚地面铺设银黑双面地膜避蚜虫。

（三）生物防治

生物防治是作物病虫害绿色防控体系的重要组成部分，为我国农药使用负增长作出了巨大的贡献。活体微生物通过竞争、促生、拮抗等多种作用机理可以有效抑制植物病害的发生和蔓延。

(1)使用枯草芽孢杆菌等生物药剂防治病虫害,使用天敌防治病虫害。苗期猝倒病和青枯病重在以农业措施预防为主,发病后可用枯草芽孢杆菌进行防治。

(2)引入寄生蜂可消灭潜叶蝇。

(3)引入丽蚜小蜂可防治粉虱等。

(四)化学防治

使用药剂应符合规定,选择高效低毒低残留的药剂,采用适当施药方式和施药量,优先采用高压微雾、静电喷雾或烟剂熏蒸器械。

(1)病毒病　在发生过番茄病毒病的地块种植樱桃番茄,可通过深翻土壤促使带毒病残体腐烂,或施用石灰钝化病毒。

(2)灰霉病　可选用70%百菌清可湿性粉剂等防治。

(3)早疫病　发病初期可用70%代森锰锌可湿性粉剂防治。

(4)蚜虫、白粉虱　下午闭棚后可用棚虫清熏蒸灭杀。

(五)农药安全间隔期

农药安全间隔期是指从最后一次施药至收获农作物前的间隔天数,即自喷药后到残留量降到最大允许残留量所需的时间。在番茄生产中,最后一次喷药与收获之间的时间必须大于14 d的安全间隔期,不允许在安全间隔期内收获番茄。

田间诊断

任务八　采收保鲜

二维码2-9　番茄采收分级

适时采收能够确保蔬菜产品品质,便于运输,能保障消费者的最佳口感;而产品分级可以针对不同消费市场进行不同的销售策略,以提高经济效益。

一、采收时期

番茄果实的成熟过程可划分为四个阶段:青熟期、变色期(转色期)、成熟期和完熟期。

青熟期采摘,可较长期地贮藏和运输,果实已充分长大,果皮绿色渐淡,果面发亮,顶端出现乳白色,内质硬,种子已发育完全,具有萌发能力,后熟的果实品质稍差。

变色期采摘，可长距离运输和贮藏，其果顶(脐)部开始转色，出现淡红或金黄色，直至全果有三分之一着色，但果肩部分仍然为绿色。这一时期采收的果实，只需经数天(依气温高低而异)后熟，就可以全部转变为红色。

成熟期采摘，可就地供应市场，其果实有三分之一以上或全果转色，果肉未软，质地坚实，维生素与干物质含量最高，营养价值亦最高，最适合生食。

完熟期采摘，适用于加工各种罐藏制品，其全果红或粉红，色泽鲜艳，光泽度高，加工用的大红色果，这时种子成熟、饱满。

选清晨至上午10点采摘，气温较低利于果实存放；下午气温高不宜采摘。气温较高时采收的果实如有机械损伤，贮存过程中更易滋生细菌，影响番茄货架期。

及时分批采收，可减轻植株负担，确保商品果品质，也可促进后期果实膨大。采收时，可单个采摘，也可成串采摘，应轻拿轻放，减少不必要的人为损伤或机械损伤。采收后，将残枝败叶和杂草清理干净，集中进行无害化处理，保持田间清洁。

二、分级

所有种类的番茄都应满足以下基本要求，即外形完整、外观完好、表面清洁且无多余水分、无残留农药或受农药损伤迹象、无异味、新鲜。就成熟度而言，番茄应生长期充足，达到充分的自然成熟状态。此外，番茄应经得起运输过程中的折腾，运抵目的地后要状况良好。

番茄一般分为特等、一等和二等3个等级。

(1)特等番茄　为品质最好的番茄，其果肉必须柔韧，而且在形状、外观以及生长情况方面绝对优秀。这种番茄必须大小一致，呈现成熟色泽，且表面无明显瑕疵。

(2)一等番茄　果肉必须柔韧，在形状、外观以及生长情况方面基本令人满意。该等级的番茄也应大小一致，且表面无裂缝和明显瑕疵，但允许有一些轻微缺陷，比如形状略不规范，颜色略微逊色，表面有轻微擦痕等。

(3)二等番茄　质量比不上前两个等级，但也应满足基本质量要求。

三、贮藏方法

番茄贮藏方法一般包括塑料袋贮藏法和气调贮藏法。

番茄温室栽培，能够隔离外界自然气候，人为提供番茄适合的生长发育环境，从而可以延长果期，尽可能增加经济价值，弥补冬春季缺乏番茄的空缺，促进番茄产业的发展。

总结分析

活动评价单

学习情景 1		番茄周年温室生产管理					
项次	项目要求		配分	评分细则	自评得分	小组评价	教师评价
素养（20 分）	纪律情况（7 分）	按时上课，不早退	2 分	缺勤全扣，迟到、早退出现 1 次扣 1 分			
		积极思考问题	4 分	根据上课回答问题情况得分			
		学习用品准备	1 分	自己主动准备好学习用品并齐全			
		执行教师要求		此为否定项，违规酌情扣 10～100 分，违反校规按校规处理			
	职业道德（8 分）	团结友爱	2 分	主动合作和帮助同学得 2 分；合作不积极得 1 分			
		吃苦耐劳	2 分	农耕劳作乐于吃苦得 2 分；敷衍行事得 1 分			
		严谨细致	2 分	对学习精益求精且效果明显得 2 分			
		知农爱农	2 分	对农业生产有热情，用心学农得 2 分；被动学习得 1 分			
	阅读能力（5 分）	快速阅读能力，并理解要求	5 分	能快速明确任务要求并清晰表达得 5 分；主动沟通指导都合格得 3 分；其余不得分			
任务完成情况（80 分）	制订生产方案		10 分	按要求实施并取得预期结果得 10 分；不符合要求逐项扣分			
	培育壮苗		10 分	按要求实施并取得预期结果得 10 分；不符合要求逐项扣分			
	嫁接改良		10 分	按要求实施并取得预期结果得 10 分；不符合要求逐项扣分			
	移植定植		10 分	按要求实施并取得预期结果得 10 分；不符合要求逐项扣分			
	环境调控		10 分	按要求实施并取得预期结果得 10 分；不符合要求逐项扣分			
	植株调整		10 分	按要求实施并取得预期结果得 10 分；不符合要求逐项扣分			
	绿色防控		10 分	按要求实施并取得预期结果得 10 分；不符合要求逐项扣分			
	采收保鲜		10 分	按要求实施并取得预期结果得 10 分；不符合要求逐项扣分			
合计			100 分				
总分（自评 10%，小组评价 30%，教师评价 60%）							
组长签字			教师签字				

知识拓展

二维码 2-10 番茄株苗徒长

二维码 2-11 番茄植株早衰

二维码 2-12 番茄品质

二维码 2-13 番茄虚拟仿真软件环境调控

学习情景 2　辣椒春夏季露地生产管理

学习任务单

学习情景 2	辣椒春夏季露地生产管理
知识目标	☞ 了解辣椒的起源、分类、生物学特性、市场定位等内容； ☞ 理解辣椒播种育苗、环境调控、植株调整、绿色防控、采收保鲜的原理及方法； ☞ 掌握辣椒从生产方案制订到栽培管理的方法及技巧； ☞ 能够根据生产需要选择适宜的种植方式，进行整地作畦。
能力目标	☞ 能够设计辣椒露地栽培管理方案； ☞ 能够根据市场的需求选择品种，培育壮苗； ☞ 能够根据实际情况选择适合的种植方式，并按要求定植； ☞ 能够根据辣椒的长势，适时进行环境调控、水肥管理、植株调整； ☞ 能够及时诊断辣椒生育情况，适时适量进行绿色防控； ☞ 能够适时采收辣椒，并按标准分级、保鲜、销售； ☞ 能够自主分析解决问题，进行知识迁移。
思政目标	☞ 养成团结协作、吃苦耐劳、严谨细致的职业精神； ☞ 具备遵纪守法、保护生态的职业责任感； ☞ 能够公正地自我评价和评价他人； ☞ 树立知农、爱农、服务“三农”的使命感。
任务描述	根据市场需求、当地气候条件、栽培条件等因素，制订出科学合理的辣椒优质栽培管理方案，并对辣椒播种育苗、环境调控、植株调整、绿色防控、采收保鲜的整个栽培管理过程按要求实施任务，最终培育出优质高产的辣椒。
任务要求	☞ 按照任务资讯单内容，认真准备资讯问题； ☞ 按各项任务的具体要求，认真设计栽培方案并实施； ☞ 严格按照要求实施各项任务，确保辣椒绿色优质生产； ☞ 严格遵守劳动纪律，认真踏实对待各项任务； ☞ 虚心学习并向同学、老师、企业师傅请教探讨问题； ☞ 认真观察并发现生产中的问题并合理分析解决问题； ☞ 分学习小组，分工协作实施任务，确保辣椒品质。

任务资讯单

学习情景 2	辣椒春夏季露地生产管理
资讯方式	阅读教材；浏览本课程精品在线开放课程及相关网站；查阅图书馆相关书籍及中国知网文献资料；观看 PPT 课件、视频、微信公众号；调研当地辣椒露地生产及销售情况；请教老师、企业师傅。

续表

资讯问题	☞ 辣椒露地栽培特点有哪些？ ☞ 如何选择辣椒品种？ ☞ 不同辣椒品种的特性是什么？ ☞ 如何进行茬口安排？ ☞ 辣椒育苗有哪些方式？ ☞ 培育辣椒壮苗的关键技术要点有哪些？ ☞ 苗期常见的问题及其防治对策有哪些？ ☞ 辣椒移植定植前需要做哪些准备？ ☞ 定植时需要注意哪些问题？ ☞ 如何明确辣椒的水肥需求？ ☞ 水肥一体化对辣椒生产的作用是什么？ ☞ 怎样诊断辣椒的生理性病害？ ☞ 如何区分辣椒的病理性病害？ ☞ 辣椒绿色防控的核心是什么？ ☞ 如何实现绿色防控？ ☞ 辣椒采收分级的方法有哪些？注意事项有哪些？ ☞ 辣椒采后保鲜的方法有哪些？ ☞ 如何提高辣椒的品质和产量？ ☞ 怎样提高经济效益？ ☞ 怎样才能更好地推广辣椒露地优质栽培模式，促进当地农业发展？
学习资料	信息单、教材、精品课程网站、微信公众号等。

知识链接

辣椒又称海椒、番椒、秦椒、辣茄等，果实色泽鲜艳，风味好，营养价值高，其以嫩果或成熟果供食，既是人们喜食的一种蔬菜，更是一种应用广泛的调味品；既能腌渍和干制，又能加工成干辣椒、辣椒粉、辣椒油、辣椒酱等。西南片区的人们可谓是无辣不欢。那么辣椒是如何生产的呢？接下来请与我一起来了解一下吧！

一、辣椒的起源

辣椒为茄科辣椒属的一年生或多年生草本植物，是人类种植的最古老的农作物之一，在公元前 7 000 年的时候就已经生长在中南美洲热带地区大陆上了，早在公元前 5 000 年玛雅人就开始吃辣椒了。我国是在明代引入栽培，至今已有三四百年的栽培历史，最早是在沿海一带栽培，清代时期才在西南地区盛行，目前全国各地广泛生产，是我国普遍栽培的蔬菜之一。

二维码 2-14　辣椒生产简介

二、辣椒的营养价值

辣味品因其具有杀菌、防腐、调味、营养、驱寒等功能，为人类防病、治病、改良基因、促进人类进化起到了积极作用。因此，在日常菜谱中加入一点辣椒，对身体的健康大有益处。辣椒的营养丰富，一般每百克辣椒所含维生素 C 量高达 200 mg，居蔬菜之首。而维生素 B、胡萝卜素以及钙、铁等矿物质含量也较丰富。医药专家认为，辣椒能缓解胸腹冷痛，制止痢疾，杀抑胃腹内寄生虫，控制心脏病及冠状动脉硬化；还能刺激口腔黏膜，引起胃的蠕动，促进唾液分泌，增强食欲，促进消化。

辣椒是一种含有刺激性辣味的食物，因为其含有的辣椒素是一种含有香草酰胺的生物碱，能够与感觉神经元的受体结合。由于受体激活后所传递的是灼热感，所以吃辣椒的时候，有烧灼感，而这种感觉会让大脑产生一种机体受伤的错误概念，并开始释放人体自身的止痛物质——内啡肽，所以能够让人有一种欣快的感觉，越吃越爽，越吃越想吃，尤其是四川人吃辣是出了名的。辣椒不仅能够刺激食欲，还具有温胃驱寒、促进消化的作用，很适合在四川潮湿阴冷的地域环境下驱寒祛湿。

三、辣椒的植物学特征

1. 根

辣椒根属于浅根系，根量少且不发达，一般分布在 15～30 cm 土层中，根系再生能力弱，不易发生不定根，故不耐旱也不耐涝。

2. 茎

辣椒株丛较小，茎直立，基部木质化。茎端出现花芽后，以双杈或三杈分枝。辣椒的分枝类型分为无限分枝和有限分枝两种，绝大多数辣椒栽培品种属于无限分枝型，而簇生椒均属有限分枝型。

3. 叶

辣椒的叶为单叶、互生，一般为卵圆形、长卵圆形或披针形。

4. 花

辣椒的花为完全花，单生或簇生，属异花授粉。

5. 果实

辣椒的果实为浆果，汁液少，未成熟时绿色，成熟后呈红色、橙色或紫红色，味辣。食用部分主要是果皮。

6. 种子

辣椒种子呈扁肾形，稍皱，色淡黄，千粒重 4.5～8.0 g，种子寿命 3～7 年。

四、环境要求

1. 温度

辣椒属喜温蔬菜，不耐严寒。辣椒对温度的要求介于番茄和茄子之间。种子发芽适温为 25～30 ℃，高于 35 ℃或低于 15 ℃则不利于发芽。辣椒幼苗生长要求较高的温度，温度低，生长缓慢。开花结果初期，白天适温为 20～25 ℃，夜间为 15～20 ℃，温度低于 15 ℃或高于 35 ℃ 均授粉受精不良；结果期，土温过高，尤其是强光直射地面，对根系生长不利，且易引起毒素病和日烧病。

2. 光照

辣椒是中光性植物，对光照的适应性较广。光饱和点 30 000 lx，补偿点 1 500 lx，较耐弱光。辣椒生长发育需要充足的光照。幼苗期充足的光照能使植株茎秆粗壮，叶片深绿，根系发达，抗病抗倒。开花期对光照比较敏感，需要充足的光照。而辣椒种子发芽时不需光，要求黑暗条件，在有光条件下反而发芽不良。

3. 水分

辣椒不耐旱也不耐涝，因根系不发达，需经常供水才能生长良好。开花结果期土壤干旱易引起落花落果，影响果实膨大；多雨季节应做好排水。空气湿度过高，不利于授粉受精，并易引发多种病害。初花期，植株生长量增大，需水量随之增加；特别是果实膨大期，需要充足的水分供应。盛果期，应经常保持地面湿润。一般空气相对湿度60%～80%有利于茎叶生长及开花坐果。

4. 土壤及营养

辣椒对土壤适应能力强，但以土层深厚、结构良好、有机质丰富、排灌良好的壤土最好。适宜的土壤pH为6.5～8.0。土壤含盐量一般不能超过0.2%。辣椒对矿质营养要求较高，N、P、K的施肥比例为1∶0.5∶1。氮肥不足或过多会影响营养生长及营养分配，导致落花，充足的磷、钾肥则有利于提早花芽分化，促进开花及果实膨大，并使植株健壮，增强植株抗性。苗期要求N、P、K配合使用，促进花芽分化。开花坐果期，营养生长与生殖生长都较旺盛，需肥量大。进入盛果期，需肥最多，要保证肥料供应，促进果实膨大，提高产量。

五、辣椒的生长发育周期

1. 发芽期

发芽期是指种子播种萌动到子叶展平、真叶显露的时期，在正常的育苗条件下，此时期需7～10 d，经过浸种催芽的辣椒种子一般5～8 d时子叶即可出土。

2. 幼苗期

幼苗期是指真叶出现至第一朵花蕾显露的时期，早春栽培的冷床育苗，此时期为80～100 d，温床或温室育苗时只需70～90 d。一般在播种后35～45 d，幼苗顶端分化出8～11片真叶，此时辣椒开始花芽分化。

3. 开花结果期

从第一花穗显蕾到果实采收完毕为开花结果期。开花结果期可分为两个阶段。

(1)始花结果期　始花结果期是指第一朵花蕾显露到第一个果实(门椒)坐果的时期，需15～20 d。这一时期辣椒的营养生长与生殖生长同时进行，同时也是植株早期花蕾开花坐果，前期产量形成的重要时期。生产上应创造适宜的环境条件，促使秧果均衡发展。

(2)开花结果盛期　开花结果盛期是指自门椒坐果至采收完毕的时期。随着各层次分枝不断产生，植株连续开花结果，门椒、对椒、四母斗椒、八面风椒、满天星椒陆续收获，直至拉秧。

任务实施

任务一　制订生产计划

辣椒的品种多样，应根据市场需求、气候条件、栽培方式等，选择适宜的辣椒品种，提前制订合理的生产计划来生产品质优良的产品。

二维码 2-15　辣椒生产计划

子任务一　品种选择

不同品种之间的表现性状不同，应根据辣椒的生育特性和种类，选择适宜栽培的品种。

一、辣椒的类型

辣椒按生产目的不同，分为菜椒和干椒；按辣味的浓淡分为辣椒和甜椒；按果实形状又分为长椒类、灯笼椒类、樱桃椒类、圆锥椒类、簇生椒类等 5 种类型。

二、品种选择原则

可根据当地种植条件、市场要求、饮食特点、栽培习惯、气候条件因地制宜选用适宜的品种，以利于获得较好的经济效益。早春茬辣椒育苗期和生育前期处于低温、弱光的冬季，营养生长基本在低温弱光期完成，而中后期气温回升快，光照强，应根据消费习惯和栽培目的选用株型紧凑、适于密植、耐低温、耐弱光、连续坐果能力强、丰产的早熟或中早熟品种，果色与风味应适合当地消费习惯。如湘研系列、辛香系列、中椒系列等。

子任务二　制订生产方案

根据当地气候条件和市场消费特点，选择相应的栽培模式，严格把握节约资源、保护环境，使用科学种植技术，确保生产安全无公害，降低生产成本，培育高品质蔬菜。

辣椒春夏季露地生产计划见表 2-5。

表 2-5　辣椒春夏季露地生产计划

序号	生产计划项目	具体实施	备注
1	辣椒种类与种植模式		
2	所需的农业生产资料及工具		
3	生产管理内容制订		
4	资金预算		

子任务三　生产记录及生产记录保存

生产记录通常包括从播种育苗、种植管理到采收销售的整个生产过程，如各项农事操作的日期、生育时期、生育情况、方式、劳动力、完成情况等（表 2-6），同时记录病虫害的发生和防治情况（表 2-7）。一般农产品生产记录应当保存 3 年。

表 2-6　辣椒露地生产农事操作生产记录单

序号	日期	生育时期	病虫害发生情况	农事操作	方式	劳动力	完成情况	备注

表 2-7　辣椒露地生产药剂防治生产记录单

序号	日期	生育时期	生育情况	药剂名称	来源	用法用量	效果	备注

任务二　播种育苗

辣椒育苗多利用塑料大棚进行设施冷床育苗，有时还利用电热或酿热温床提高地温，或利用穴盘或育苗盘进行无土育苗，近年利用嫁接育苗防止辣椒病害的技术也在推广。

二维码 2-16　辣椒播种育苗

子任务一　确保种子质量

选择种子是蔬菜生产的第一关键环节，种子质量关乎发芽势、苗齐、苗壮，因此，选择饱满、均匀、新鲜、干燥、健康的优质种子可以培育壮苗、增加植株抗逆性，为蔬菜产品器官的成熟打下基础。要到正规的农资店购买大厂家生产的种子，并且各项手续要齐全。检查包装袋标签标注的各项内容是否齐全真实。购买种子分析单见表 2-8。

表 2-8　购买种子分析单

名称	公司	经销商	手续	标签信息	发芽率	千粒重	新鲜程度	单价	评价

子任务二 种子处理

1. 晒种

播种前将种子摊晒1～2 d，特别是陈种子必须晒种。

2. 温汤浸种

播前应进行温汤浸种，即放入55 ℃的热水中烫种15 min，再用30 ℃左右的温水继续浸泡8～12 h。

3. 药剂浸种

用10%磷酸三钠浸种20 min，或用50%多菌灵可湿性粉剂500倍液浸种1 h ，或用72.2% 普力克水剂800倍液浸种0.5 h，捞出洗净。

4. 催芽

在28～30 ℃的温度条件下催芽，注意翻动，不要包裹过于严实，以保证充足氧气供应，种子大部分“露白”时即可播种。

子任务三 苗床育苗

一、适时播种

应根据品种特性、当地气候条件和设施条件确定定植期，再依据辣椒的适宜苗龄确定播种期。一般辣椒的适宜苗龄为90～100 d，长江流域一般于10月上旬至12月上旬播种，华南地区多于12月至翌年1月播种。

二、苗床准备

选择通风好、向阳、土壤肥沃、排灌方便的地块育苗，前茬要求没有种过辣椒、番茄等蔬菜。育苗场地应与生产田隔离，育苗畦宽1.0～1.2 m，埂宽15～20 cm，里高外低，严防雨水流入。

用3年内没有种过茄科蔬菜的60%的园土与充分腐熟的40%的有机肥混合，每立方米同时掺入腐熟的鸡粪10～15 kg、过磷酸钙2 kg、硫酸铵1 kg混合均匀后铺在苗床上，厚度为10～12 cm。用地菌灵10 g/m^{2}或多菌灵10 g/m^{2}加甲基托布津10 g/m^{2}混合后拌入土中，用薄膜密封苗床5 d，揭膜后再播种。

三、确定种子量

辣椒苗床育苗播种量为50～150 g/667 m^2，苗床播种为25～30 g/m^2。

四、播种

浇足底水，用消毒土“下铺上盖”，即用50%多菌灵5 g与50%福美双5 g拌细土10～15 kg，拌匀后用其中的1/3撒在苗床上作铺垫，种子“漏白”后均匀撒在苗床上（适当稀播，可减少用种量），再将剩下的2/3撒在上面，厚度1 cm，再覆盖1层地膜保温保湿，出苗后及时揭去，可培育出无病毒壮苗。

辣椒苗床育苗流程

子任务四 穴盘育苗

穴盘基质育苗比大田直播育苗减少了整地、间苗、分苗的工序，降低了用种量，避免了土传病害的发生，幼苗长势强，可提高移栽成活率，并且移栽后不用缓苗，长势旺盛。但成本较高。

1. 设施消毒

用气雾剂或大棚温室专用熏蒸剂进行封闭 48 h 消毒，通风 24 h，待气味散尽后即可使用。辣椒育苗多选用 72 孔的穴盘。按照使用说明要求配置好多菌灵溶液，浸泡苗盘 10 min。捞出后用清水冲洗干净晾干备用。

2. 基质装盘

在室内洁净且平整的地面上，将草炭、珍珠岩以 3∶1比例加水搅拌均匀，基质含水量以“手握成团，松手即散”为宜，使用前用多菌灵溶液均匀喷淋杀菌，然后用薄膜闷置 1 d，待无味后进行装盘。

3. 精量播种育苗

根据育苗数量、规模，选用半自动精量播种机或全自动精量播种流水线进行精量播种，每穴播种 1 粒，播种深度为 0.5～1.0 cm。

子任务五 苗期管理

播后管理是培育适龄壮苗的关键，同时又是花芽分化的重要阶段，也是产量形成的基础。管理应以花芽分化、保叶、促根、培育壮苗为重点，温度和水肥的管理应本着“保”“控”相结合的原则。

一、环境调控

发芽期最适温度为 25～30 ℃，且要求土壤水分充足，含氧量为 10%左右。

1. 温度

苗期应注意保温，白天温度为 25～30 ℃，夜温保持在 15 ℃以上，地温 18～20 ℃。若地温低于 16 ℃，则生根缓慢；低于 13 ℃，则停止生长，甚至苗死。

2. 湿度

辣椒苗不耐旱也不耐涝，苗床湿度过大容易形成旺长苗，长期多水则下部叶易黄化脱落；

土质干旱，则苗生长慢，叶柄中央弯曲下垂。苗床应保证充足的水分，但又不能过湿，若浇足底水一般在分苗前不用再浇水。若床面湿度大，可在床面撒草木灰。

二、其他管理

(1)注意通风排湿防病；发现"戴帽"苗傍晚喷水或人工"脱帽"；高温期注意防治蚜虫等害虫。

(2)苗床撒播育苗需及时间苗分苗，以保障秧苗能够吸收足够的光照、养分。当幼苗子叶平展以后要及时间苗，间苗后再行覆土护根；幼苗长至2～3片真叶时进行分苗，分苗密度为8 cm×8 cm，每穴2株。分苗后，若心叶开始生长可根据情况于晴天上午浇水，一次性浇足浇透，并根据秧苗生长情况，适当追施尿素、复合肥等，浓度不宜超过0.3%。

(3)嫁接操作　近年利用嫁接育苗防止辣椒病害的技术也在推广，辣椒通常采用劈接法嫁接，操作方法与番茄类似。

(4)炼苗　一般地，在定植前施用杀菌剂1～2次，定植前1周控水、降温，增强秧苗抗逆性，并将病虫株、弱劣株、畸形株去除。

三、病害防治

苗期主要病害有猝倒病、立枯病和灰霉病，可通过加强管理，如高温期间注意通风降温，减少浇水次数，防止低温、冷风等病害发生，发现个别病株应立即拔除。幼苗出齐后用50%多菌灵400倍液、75%百菌清600倍液等轮换进行喷药防治，每隔7～10 d喷1次，连喷2～3次。

四、壮苗标准

一般壮苗，苗龄45～50 d，有完好子叶和真叶9～14片，平均节间长1.5 cm，叶色浓绿，叶片大且厚、阔椭圆形，现小花蕾，根系洁白。

培育优质壮苗是辣椒取得优质高产的基础，也是关键一步。因此，把好辣椒秧苗的质量关，有利于辣椒植株长势好、促进开花结果、增加抗逆性，从而促进辣椒的增产增收。

任务三　栽培管理

子任务一　移栽定植

基地大气质量、灌溉用水、土壤条件均应符合《绿色食品产地环境技术条件》(NY/T 391—2000)，具有可持续生产能力，以生产出安全健康的辣椒。

一、整地

采用适当的机械进行除草、深耕、施肥、起垄、铺滴管、覆膜等农事操作，有利于实现辣椒轻简化生产，提高工作效率及质量，降低生产成本。

二维码 2-17　辣椒栽培管理

1. 灭茬翻晒

在种植前半个月，或在前茬作物结束后，人工清理田间植株残体和杂草，也可采用灭茬机将田间植株残体和杂草进行灭茬旋耕，根据地块的平整度旋耕 1～2 遍。使用灭茬旋耕一体机可以实现一次性灭茬旋耕，使田块更加平整、细碎，既满足了后续机械化作业要求，也大幅度提高了劳动效率。再在深耕后晒田 10 d 左右，耕深 30 cm 以上。每年宜进行 1～2 次深耕。

2. 施基肥

基肥通常采用撒施，也可以条施、穴施。采用机械化施基肥，具体施肥量可根据土壤肥力情况适当调整。

3. 作畦

根据当地的地域、地势、气候、降雨量和土壤的类型等，选择作成相应的畦。由于南方春、秋季降雨量大，故采用高畦栽培，按垄宽 90 cm 、垄高 30 cm 起垄作畦，再覆盖塑料地膜。采用起垄施肥铺滴灌管覆膜一体机，可一步到位，省工、省力、省时。

二、定植

(一)定植时期

南方辣椒春夏季露地栽培，应在 3 月定植，通常在惊蛰后覆膜定植，或春分后定植。

(二)种植密度

合理的种植密度才能确保品质和产量，栽培过稀则产量低，栽培过密则光照不足、通风不良，易导致出现病虫害。一般采用双行种植，株距为 35～40 cm，每 667 m^2 移栽 2 500～3 000 株。

(三)移栽定植方法

移苗前需要对选好的壮苗进行杀菌消毒，一般采用甲霜·锰锌58%可湿性粉剂 500 倍液进行喷雾，做到带药移栽。春季定植，应选在晴天下午或阴雨天。

先用打孔器按株行距打好孔，孔深应比育苗土较深，再将壮苗轻拿、轻放置穴内，最后将苗扶正，轻轻用土压实固定。若是苗床起苗，应当天起苗，当天完成移栽，若有剩苗也可选择假植的方式。

也可根据生产实际需求、品种所需的株行距选择适宜的移栽机。采用双行自走式或拖挂式移栽机进行移栽时，栽植深度应比穴盘苗基质的上缘高出 0.5～1.0 cm ，移栽能够达到“精、准、快”，从而提高移栽成活率。定植后立即浇足定植水，以促进缓苗，提高成活率。

子任务二　田间管理

辣椒的具体田间管理措施需要结合当地实际情况而定。在种植辣椒之前，须考虑当地的气候、土壤、环境等，为辣椒的生长挑最适宜的条件。其中，辣椒品种选择、栽培技术和田间管理质量与辣椒最终的产量和品质有着直接的关系。因此，种植人员必须加强种植阶段的管理，为辣椒的生长提供保障。

一、水分管理

对辣椒苗实施肥水管理，旨在为其创造良好的生长环境。定植缓苗后根据土壤墒情浇水，开花前控水蹲苗。门椒坐住后，停止蹲苗开始大量浇水，保持土壤湿润，每隔 7 d 浇 1 次水；结果盛期每隔 4～5 d 浇 1 次。早春气温低宜在晴天上午浇水，浇水量不宜过大。

二、中耕除草

施肥可改善土壤的肥沃度，配合中耕操作可增强土壤中相关营养成分的传递效率，积极促进辣椒的生长。及时清理杂草，能够降低病虫草害，提高肥料利用率。

三、营养管理

辣椒为多次采收，生育期长，结果期应多次追肥。施肥过程要保证辣椒生长的平稳性；倡导均匀施肥。肥料的种类、用量及频次都会影响辣椒的产量，科学合理施肥为保证辣椒产量奠定了基础。

缓苗后至门椒坐果前，一般不轻易追肥，尤其忌偏施氮肥，若缺肥可每 667 m^2 追施复合肥 10 kg。一般门椒坐果后追第 1 次肥，每 667 m^2 追施复合肥 20 kg，此后结合浇水追肥，一般每采收 2 次追肥 1 次。盛果期还可叶面追施，每周喷 1 次 0.2%～0.3%的磷酸二氢钾。

四、中耕除草

施肥可改善土壤的肥沃度，配合中耕操作可增强土壤中相关营养成分的传递效率，积极促进辣椒的生长。及时清理杂草，能够降低病虫草害，提高肥料利用率。

五、植株调整

1. 整枝

（1）三干整枝法　按留强去弱原则，保留强的 3 条结果枝干。此法能使株型小、密植、有利于早期产量，适合较大果型品种的高产优质栽培。

（2）四干整枝法　该方法也叫双杈整枝法，即保留四门斗椒上的 4 对分枝中的 1 条粗壮侧枝作为结果枝，适合甜椒栽培管理。

（3）多干整枝法　四门斗椒上长出的 8 条分枝中保留 5～6 条健壮的三级侧枝作为结果枝。这样辣椒植株保留的茎叶较多，适合多数的羊角椒类品种的栽培管理。

（4）不规则整枝法　在辣椒植株侧枝长到 15 cm 左右后，将门椒下的侧枝打掉。在结果中后期，根据田间的封垄及植株的结果情况对过于密集处的侧枝进行适当疏枝。该方法管理较省事，种植密度小，用苗少，省种，适于羊角椒类品种及其他类型品种的早熟栽培和露地粗放栽培。

2. 打杈

门椒坐住后，及时将分杈以下的叶及侧枝全部摘除。生长后期枝叶过密，应及时去掉下部的病、老、黄叶及采后的果枝。

3. 搭架

辣椒生长旺盛，为防倒伏应在每行植株两侧拉铁丝或设立支架（图 2-23）。常在离基部

15 cm 处插一竹竿，将植株绑在竿上；也可在行间竖插数根竹竿或者钢管，用一横竿或者钢管相连，将植株体固定在竹竿或者钢管上。

移栽定植及其管理直接影响产品的品质及产量，因此要因地制宜，适时进行科学合理管控，让辣椒苗壮成长。

图 2-23　设立支架

操作计划

任务四　绿色防控

随着辣椒种植面积的逐年扩大，辣椒病虫害范围也日趋扩大，制约了辣椒产量和品质的提高。病虫害防治应贯彻“预防为主，综合防治”的植保方针，进行绿色防控。

二维码 2-18　辣椒提质增效

一、防治对象

辣椒露地栽培常见苗期病害主要有猝倒病和立枯病，生长期主要病害包括病毒病、疫病、青枯病、灰霉病、疮痂病等；虫害主要有蚜虫、蓟马、棉铃虫、潜叶蝇等。同时也有各种生理病害，如卷叶、断梢、脐腐及畸形果等。这些病虫害不仅影响果实的产量，也影响果实的品质。

二、防治方法

（一）农业防治

（1）选用抗病虫品种。

（2）实行轮作制，与非茄科作物轮作 3 年以上，提倡水旱轮作或夏季灌水休耕 1 个月以上，或采用嫁接苗。

(3)播种前，用 55 ℃温水浸种 20 min，或者用 10%磷酸三钠液浸种 30～40 min，可有效杀死种子表面的病菌。

(4)平衡施肥，增施腐熟有机肥，合理灌溉等。定植前 4～6 d，每 667 m^2 一次性施用有机生物菌肥 400 kg 作基肥；追肥选用富含氮、磷、钾及微量元素的肥料。

(5)及时清除上茬病株残体，拔除田间中心病株；整枝或摘心时，一定要做到病、健株分开操作。

(6)严格根据天气、植株长势控制温室内温度及湿度。

(二)物理防治

1. 颜色诱杀

悬挂黄色或蓝色捕虫板诱杀，黄板可有效诱杀蚜虫、白粉虱，蓝板可有效诱杀蓟马。每亩放置 30～40 块，均匀挂在棚内离辣椒植株顶部 10～20 cm 处；当黄板粘满虫时，更换黄板(或重涂机油)，一般 7～10 d 重换一次。

2. 银灰色薄膜

地面铺设银黑双面地膜可有效驱避蚜虫。

(三)生物防治

生物防治是作物病虫害绿色防控体系的重要组成部分，为我国农药使用负增长作出了巨大的贡献。活体微生物通过竞争、促生、拮抗等多种作用机理可以有效抑制植物病害的发生和蔓延。

使用枯草芽孢杆菌等生物药剂防治病虫害。定植前 4～6 d，每 667 m^2 一次性施用有机生物菌肥 400 kg 作基肥。使用天敌防治虫害，如引入寄生蜂可消灭潜叶蝇，引入丽蚜小蜂可防治粉虱等。

(四)化学防治

使用药剂应符合规定，选择高效低毒低残留的药剂，采用适当施药方式和施药量，优先采用高压微雾、静电喷雾或烟剂熏蒸器械。

(1)病毒病　辣椒病毒病(图 2-24)主要由蚜虫和接触传播，可通过深翻土壤促使带毒病残体腐烂，及时消灭蚜虫或施用石灰钝化病毒等措施。

(2)灰霉病　辣椒灰霉病(图 2-25)可用 10%苯醚甲环唑可湿性粉剂 800～1 000 倍液、50%烯酰吗啉可湿性粉剂 200～500 倍液防治。

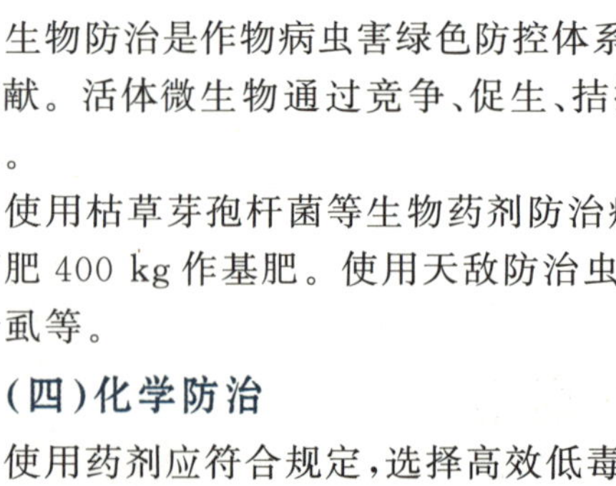

图 2-24　辣椒病毒病

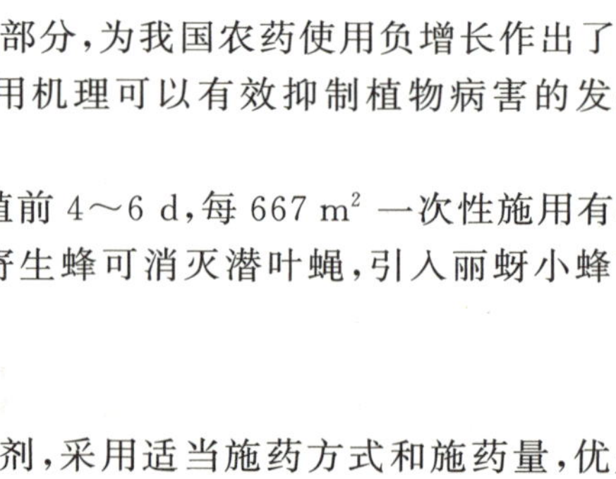

图 2-25　辣椒灰霉病

(3)疫病　辣椒疫病(图 2-26)可用 25%吡唑醚菌酯悬浮剂 800～1 000 倍液或 40%疫霜灵(乙膦铝)可湿性粉剂 300 倍液防治。

(4)蚜虫、白粉虱　辣椒蚜虫(图 2-27)、白粉虱可用 50 g/L 双丙环虫酯可分散液剂 12 000～20 000 倍液等防治。

图 2-26　辣椒疫病

图 2-27　辣椒蚜虫

(五)农药安全间隔期

农药安全间隔期是指从最后一次施药至收获作物前的间隔天数,即自喷药后到残留量降到最大允许残留量所需的时间。在辣椒生产中,最后一次喷药与收获之间的时间必须大于 14 d 的安全间隔期,不允许在安全间隔期内收获辣椒。

三、保花保果

辣椒生产中常见问题是"落花、落果、落叶"现象(通称"三落"),影响辣椒的产量。

1.引起落花落果的原因

(1)生产管理措施不当　如氮肥施用过多,植株徒长,或栽植过密,通风透光不良,以及氮、磷素营养缺乏等。

(2)早春的气温过高或者过低均会引起落花落果。

(3)生产环境不利　如 7—8 月遇高温、干旱,或过干过热后突遇雷雨,导致土壤水分失调,过干、过湿或涝渍均易引起落花、落果及落叶。

(4)授粉受精不良。

(5)病虫害的为害　辣椒病毒病、炭疽病、轮纹病(早疫病)等,易引起落花落果;白星病、炭疽病、轮纹病、叶斑病及病毒病等易引起落叶;烟青虫、棉铃虫蛀果,也易造成果实脱落。

2.防止落花落果的措施

(1)选用抗病、抗逆性(耐高温、低温等)强的优良品种。

(2)加强肥水管理,氮、磷、钾配合施肥,注意氮肥不能过多或过少。

(3)合理密植,及时整枝,设施生产时加强通风排湿管理,保持良好的通风透光条件。

(4)早春低温季节应用激素处理,如用 40～50 mg/L 的防落素(PCPA)喷花,可防止落花,提高早期产量。

(5)加强病虫害防治。

田间诊断

任务五 采收保鲜

辣椒的果实成熟度分为技术成熟度和生理成熟度。技术成熟度是指果实的体积已经达到最大限度，果皮增厚，重量达到最大限度，维生素含量最高，风味最佳，习惯称为青椒；生理成熟度是指果实已经老熟，种子充分发育，果皮变成红色，仍有食用价值。过分老熟后果皮变软，干燥后成为红干椒。

为了提高产量，有利于上层多结果及果实膨大，应及时采收。第 1、2 层果宜早采收，以免坠秧，影响上层果实的发育和产量的形成。其他各层果宜充分“转色”后再采收，即果皮由皱转平、色泽由浅转深并光滑发亮时采收。采收盛期一般每隔 3～5 d 采收 1 次。以红果作为鲜菜食用的，宜在果实八九成红熟后采收。干制辣椒要待果实完全红熟后才采收。

一、分级

所有种类的辣椒都应满足表 2-9 所示的基本要求，并将其分为一级、二级和三级 3 个等级。

表 2-9 辣椒分级规格

项目	质量规格		
	一级	二级	三级
外观形状	形状均匀，具有本品种固有特征，果面洁净	形状均匀，果面洁净	形状有差异，完整
色泽	红色或紫红色，油亮光洁	鲜红或紫红色，有光泽	红色或紫红色

二、贮藏方法

辣椒采摘后，剔除病果、虫果、受损伤果。同时，采摘、选果、包装、运输过程中，要轻拿轻放，防止机械伤。果实采后放入垫纸的筐中，置于凉爽处预冷 1 d，待果实的温度降低，果面变凉、变干后进行贮藏。辣椒适宜的贮藏温度为 7～9 ℃，低于 6 ℃易受冷害，相对湿度为 85%～90%，二氧化碳浓度低于 4%。

总结分析

活动评价单

学习情景 2			辣椒春夏季露地生产管理				
项次	项目要求		配分	评分细则	自评得分	小组评价	教师评价
素养（20 分）	纪律情况（7 分）	按时上课，不早退	2 分	缺勤全扣，迟到、早退出现 1 次扣 1 分			
		积极思考问题	4 分	根据上课回答问题情况得分			
		学习用品准备	1 分	自己主动准备好学习用品并齐全			
		执行教师要求		此为否定项，违规酌情扣 10～100 分，违反校规按校规处理			
	职业道德（8 分）	团结友爱	2 分	主动合作和帮助同学得 2 分；合作不积极得 1 分			
		吃苦耐劳	2 分	农耕劳作乐于吃苦得 2 分；敷衍行事得 0 分			
		严谨细致	2 分	对学习精益求精且效果明显得 2 分			
		知农爱农	2 分	对农业生产有热情用心学农得 2 分；被动学习得 1 分			
	阅读能力（5 分）	快速阅读能力，并理解要求	5 分	能快速明确任务要求并清晰表达得 5 分；能主动沟通指导都合格得 3 分；其余不得分			
任务完成情况（80 分）	制订生产方案		10 分	按要求实施并取得预期结果得 10 分；不符合要求逐项扣分			
	培育壮苗		20 分	按要求实施并取得预期结果得 20 分；不符合要求逐项扣分			
	栽培管理		20 分	按要求实施并取得预期结果得 20 分；不符合要求逐项扣分			
	绿色防控		15 分	按要求实施并取得预期结果得 15 分；不符合要求逐项扣分			
	采收贮藏		15 分	按要求实施并取得预期结果得 15 分；不符合要求逐项扣分			
合计			100 分				
总分（自评 10%，小组评价 30%，教师评价 60%）							
组长签字			教师签字				

知识拓展

二维码 2-19　辣椒苗期会出现哪些问题？如何才能避免？

二维码 2-20　日光温室辣椒栽培管理技术

二维码 2-21　辣椒品质研究进展

二维码 2-22　温室大棚辣椒栽培技术

二维码 2-23　甜椒嫁接技术

模块三　豆类蔬菜绿色生产

学习情景　豇豆春夏季露地生产管理

学习任务单

学习情景	豇豆春夏季露地生产管理
知识目标	☞ 了解豇豆的起源、种类、生育特征、市场定位等内容； ☞ 理解豇豆播种育苗、田间管理、整枝搭架、绿色防控、采收贮藏的原理及方法； ☞ 掌握豇豆从生产方案制订到栽培管理的方法及技巧。
能力目标	☞ 能够制订豇豆露地栽培管理方案； ☞ 能够根据市场的需求和当地条件选择豇豆品种，培育壮苗； ☞ 能够正确选择和处理种子，并播种和育苗； ☞ 能够根据豇豆的生育期，适时进行环境调控、水肥管理、植株调整、整枝搭架； ☞ 能够及时诊断豇豆生育情况，适时适量进行绿色防控； ☞ 能够适时采收豇豆，并按标准分级、保鲜、销售； ☞ 能够自主分析解决问题，进行知识迁移。
思政目标	☞ 养成团结协作、吃苦耐劳、严谨细致的职业精神； ☞ 具备遵纪守法、保护生态的职业责任感； ☞ 树立知农、爱农、服务“三农”的使命感。
任务描述	根据市场需求、当地气候条件、栽培条件等因素，制订出科学合理的豇豆露地优质栽培管理方案，并对豇豆播种育苗、田间管理、整枝搭架、环境调控、植株调整、绿色防控、采收保鲜的整个栽培管理过程按要求实施任务，最终培育出优质高产的豇豆。
任务要求	☞ 按照任务资讯单内容，认真准备资讯问题； ☞ 按各项任务的具体要求，认真设计栽培方案并实施； ☞ 严格按照要求实施各项任务，确保豇豆绿色优质生产； ☞ 严格遵守劳动纪律，认真踏实对待各项任务； ☞ 虚心学习并向同学、老师、企业师傅请教探讨问题； ☞ 认真观察发现生产中的问题，并合理分析解决问题； ☞ 分学习小组，分工协作实施任务，确保豇豆品质。

任务资讯单

学习情景	豇豆露地生产管理
资讯方式	阅读教材；浏览本课程精品在线开放课程及相关网站；查阅图书馆相关书籍；观看 PPT 课件、视频，认真听讲；调研当地豇豆露地栽培及销售情况；请教老师、企业师傅。
资讯问题	豇豆的栽培历史和食用价值是什么？ 如何选择豇豆的品种？ 如何进行茬口安排？ 豇豆播种前要注意什么问题？ 豇豆水分管理的关键是什么？ 豇豆如何施肥？ 豇豆为什么需要搭架？搭什么样的架子？如何搭？ 豇豆绿色防控的原则是什么？ 豇豆绿色防控的核心是什么？ 如何实现绿色防控？ 豇豆采收分级的方法是什么？注意事项有哪些？ 豇豆采后保鲜的方法有哪些？ 如何提高豇豆的品质和产量？ 怎样提高豇豆种植的经济效益？
学习资料	信息单、教材、精品课程网站等

二维码 3-1　豇豆生产简介

知识链接

豇豆富含优质蛋白质、膳食纤维、维生素、磷脂、微量元素等，能促进消化，缓解便秘，降糖减脂，维持皮肤健康，提高身体的抗病能力；还具有理中益气、健胃消食、调颜养身、补肾生精、止渴止吐等功效。

豇豆的用途广泛，既可用于炒、煮、炖、拌等烹饪手法，也可加工成泡菜、速冻、干制品等。干种子也可以用于煮粥、制酱、制粉等。豇豆在全国广泛栽培和被人们食用，深受大众的喜爱。作为新农人，我们应该利用科学、先进的栽培技术，生产出健康安全的、满足人们需要的豇豆产品。

一、豇豆起源

豇豆是豆科豇豆属，属于豆类蔬菜，又称为豆角、长角豆、带豆等，起源于西非，印度和中国是品种多样化的重要次生起源中心。栽培豇豆多分布在温带、热带和亚热带。

二、豇豆的植物学特征

1. 根

豇豆为深根性蔬菜，主根明显，侧根稀疏，主根入土达 80 cm，根群分布在 15 cm 以上土层。根易木栓化，再生能力弱，有少量根瘤共生。

2. 茎

豇豆的茎表面光滑，有蔓生、半蔓生和矮生 3 种，左旋性缠绕生长。蔓生型，茎蔓生长茂盛，可长达 3 m 以上，生育期较长；矮生型，茎直立，其顶芽分化为花芽，生育期短；半蔓生型介于两者之间。

3. 叶

分为子叶、基生叶和三出复叶（少数为掌状复叶）。

4. 花

为总状花序，每花序有花蕾 4～6 对，常成对结荚，蝶形花，花色有白、红、紫等，自花授粉。

5. 果实

为荚果，果荚细长，直条形，嫩荚多为绿色、紫红色或花斑彩纹等，荚长 15～100 cm，单荚 5～25 g，每荚平均含种子 15 粒。

6. 种子

豇豆的种子呈肾形或弯月形，有紫红色、褐色、白色、黑色、花斑色和黑白相间等。

三、豇豆的生长发育周期

1. 发芽期

从播种至对生真叶展开为发芽期，需 5～10 d。

2. 幼苗期

从对生真叶展开至第 4～5 片复叶展开、主蔓开始抽伸为幼苗期，需 15～30 d。

3. 抽蔓期

从第 4～5 片复叶展开、主蔓抽伸至开始开花为抽蔓期，需 15～20 d。

4. 开花结荚期

从始花到采收完毕为开花结荚期，需 45～70 d。连续阴雨或连续出现 35 ℃以上高温对开花、坐荚和果荚发育都极为不利。

四、豇豆的类型

我国栽培种豇豆包括 2 个栽培亚种。

1. 普通豇豆

荚长 10～30 cm，幼荚初期向上生长，后随籽粒灌浆而下垂。植株多蔓性，常收干豆粒，作粮用、饲用及绿肥，也可作菜用。

2. 长豇豆

长豇豆是豇豆的一个亚种，是能形成长形豆荚的栽培种，长豇豆根据荚果的颜色可分为青荚、白荚和紫荚 3 个类型。荚长 30～100 cm，荚果皱缩下垂，以蔓性为主。目前栽培最多。

五、豇豆的栽培季节

南方露地栽培通常有两季。

（1）春夏季栽培　2 月下旬至 3 月下旬播种，6 月上旬至 8 月中旬采收。

（2）夏秋季栽培　5 月中旬至 8 月初播种，7 月中旬至 10 月下旬采收。

任务实施

任务一　制订生产计划

不同类型的豇豆的栽培管理不同。因此，应了解豇豆的类型，选择适宜的品种，实现资源最优化，从而达到较高的经济价值。

子任务一　品种选择

二维码 3-2　豇豆品种选择及生产计划

不同品种之间的表现性状不同，应根据豇豆的生育特性和种类，选择适于栽培的品种。

一、豇豆生育特征

豇豆喜温暖，耐炎热不耐霜冻，对温度有较强的适应能力，能在15～35 ℃生长，适宜温度为20～25 ℃，根系生长适温为24～30 ℃，15 ℃开始发生根毛，低于18 ℃或高于35 ℃导致落花落荚，低于15 ℃生长受阻。豇豆适应性广，且耐热。目前，我国南方大量露地和设施栽培，北方主要以设施栽培为主。其根系与根瘤菌共生。因此，栽培中要减少氮肥施用，以降低肥害，保护环境，节约资源。

二、豇豆的类型

（一）按茎秆生长习性分类

1. 蔓生型豇豆

其有主蔓（主茎）、侧蔓（侧枝），主蔓高度可达3 m以上，需搭设"人"字架，以利于通风透气，减少病虫害。生长期长，产量高。品种分早、中、晚熟，如'红嘴燕''四川白胖豇''四川白露豇'等。

2. 矮生型豇豆

其株高可达0.6 m左右，不搭架。主茎4～8节以后花芽封顶，分枝（侧枝）较多；生长期缩短，成熟早，采摘时间短，产量低。品种有'美国无架豇豆''武汉五月鲜'等。

（二）按条荚颜色分类

1. 白荚

条荚白色，如四川的'白胖豇'。其肉厚，适合煮食、烧菜。

2. 青荚

条荚绿色，如'之豇28-2''青豇901'，是种植面积最大、食用最多样的颜色。

3. 紫荚

条荚紫红色。如'紫秋豇6号'，以鲜食为主。

在选择豇豆品种时，条荚颜色是最重要的指标之一。必须根据种植区域的消费需求或者菜商收购的要求确定。如四川盛产的泡菜，以绿色豇豆为主。

（三）按品种熟性分类

1. 极早熟

从第 2～3 片真叶就开花结荚，条荚膨大速度快，可抢早上市。但容易早衰、产量低。

2. 早熟

从第 3～4 片真叶开始开花结荚，条荚膨大速度较快，上、中、下层条荚数量比较均衡。

3. 中晚熟

从第 4～6 片真叶开花结荚，条荚膨大速度一般，主要是中上层结荚，更耐高温高湿，适合夏秋高产栽培。

（四）按气候适应性分类

1. 高耐热耐湿

如华南地区的'油白豇豆''油青豇豆'。高耐热耐湿豇豆特别适合华南地区气候，或者相似生态区域，如云南、四川的部分湿热小气候区域。

2. 普通耐热耐湿

除'油白豇豆''油青豇豆'外，其他区域的豇豆品种，耐热耐湿能力相对弱一些，一般是长江流域及更北区域的品种居多。

（五）按豇豆种子颜色分类

通常以豇豆种子为产品器官时，才根据种子颜色进行分类。种子的颜色主要有红籽、白籽、黑籽、黄籽、红白双色籽、黑白双色籽等几类。

三、品种选择原则

根据当地种植条件、市场需求、饮食文化、栽培习惯、气候条件因地制宜选用适宜的品种，有利于获得较好的经济效益。南方春夏季露地栽培，气候高温高湿，应选用分枝少、叶片小、光合能力强、高耐热耐湿的品种。例如，四川盆地高温高湿，又盛产泡菜，几乎家家户户均有泡菜坛子，不但鲜食豇豆，也将其制作成泡菜，以青荚豇豆为主。

子任务二　制订生产方案

依据当地气候条件，调查市场需求和行业调研，制订出科学的生产方案，确保生产安全无公害，降低生产成本，培育高品质蔬菜，从而实现节约资源、保护环境。

一、豇豆种类与种植制度

确定豇豆品种、种植面积、种植方式（间作、套种、是否换茬等）。

二、所需的农业生产资料

包括种子、肥料、农药、生产工具、农膜、黄（蓝）板、竹竿等。

三、田间生产的具体内容制订

(1)播前准备　消毒、整地、施基肥、作畦、铺滴管。
(2)播种育苗　明确材料工具、种子处理、播种时间、播种量、播种方法、播种深度、覆膜等。
(3)田间管理　包括水管理、肥管理等。
(4)整枝引蔓　包括搭架引蔓、摘心、摘叶等。
(5)病虫害防治　以农业防治为主,配合物理、生物防治,可少量使用环境友好型化学药剂。
(6)采收分级　明确收获时期、方法、使用工具、分级标准等。

四、资金预算

资金预算包括土地租金、农资费用、劳动力费用、管理费用等。

五、确定生产方案

豇豆春夏季露地生产方案见表3-1。

表 3-1　豇豆春夏季露地生产方案

序号	生产方案项目	具体实施	备注
1	豇豆种类与种植制度		
2	所需的农业生产资料		
3	生产管理内容制订		
4	资金预算		

子任务三　生产记录及生产记录保存

生产记录通常包括从播种育苗、种植管理到采收销售的整个生产过程,如各项农事操作的日期、生育时期、生育情况、农事操作、方式、劳动力、完成情况等(表3-2),同时记录病虫害的发生和防治情况(表3-3)。一般农产品生产记录应当保存3年。

表 3-2　豇豆露地栽培农事操作生产记录单

序号	日期	生育时期	生育情况	农事操作	方式	劳动力	完成情况	备注

表 3-3　豇豆露地栽培药剂防治生产记录单

序号	日期	生育时期	病虫害发生情况	药剂名称	来源	用法用量	效果	备注

任务二　播种育苗

豇豆生产基地应选择在无污染和生态条件良好的地区，并具有可持续生产能力，以生产出安全健康的豇豆，让人们吃得放心，使蔬菜行业能够蓬勃发展，从而振兴“三农”。

子任务一　播种前准备

一、整地

二维码 3-3　豇豆播前准备

豇豆对土壤的适应性较广，但以土层深厚、中性偏酸（pH 6.2～7.0）、灌排方便、交通便利、疏松的沙质壤土及壤土为宜。过于黏重的土壤或低洼地，不利于根系和根瘤菌的发育。整地时间应在播种前 10 d 以上，及时清园，翻土晒田，也可结合药剂杀菌杀虫或利用枯草芽孢杆菌抑制有害微生物生长，同时改善土壤理化性质。整地要求细致，要把残根和石头等杂物捡除，深耕多翻、碎土，一般耕地深度为 25～30 cm。可利用整地机整地。

二、施肥

豇豆结荚期长，产量高，需肥量大。如果缺乏磷、钾肥，会导致植株营养不良，出现开花结荚少、早衰等不良反应。应施足基肥。有机质含量高的土壤能改善土壤环境，因此基肥以有机肥为主，选择无毒无污染、充分腐熟的有机肥和肥料利用率高的化学肥料，以减少环境污染。每 667 m^2 田块施入充分腐熟有机肥 3 t 左右，适量加大磷、钾肥的比例，降低氮肥的比例，如每 667 m^2 施尿素 10 kg、过磷酸钙 50 kg、草木灰 100～150 kg 或硫酸钾 20 kg，也可施优质复合肥 50 kg。

施基肥方式：一般可撒施到畦面后耙平，并与土壤混匀；也可条施或穴施后覆土。机械整地一般先施肥后整地作畦。

三、作畦

春夏季蔓生型豇豆栽培应做深沟高畦，便于雨季排水，促进根系发育；一般土壤翻耕施肥后，立即整地作畦，作成宽 1.5 m（连沟）的高畦，采用宽窄行栽培，宽行 70 cm，窄行 50 cm，垄高

25～30 cm；畦面做成马鞍形，便于种植和水肥管理。

四、水肥一体化

水肥一体化省时省力，能降低人工成本，节约水肥，提高肥料利用率，减少肥害，保护环境，进而提高生产品质和产量，促进行业稳步发展。

但水肥一体化前期投入大，使用年限长。根据实际需求，可选择膜下铺设滴管。将滴灌带铺设至每畦畦面中央处，并将出水口朝上。确保水压能够使滴灌带末端均匀出水，并符合《水肥一体化技术规范　总则》(NY/T 2624—2014)。

任务三　播种育苗

二维码 3-4　豇豆播种育苗

培育壮苗是提升豇豆品质和产量的基础，通常包括种子处理、适期播种、播种密度深度覆膜管理等。应该提前制订播种育苗计划，保持严谨的工作态度，为产品品质打下坚实基础，促进豇豆产业稳步发展，服务“三农”。

一、种子处理

豇豆一般为直播育苗。大田环境复杂多变，应该先进行种子处理，尽可能提高出苗率和出苗整齐度，为培育壮苗打下基础。

(一)晒种

播种前一定要精选种子，种子晾晒 1～2 d，以提高发芽势和发芽整齐度。

(二)浸种

一般情况下可以用干籽直播，也可采用一般浸种法进行浸种吸胀，捞出来把表皮的水分晾干后进行播种。

(三)拌种

未包衣的种子，可用新高脂膜拌种，能驱避地下病虫，并隔离病毒感染，同时也不影响萌发吸胀功能，可加强呼吸强度，提高种子发芽率。

二、播种

确定适宜播种期，应该先了解豇豆的生育特点：喜温耐热，不耐霜冻。春夏季露地栽培豇豆时，应根据品种生育特点、产品器官形成条件、上市时期、气候、天气、栽培条件等决定适宜的播种期。如长江流域，初春地温低，容易导致烂种、缺苗。如果采用地膜覆盖可提早半个月左右，应在惊蛰后开始播种。

(一)播种方式

豇豆根的再生能力弱，不适于育苗移栽，因此，一般采用直播，每穴播 3 粒。

(二)播种量

应根据豇豆的种植密度、单位重量的种子粒数、种子的使用价值及播种方式、播种季节来确定。宽行 70 cm，窄行 50 cm，株距 30 cm。

一般点播种子播种量计算公式为：

播种量(g/亩)＝(每亩穴数×每穴粒数)/(每克粒数×种子使用价值)

种子使用价值＝纯度×发芽率×100%。

(三)播种深度

豇豆种子是大粒种子，应该深播，其盖土厚度为 2～3 cm。可以用锄头挖穴，也可以用机器挖穴。

(四)覆膜

豇豆生产一般采用地膜覆盖。将地膜覆盖在畦面上，要求“严、实、紧”。一般采用白色地膜，其主要作用为提高地温，增加植株光照，提高土壤理化性质，促进根系生长，抑制杂草生长，减少病虫害，降低农药残留，进而提高产品品质和产量。

(五)管理

发芽期主要靠子叶自身贮藏的营养供植株生长需要，对不良环境的忍耐力最弱，适宜的土壤温度与湿度最为重要。

同时，播种后要及时充分浇水，保持土壤湿润，发芽期土壤含水量以 80% 为宜，保证出苗快而整齐。也可采用湿播。

操作计划

任务四　栽培管理

蔓生型豇豆，需要充足的水肥，应加强水肥管理，防止“伏歇”、落叶、落花落荚等。

子任务一　肥水管理

豇豆在管理上应采取促控结合的措施，防止前期营养生长过盛，茎蔓徒长，后期早衰。

一、水分管理

豇豆根系较深，吸水力强，其叶片光滑且较厚，叶面蒸腾量小，因而比较耐旱，但不耐涝。高温季节应及时补充水分，暴雨后及时排涝。

二维码 3-5　豇豆田间管理

(一)苗期

要适当控制水分，现蕾期之前可浇 1 次小水。

(二)开花结荚期

需水量较多,整个开花结荚期应保持土壤湿润,土壤干旱不利于果荚发育,植株易早衰,水分过多也会引起徒长与落花落荚。重点注重 4 个时期的水管理。

(1)初花期不浇水,防止落花落荚。

(2)坐荚前以控水、中耕、保墒为主。

(3)当第 1 花序坐荚后,浇 1 次水。

(4)植株中下部的豆荚伸长时需浇水;以后视墒情每 10 d 左右浇 1 次水。

二、施肥管理

豇豆植株生长旺盛,生育期长,需肥量较多,但不耐肥。在施足基肥的基础上,还应少量多次追肥,防止脱肥出现早衰或"伏歇"现象。

豇豆肥水管理的原则:是重施基肥,轻施苗肥,猛施荚肥,补施叶肥。前期防止茎叶徒长,后期防止早衰,一般追肥 4～5 次,即苗期追肥 1 次,抽蔓期和初花期追肥 1 次,开花期结荚期追肥 3～4 次。注意追肥后应立即浇水。

图 3-1 苗期施肥

(一)幼苗期

因根瘤尚未充分发育,此时根瘤固氮能力较弱,故必须供给一定数量的氮肥,但应配合施用磷、钾肥,以防止偏施氮肥造成茎、叶徒长(图 3-1)。

(二)抽蔓期和初花期

以营养生长为主,缓慢进入生殖生长,应注意水肥管理。此时根瘤成熟,固氮活性较强,一般可不施氮肥,随水追施磷酸二氢铵,以避免造成肥害,也可减少环境污染。

(三)开花结荚期

此期需肥量大,尤其是对氮、磷、钾元素的吸收量迅速增加。虽然根瘤成熟,但因植株需氮量大、根瘤固氮无法满足植株生长发育,所以仍应适量施氮肥。同时,增施磷肥可促进植株生长和根瘤活动,使豆荚充实,产量增加;增施钾肥,又可提高豆荚产量和品质。开花结荚期一般分 3 次追肥。

(1)盛花期　可适当补充微量元素,叶面喷洒 0.1%硼砂、0.1%钼酸铵或 0.3%磷酸二氢钾 2～3 次,增产效果明显。

(2)开花结荚中期　一般每 667 m^2 追施三元复合肥 15 kg。

(3)开花结荚后期　一般每 667 m^2 追施磷酸二氢铵和硫酸钾各 15 kg。

情况分析

子任务二　整枝搭架

豇豆植株生长茂盛，且营养生长和生殖生长同步进行，因此要平衡好两者的关系，进行合理的整枝管理，确保良好的通风透光，减少病虫害，确保豇豆的品质和产量，同时降低环境污染，保护环境。

二维码 3-6　豇豆整枝搭架

二维码 3-7　搭架

一、搭架

矮生品种和半蔓生品种较耐阴，适于与高秆作物间套种，无须搭架。而蔓生型豇豆需要搭架引蔓，使采光通风，利于光合作用，减少病害。

一般采用“人”字形交叉架（图 3-2），每穴一根，搭架的棍或竹竿，要插紧插实，在 2 m 以上的夹棍交叉处用绳子固定，以防遇大风倒伏（图 3-3）。

在伸蔓期，要将匍匐生长的豆蔓按照逆时针方向引蔓上架。一般在晴天的中午或者下午进行，以免折断嫩茎。

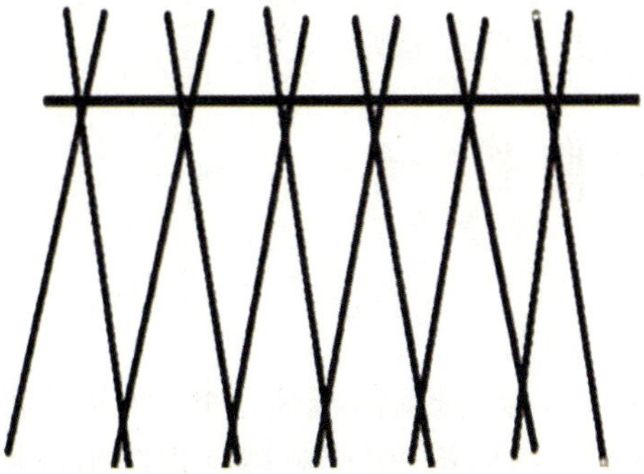

图 3-2　“人”字形架

图 3-3　搭架

二、摘心抹芽

豇豆枝繁叶茂，相互遮阳，侧枝的花芽分化减少，开花坐荚率低，中后期产量较低，在高温季节“伏歇”严重，使效益降低。因此，应及时进行摘心抹芽，调整植株，增加光合作用，促进开花结荚，从而增加果荚品质和产量（图 3-4）。一般重点注意 3 个问题。

图 3-4　摘心抹芽

（1）一般要将主蔓 50 cm 以下萌生的侧芽及时抹掉，因植株底部长出的豇豆会接触地面，容易感染病害或被地下害虫咬食，影响豇豆生长。

（2）通常将主蔓第 1 花序以上每个叶腋中混

生的叶芽及时打掉。没有花芽而只有叶芽时，留 2～3 片叶摘心，以促进侧枝上的第 1 花序形成，从而保障主蔓的营养供应，增加叶片光合有效面积，提高光合作用，进而促使主蔓粗壮，提早开花结荚。

(3)当主蔓长到 2m 以上时，应及时摘心，控制其生长，促进侧枝开花结荚，也有利于采收豆荚。

注意摘心应该选择晴天进行，并做好消毒工作，以利于伤口愈合，减少病害。

三、摘叶

豇豆生长后期，枝叶繁茂，通风透光不良，容易导致病害。应及时疏除植株下部老叶、黄叶、病叶和密叶，并且结合除草，及时清理豇豆摘心摘叶的残体和田间杂草。

植株调整利于透光通风、去霉菌，减少养分消耗，降低病虫害发生，减少药剂使用，降低污染，保护环境，保障豇豆安全健康。

子任务三 保花保果

保花保果是取得丰产的基础，通常利用管理措施来保花保果，也可根据实际情况选择喷施菜果壮蒂灵，增强花粉受精质量，促进果实发育，从而提高品质和丰产。加强田间管理是获得高产优质的主要措施，因此，应该精心管理，及时发现问题，分析原因，找出解决措施，从而减少资源浪费，保护环境，进而收获高品质的豇豆，让人们吃得放心，更大程度实现豇豆价值。

任务五 绿色防控

二维码 3-8 豇豆田间管理

一、防治原则

坚持“预防为主，综合防治，绿色控害，减药增效”的防治原则，以农业防治为基础，优先使用生物防治，协调利用物理防治，科学合理应用化学防治技术。

二、防治对象

豇豆主要病害有根腐病、锈病、炭疽病、煤霉病、病毒病；虫害有地老虎、豆荚螟、蚜虫、白粉虱、潜叶蝇和螨类等。应密切注意病虫害发生情况，采用病虫综合防治技术。

三、防治方法

以农业防治为主，物理防治和生物防治为辅，尽量不使用或少使用化学防治。

(一)农业防治

农业防治应融入豇豆的整个生产过程中，通常包括 6 个方面。

①因地制宜选用优质高产抗病良种。

②实行合理轮作，减轻病虫害发生，选择 3 年以上未种植过豆科作物的田块种植。

③选用适宜的播种期。

④采用深沟高畦，开好排灌沟，防止渍水烂根。

⑤适量水肥管理，增施腐熟有机肥，合理追肥，氮、磷、钾配合施用。

⑥合理密植，及时除草、摘除老病叶，及时清洁田园。

（二）物理防治

物理防治主要采用黄板、杀虫灯诱杀。

（1）黄板诱杀　黄板悬挂高度一般应高于蔬菜植株 30～50 cm，间隔 5～8 m。

（2）杀虫灯诱杀　安装杀虫灯的高度以 1.3～1.5 m 为宜，单灯辐射半径一般为 120 m。

（三）生物防治

生物防治是作物病虫害绿色防控体系的重要组成部分，为我国农药使用负增长作出了巨大的贡献。利用活体微生物开展生物防治是目前防治蔬菜病害的有效措施之一。

①施用枯草芽孢杆菌可以防治真菌和细菌性病害等。

②引入潜叶蝇的天敌寄生蜂将其消灭。

（四）化学防治

使用药剂应符合规定，选择高效低毒低残留的药剂，如可溶性粒剂、悬浮剂、水乳剂等，选用适当施药方式和施药量，优先采用高压微雾、静电喷雾或烟剂熏蒸器械。

1. 枯萎病

首先下部叶片边缘会出现不规则的水渍状的斑点，而后叶片变黄，整株枯死；可以通过施石灰、多菌灵，降低田间湿度，杀菌消毒。

2. 锈病

首先会在叶背上出现小块的黄色斑点，而后慢慢变为褐色，病部隆起，出现孢子堆，表皮出现破裂则会出现红褐色的粉末。可以采用“三唑酮”等防治。

3. 煤霉病

发病初期出现并不明显的近圆形黄绿色斑，后呈不规则形的紫褐色或褐色病斑，病斑边缘不明显。可使用多菌灵、甲霜铜等药剂交替喷施防治。

4. 豆荚螟

会造成豇豆花蕾脱落，豇豆品质下降。可以选用高效氯氰菊酯喷雾防治。

5. 红蜘蛛

主要为害叶片，造成叶片失水枯黄，直接影响豇豆的产量。可以选用哒螨灵进行防治。

（五）农药安全间隔期

农药安全间隔期主要是指从最后一次施药至作物收获的间隔天数，即自喷药后到农药残留量降到最大允许残留量所需的时间。通常，安全间隔期受作物品种、各种药剂的代谢速度和季节的影响。因此，在豇豆生产中，严格按照农药使用说明，确保最后一次喷药与收获之间的时间必须大于安全间隔期，同时严禁在安全间隔期内收获豇豆。

田间诊断

任务六　采收贮藏

二维码 3-9　豇豆采收分级

一、及时采收

根据市场需要和栽培目的及时采收。一般地，豇豆鲜豆荚在谢花后 8～12 d 采摘为宜。

二、采收方法

豇豆每个花序有 2～6 对花芽，结荚率高，能结 2～4 条荚，有时可结荚 6 条。因此，采收豆荚时要注意保花。采收时应按住豆荚茎部，轻轻向左右扭动摘下，不能损伤花序上的其他花蕾，更不能将花序柄也一起摘下来。一般 2～3 d 采收 1 次，结荚盛期应每天采收。

三、分级标准

采收后根据产品的长短、形状、色泽等指标进行严格挑选，按照一定的标准进行分级。

1. 商品性状基本要求

具有本品种基本特征，无机械损伤，无断裂，无腐烂，无老化荚等，同时具有商品价值。

2. 分级标准

产品分级能够对产品进行不同定位销售，满足不同消费者的需求，也可提高经济效益。

一级标准为：无病斑，无虫眼；带果蒂；色泽绿；豆荚均匀；长度 50～60 cm。

二级标准为：无病斑，可有 1～2 处虫眼；带果蒂；色泽绿；豆荚较均匀；长度 40～50 cm。

三级标准为：允许有虫眼；长度 20～40 cm；其他要求达不到一级、二级标准。

四、包装

应该使用符合标准的包装，不使用装载过化肥、农药、粪土及其他可能污染食品的物品和未经清污处理的物品盛装和运载。如用竹筐装，筐底部应垫纸。

五、贮藏

要求贮藏设施应具备防虫、防鼠、防鸟的功能，远离污染源，清洁卫生；用于储运的铺垫物、遮盖物应清洁、无毒、无害。同时注意温湿度、气体管理，减少呼吸消耗，以保持豇豆新鲜度。

总结分析

活动评价单

学习情景		豇豆春夏季露地生产管理					
项次	项目要求		配分	评分细则	自评得分	小组评价	教师评价
素养（20分）	纪律情况（7分）	按时上课，不早退	2分	缺勤全扣，迟到、早退出现1次扣1分			
		积极思考问题	4分	根据上课回答问题情况得分			
		学习用品准备	1分	自己主动准备好学习用品并齐全			
		执行教师要求		此为否定项，违规酌情扣10～100分，违反校规按校规处理			
	职业道德（8分）	团结友爱	2分	主动合作和帮助同学得2分；合作不积极得1分			
		吃苦耐劳	2分	农耕劳作乐于吃苦得2分；敷衍行事得0分			
		严谨细致	2分	对学习精益求精且效果明显得2分			
		知农爱农	2分	对农业生产有热情用心学农得2分；被动学习得1分			
	阅读能力（5分）	快速阅读能力，并理解要求	5分	能快速明确任务要求并清晰表达得5分；能主动沟通指导都合格得3分；其余不得分			
任务完成情况（80分）	制订生产方案		10分	按要求实施并取得预期结果得10分；不符合要求逐项扣分			
	培育壮苗		10分	按要求实施并取得预期结果得10分；不符合要求逐项扣分			
	嫁接改良		10分	按要求实施并取得预期结果得10分；不符合要求逐项扣分			
	移植定植		10分	按要求实施并取得预期结果得10分；不符合要求逐项扣分			
	环境调控		10分	按要求实施并取得预期结果得10分；不符合要求逐项扣分			
	植株调整		10分	按要求实施并取得预期结果得10分；不符合要求逐项扣分			
	绿色防控		10分	按要求实施并取得预期结果得10分；不符合要求逐项扣分			
	采收保鲜		10分	按要求实施并取得预期结果得10分；不符合要求逐项扣分			
合计			100分				
总分（自评10%，小组评价30%，教师评价60%）							
组长签字			教师签字				

知识拓展

二维码 3-10　豇豆根瘤菌共生

二维码 3-11　豇豆泡菜制作

模块四 瓜类蔬菜绿色生产

学习情景 黄瓜秋冬季设施生产管理

学习任务单

学习情景	黄瓜秋冬季设施生产管理
知识目标	☞ 了解黄瓜的起源、种类、生育特征、市场定位等内容； ☞ 理解黄瓜培育壮苗、嫁接改良、移栽定植、环境调控、植株调整、绿色防控、采收分级的原理及方法； ☞ 掌握黄瓜从生产方案制订到栽培管理的方法及技巧。
能力目标	☞ 能够制订出黄瓜设施栽培管理方案； ☞ 能够根据市场的需求和当地条件选择品种，培育壮苗； ☞ 能够选择适宜的方式进行黄瓜嫁接； ☞ 能够根据实际情况选择适合的种植方式，并按要求定植； ☞ 能够根据黄瓜的长势，适时进行环境调控、水肥管理、植株调整； ☞ 能够及时诊断黄瓜生育情况，适时适量进行绿色防控； ☞ 能够适时采收黄瓜，并按标准分级、保鲜、销售； ☞ 能够自主分析解决问题，进行知识迁移。
思政目标	☞ 养成团结协作、吃苦耐劳、严谨细致的职业精神； ☞ 养成遵纪守法、保护生态的职业责任感； ☞ 树立知农、爱农、服务“三农”的使命感。
任务描述	根据市场需求、当地气候条件、栽培条件等因素，制订出科学合理的黄瓜设施栽培管理方案，并对黄瓜培育壮苗、嫁接改良、移栽定植、环境调控、植株调整、绿色防控、采收保鲜的整个栽培管理过程按要求实施任务，最终培育出优质高产的黄瓜。
任务要求	☞ 按照任务资讯单内容，认真准备资讯问题； ☞ 按各项任务的具体要求，认真设计栽培方案并实施； ☞ 严格按照要求实施各项任务，确保黄瓜绿色优质生产； ☞ 严格遵守劳动纪律，认真踏实对待各项任务； ☞ 虚心学习并向同学、老师、企业师傅请教探讨问题； ☞ 认真观察并发现生产中的问题，合理分析解决问题； ☞ 分学习小组，分工协作实施任务，确保黄瓜品质。

任务资讯单

学习情景	黄瓜秋冬季设施生产管理
资讯方式	阅读教材;浏览本课程精品在线开放课程及相关网站;查阅相关书籍;观看 PPT 课件、视频,认真听讲;调研当地黄瓜设施栽培及销售情况;请教老师、企业师傅。
资讯问题	☞ 如何选择黄瓜的品种? ☞ 如何进行茬口安排? ☞ 黄瓜育苗有哪些方式? ☞ 培育黄瓜壮苗的关键技术要点是什么? ☞ 黄瓜嫁接的意义是什么? ☞ 黄瓜嫁接的方式及操作流程有哪些? ☞ 如何提高嫁接成活率? ☞ 黄瓜移植定植前需要准备哪些? ☞ 定植时需要注意哪些? ☞ 如何明确黄瓜的水肥需求? ☞ 水肥一体化对黄瓜生产的作用有哪些? ☞ 黄瓜绿色防控的核心是什么? ☞ 如何实现绿色防控? ☞ 黄瓜采收分级的方法是什么?注意事项是什么? ☞ 黄瓜采后保鲜的方法有哪些? ☞ 如何提高黄瓜的品质和产量? ☞ 怎样提高黄瓜种植的经济效益? ☞ 怎样才能更好地推广黄瓜设施栽培模式,促进当地农业发展?
学习资料	信息单、教材、精品课程网站等

二维码 4-1　黄瓜生产简介

知识链接

黄瓜含有大量水分、维生素、黄瓜酶、丙醇二酸等,具有美容、补充维生素、保护肾脏、减肥等功能,受到广大消费者喜爱。

一、黄瓜起源

黄瓜是葫芦科甜瓜属中幼果具刺的栽培种,为瓜类,一年生攀缘草本植物,别名胡瓜、王瓜、青瓜。黄瓜原产于印度北部地区,印度在 3 000 年前就开始栽培黄瓜。我国西汉时期张骞出使西域将黄瓜带回中原。目前,中国各地均有黄瓜栽培,且多以设施栽培为主。

二、黄瓜的植物学特征

1. 根

黄瓜为浅根系,虽主根入土深度可达 1 m 以上,但 80%以上的侧根主要分布于 20～30 cm 的耕层中。黄瓜的上胚轴于土壤中能分生不定根。

2. 茎

黄瓜的茎为蔓性,横切面为五棱形,中空,具刚毛;容易折损,但输导性能良好;叶腋处着生卷须、分枝及雄花或雌花。绝大多数黄瓜品种的茎为无限生长类型，具顶端优势。早熟品种或小黄瓜类型，茎蔓较短而侧枝少；中晚熟品种或大果型品种，茎蔓较长而侧枝多。

3.叶

黄瓜的叶片分子叶和真叶两种，真叶为单叶，掌状全缘，互生，两面被有稀疏刺毛，叶柄比较长。

4.花

黄瓜的花为退化型单性花，为腋生花簇。根据植株上花的着生状况可将其分为完全花型、雌性型、雄性型、雌雄间生型、混生雌性型、两性雄性型、雌雄全同株型 7 种类型。雌花着生的节位及密度是品种熟性的重要形态标志，一般，第一雌花着生节位越低、雌花比例越高，利于早熟和丰产。雌花、雄花均具蜜腺，虫媒花。黄瓜单性结实能力强，进行授粉有助于提高坐果率。

5.果实

黄瓜的果实为瓠果，是由子房、花托共同发育而形成的假果。果实的可食部分主要为果皮和胎座。嫩果油绿色、深绿色、绿白色、白色等；有光滑的果面，也有棱、瘤、刺的果面。果实通常于开花后 8～18 d 达商品成熟。

6.种子

黄瓜的种子扁平，长椭圆形，黄白色，无胚乳，无明显生理休眠期，种子千粒重为 20～42 g。

三、黄瓜的生长发育周期

(1)发芽期　黄瓜从种子萌发到 2 片子叶充分平展、真叶显露为发芽期。

(2)幼苗期　黄瓜从第一片真叶出现至第四片真叶充分展开为幼苗期，需 20～40 d。

(3)抽蔓期　从第四片真叶展开到第一雌花坐果为抽蔓期，约 15 d。

(4)开花结果期　从第一雌花坐果至生长结束为结瓜期。此期生长量占总生长量的 80%左右。

四、黄瓜的栽培季节

黄瓜的消费量大，栽培规模也比较大，应采取多种栽培方式，合理安排栽培季节，实现黄瓜周年生产和均衡供应。南方黄瓜栽培季节有以下 4 个。

(1)早春茬设施栽培　1 月下旬至 2 月上旬育苗，3 月中下旬定植，4 月中旬至 6 月中旬采收。

(2)春季露地栽培　3 月中下旬育苗，4 月下旬至 5 月上旬定植，5 月下旬至 6 月中旬采收。

(3)夏季露地栽培　6 月中旬至 7 月下旬播种，8 月上旬至 10 月中旬采收。

(4)秋冬季设施栽培　8 月下旬至 9 月中旬播种，10 月中旬至 12 月上旬采收。

任务实施

任务一　制订生产计划

二维码 4-2　黄瓜品种选择与生产计划

秋冬季黄瓜设施栽培生产前，应该根据市场需求、气候条件、栽培方式等，选择适宜的黄瓜品种，提前制订出合理的生产计划。

子任务一　品种选择

不同品种之间的植株表现性状不同，应根据黄瓜的生育特性和种类，选择适于栽培的品种。

一、黄瓜生育特征

黄瓜是喜温作物，生长适温为 25～30 ℃，不耐寒，光合作用适温为 25～32 ℃。种子发芽的适温为 28～32 ℃，低于 15 ℃或高于 35 ℃发芽率显著下降，12 ℃以下不能发芽。野生黄瓜具有明显的短日性。光照对黄瓜的影响，如红光利于植株发育，蓝光利于黄瓜的生长，促进性型分化，较短的日照有利于雌花的形成，但品种间对短日照反应不同。

二、黄瓜的类型

根据品种的分布区域及其生态学性状可将黄瓜分为 6 类。

1. 南亚型黄瓜

分布于南亚各地。喜湿热，严格要求短日照。其茎叶粗大，果实大，呈圆筒形，果色浅，皮厚，瘤稀，刺黑或白色；如‘中国版纳黄瓜’‘昭通大黄瓜’等。

2. 华南型黄瓜

分布在中国淮河秦岭以南及日本各地。其茎、叶较繁茂，耐湿、热，为短日照植物；果实较小，瘤稀，多黑刺，果色较淡。如‘昆明早黄瓜’‘广州二青’等。

3. 华北型黄瓜

分布于中国黄河流域以北及朝鲜、日本等地。其植株生长势均中等，对日照长短的反应不敏感；其嫩果棍棒状，绿色，瘤密，多白刺。如‘山东新泰密刺’‘北京大刺瓜’等。

4. 欧美型露地黄瓜

分布于欧洲及北美洲各地。其茎、叶繁茂，果实圆筒形，中等大小，瘤稀，有白刺，口感清淡。如东欧、北欧、北美等品种群。

5. 北欧型温室黄瓜

分布于英国、荷兰。其茎、叶繁茂，耐低温弱光，果面光滑，浅绿色，果长可达 50 cm 以上。如‘英国温室黄瓜’‘荷兰温室黄瓜’等。

6.小型黄瓜

分布于亚洲及欧美各地。其植株较矮小，分枝性强，多花多果。如‘扬州长乳黄瓜’等。

三、品种选择原则

可根据当地种植条件、市场要求、饮食文化、栽培习惯、气候条件因地制宜选用适宜的品种，有利于获得较好的经济效益。四川盆地秋冬季无严寒，可通过智能温室或双拱棚栽培黄瓜，应选择符合当地消费习惯和市场需求的品种，前期耐高温后期耐低温、弱光、雌花分化能力强、长势好、抗病性强、主蔓结瓜为主，果实商品性好、口感脆、无苦味、品质佳、丰产的品种，适合当地气候及设施栽培。如‘津优 35’‘津冬 12’等。

子任务二 制订生产方案

根据当地气候条件和市场消费条件，选择相应的设施设备，节约资源、保护环境，使用科学种植技术，确保生产安全无公害，降低生产成本，培育高品质黄瓜。

一、黄瓜种类与种植制度

包括确定品种、种植面积、种植方式等。

二、所需的农业生产资料

包括种子、肥料、农药、生产工具、农膜、黄板、吊绳、夹子、穴盘、基质等。

三、田间管理内容制订

1.培育壮苗

包括消毒、种子处理、基质装盘、播种、管理、分苗、炼苗等。

2.嫁接

包括确定材料工具、时期、方法等。

3.定植前准备

包括闷棚、整地、施基肥、作畦、铺滴管、覆膜等。

4.移栽定植

包括明确时期、打孔、挖穴、定植、管理等。

5.环境调控

包括设施内温度、湿度、光照、气体等。

6.水肥管理

包括浇水追肥时期、数量等。

7.整枝引蔓

包括搭架引蔓、摘心打杈、摘叶等。

8.病虫害防治

以农业防治为主，配合物理、生物防治，少量使用环境友好型化学药剂。

9.采收分级

包括明确收获时期、方法、使用工具、分级标准等。

四、资金预算

资金预算包括土地租金、设施、农资、劳动力、管理费用等。

五、确定生产方案

黄瓜秋冬季设施生产方案见表4-1。

表4-1　黄瓜秋冬季设施生产方案

序号	生产方案项目	具体实施	备注
1	黄瓜种类与种植制度		
2	所需的农业生产资料		
3	生产管理内容制订		
4	资金预算		

子任务三　生产记录及生产记录保存

生产记录通常包括播种育苗、种植管理到采收销售的整个生产过程，如：使用农业投入品的名称、来源、用法、用量和使用日期等，及各项农事操作的名称、日期、生育时期、生育情况、方式、劳动力完成情况等（表4-2），同时填写黄瓜秋冬季设施生产药剂防治生产记录单（表4-3）。一般农产品生产记录应当保存3年。

表4-2　黄瓜秋冬季设施生产农事操作生产记录单

序号	日期	生育时期	生育情况	农事操作	方式	劳动力	完成情况	备注

表 4-3　黄瓜秋冬季设施生产药剂防治生产记录单

序号	日期	生育时期	病虫害发生情况	药剂名称	来源	用法用量	效果	备注

任务二　培育壮苗

黄瓜抗逆性较差，而培育壮苗能够提高植株抗逆性，是优质丰产的基础。

子任务一　种子处理

黄瓜可直播，也可先培育壮苗，种子处理通常有 5 种。

二维码 4-3　黄瓜培育壮苗

一、干热消毒

先晒种，使其含水量降至 7%以下，置于烘箱中烘烤，然后取出浸种催芽，可防治多种病害。

二、苏打水处理

未包衣种子表面有一层黏液包裹，可用 1%的小苏打水溶液＋新高脂膜溶液浸种，并反复搓洗几遍，除掉种子周围的黏液，漂洗干净，以促使发芽快而整齐。

三、温水浸种

水温和时间要准确，并且浸种到时间后要立即冷却。浸种时加入新高脂膜，打破种子休眠，促进种子发芽，还可灭菌防病，是增强种子抗性的有效措施。

四、氢氧化钠浸种

用清水将种子浸 4 h，后置于 2%氢氧化钠溶液里 15 min，再用清水冲洗、晾晒 18 h。此法能杀灭种子内外大部分病毒和真菌，可预防病毒、炭疽病、角斑病和早、晚疫病等。

五、催芽

集约化培育黄瓜苗，可以使用恒温箱催芽。一般温度控制在 25～28 ℃。催芽过程中，每天淘洗 2 次种子，可以达到芽齐芽壮的效果。

子任务二 穴盘育苗

一、适时播种

秋冬季黄瓜设施栽培，以四川盆地为例，可从产品采收上市时期，推算适宜的定植期，再按育苗天数往前推算适宜的播种期，应在8月下旬至9月中旬播种。

二、准备穴盘

一般采用规格为26 cm×52 cm的72孔穴盘，每一苗床横向排列3排，穴盘用50%多菌灵可湿性粉剂600倍液浸泡2～3 h消毒后备用。

三、基质配制

选用瓜果蔬菜专用育苗基质，此基质营养全面、配比合理，有机质含量65%以上，pH 5.6～6.0，具有透气性能好、质轻、持水、有机质含量高等特点。

一般采用基质(草炭∶蛭石∶珍珠岩＝3∶1∶1)，并按50 kg基质加50 g多菌灵可湿性粉剂，混合混拌均匀待用(图4-1)。

四、基质装盘

基质填满穴盘，相互叠加，垂直轻压，并用木板将盘口刮平，露出方格，便于播种。均匀浇水，以手握成团、手指间有少量水滴但不落下为准。然后在每个穴盘方格的中央打孔，深为1.5 cm(图4-2)。

五、播种

人工或机械方式将种子点播至穴盘的每个播种穴，每穴播1粒，用潮湿的基质盖住洞口，再在穴盘上撒一层珍珠岩，总覆盖厚度3～4 cm，防止出土带帽，最后用刮板刮去穴格上多余的蛭石，使穴盘孔格清晰可见(图4-3)。

图4-1 基质配制

图4-2 基质装盘

图4-3 播种

穴盘育苗流程

子任务三　播后管理

播后管理是培育适龄壮苗的关键，同时又是花芽分化的重要阶段，也是产量形成的基础。管理应以花芽分化、保叶、促根、培育壮苗为重点，温度和水肥的管理应本着“保”“控”相结合的原则。

一、温度管理

播种至出苗阶段以促生长为主。播种到子叶出土，白天保持 28 ℃左右，夜间 18～20 ℃；低于 15 ℃或高于 35 ℃发芽率显著下降，12 ℃以下不能发芽；子叶出土到破心(子叶展平，第一真叶显露)适当降低温度，白天 20～22 ℃，夜间 12～15 ℃，破心到成苗前 5～7 d，白天 22～25 ℃，夜间 13～18 ℃；定植 1 周炼苗，白天保持 16～20 ℃，夜间 10～15 ℃。

二、光照管理

育苗穴盘应尽量多见光，长日照可有效控制黄瓜的徒长。

三、肥水管理

黄瓜穴盘育苗周期短，基质中含有的养分可以满足黄瓜苗的生长，一般不需追肥。黄瓜穴盘基质育苗水分蒸发量大，幼苗容易缺水，应及时补水；但水分过多，又会造成秧苗徒长，因此要适量浇水。一般选晴天的中午进行浇灌。

四、苗期病虫害管理

黄瓜苗期病害主要是猝倒病，应加强苗床管理，设法提高温度，降低湿度。苗床内发现个别幼苗染病，要及时拔除病苗，并喷洒 75%百菌清可湿性粉剂进行防治。

五、壮苗标准

一般黄瓜壮苗标准为：45～50 d，具 5～6 片真叶；生长健壮，高度适中，茎粗节短；叶片较大，生长舒展，叶色正常或稍有光泽；子叶大而肥厚，子叶和真叶都不过早脱落或变黄；根系发达，尤其是侧根多，定植时短白根密布育苗基质块的周围；秧苗生长整齐，既不徒长也不老化；无病虫害；若用于早熟栽培的秧苗，应带有肉眼可见的健壮花蕾，且营养生长和生殖生长协调；适应能力强，定植后缓苗快。

培育壮苗是实现黄瓜安全健康生产的关键，其有利于黄瓜植株生长发育，且具有抗逆性，可提高植株免疫力，从而减少病害的发生，降低环境污染。因此，现代农业接班人更应该树立保护环境、节约资源的意识，摒除不重视培育壮苗的传统思想，采用科学的育苗机制，为黄瓜生产打下坚实基础，促进蔬菜行业的发展。

任务三　嫁接改良

二维码 4-4　黄瓜嫁接改良

通过嫁接换根栽培可提高黄瓜的抗逆性，减少农药使用，降低环境污染。在设施栽培中，嫁接黄瓜栽培还能克服连作障碍，有效避免土传病害（如黄瓜枯萎病），增强植株抗性，减少病虫害，从而降低农药残留及环境污染，进而保护环境、节约资源，提高产品品质和产量。生产上，一般利用南瓜根系发达、抗性强，且与黄瓜具有良好的亲和性的特点，将黄瓜苗嫁接到南瓜苗上。

子任务一　插接法

图 4-4　砧木南瓜苗

用南瓜作砧木，南瓜比黄瓜早播种 3～4 d，在南瓜子叶展平有第一片真叶，黄瓜 2 叶 1 心时嫁接（图 4-4）。具体操作技术要点如下。

一、砧木处理

先去除砧木生长点，然后在苗茎的顶端，用竹签紧贴一子叶基部的内侧向另一片子叶的下方呈 45°斜插，插入深度为 0.5～0.7 cm，暂不拔出竹签。

二维码 4-5　黄瓜插接

二、接穗处理

刀片与黄瓜子叶平行，在距子叶 0.4～0.6 cm 处斜向下切一刀，但不截断，再从背面斜削成 0.5 cm 左右的楔形面。

三、接口处理

从砧木苗茎上拔出竹签，立即将接穗的切面一侧向下轻轻插入砧木苗茎的插孔内，使得黄瓜子叶与南瓜子叶呈十字形，最后用嫁接夹固定。整个过程应做到“稳、准、快”。

操作计划

子任务二　靠接法

可采用黑籽南瓜作砧木。通常，黄瓜比南瓜早播种 2～3 d，在黄瓜有真叶显露时嫁接。

二维码 4-6　黄瓜靠接

一、材料选择

选择大小相近的砧木与接穗苗。

二、砧木处理

首先去除砧木生长点；然后刀片与子叶平行，在子叶下 0.5～1.0 cm 处，用刀片向下斜 40°削一刀，深度约为茎粗度的 1/2（图 4-5）。

图 4-5　靠接

三、接穗处理

刀片与子叶呈十字交叉，在子叶下 1.0～1.5 cm 处，向上斜约 30°削一刀，深度达茎粗度的 1/2～2/3 处，切口长度与砧木切口相同。

四、靠接处理

将接穗切口嵌插入砧木茎切口，使二者切口紧密结合在一起，用嫁接夹固定接口，并将嫁接苗栽入直径为 10 cm 的营养钵中，砧木与接穗的根部相距约 1 cm，接口距土面约 3 cm（图 4-6）。

图 4-6　靠接处理

五、断根

7 d 后接口愈合，切断接穗根部，10～15 d 后除去嫁接夹。

操作计划

子任务三　嫁接后管理

一、温度管理

嫁接后 3 d 内是形成愈伤组织及交错结合期，白天温度应保持在 25～28 ℃，夜间温度 18～

20 ℃；随着嫁接苗不断长大，逐渐降低温度，使温度保持在白天 22～28 ℃，夜间 16～18 ℃。

二、湿度管理

保湿是黄瓜嫁接成活的关键。为促进嫁接伤口愈合，应以保湿为主，湿度以接穗生长点不积水为宜。黄瓜嫁接后要立即喷水，将其摆入苗床，覆膜保湿，空气相对湿度保持在 90%以上。3～4 d 后适度通风，使湿度降到 80%左右，以后逐渐增加通风换气时间。

三、光照管理

一般情况下嫁接后前 3 d，中午温度高、光照强，要用遮阳网或草帘遮阳降温，防止接穗失水萎蔫。嫁接后 4～6 d 嫁接苗愈合，适当通风透光，并逐渐延长光照时间，加大光照强度。要注意天气变化，特别是多云转晴后接穗易萎蔫，要及时遮阳。

四、病虫害防治

黄瓜苗期病虫害主要是猝倒病、立枯病、蚜虫、白粉虱等，应采取农业防治、物理防治、化学防治相结合的方法进行综合防治。

保持育苗周边环境无污染，清理干净育苗设施内部环境，同时，悬挂黄板对预防蚜虫和白粉虱有较好的效果。在子叶展开后，用 70%代森锰锌可湿性粉剂 500 倍液喷施，能有效预防苗期猝倒病和立枯病的发生。

五、壮苗标准

适于定植的嫁接黄瓜苗的苗龄一般在 30～35 d，定植时子叶完整，具有 3～5 片真叶，叶色浓绿，叶片肥厚，茎粗壮，节间短，根系发达完整，株高不超过 20 cm，花蕾长出待开，幼苗经过充分锻炼。

黄瓜设施栽培，前期投入大，不宜轻易更换栽培场地。因此，可以采用黄瓜嫁接，以避免连作障碍，并且可持续栽培黄瓜，从而提高设施栽培经济效益，也可减少病害，减轻生产负担，节约资源，降低环境污染，进而确保黄瓜安全高品质生产，为冬季提供新鲜优质健康的黄瓜，以改善人们的生活品质。

任务四　移栽定植

子任务一　移栽前准备

根系的良好发育是黄瓜生产的根本，因此，定植前的准备关乎黄瓜是否优质高产。我们更应该以严谨的工作态度，辩证分析，制订科学合理的定植方案，为生产出安全健康的黄瓜打下坚实基础，从而让人们吃得放心，促进黄瓜产业的发展。

二维码 4-7　黄瓜定植前准备

一、土壤选择

黄瓜根系好气性强，吸水肥能力弱，以耕作层深厚、疏松、透气性良好的壤土种植为宜,以克服黄瓜喜湿而不耐涝、喜肥而不耐肥的特性。黄瓜在土壤 pH 为 5.5～7.6 时均能正常生长发育,但以 pH 为 6.5 左右最适宜。

黄瓜根系的维管束鞘易老化。除幼嫩根外,断根后难发新根,故黄瓜适于直播,也可采用穴盘播种育苗,但应掌握宜早、宜小移栽定植。

二、大棚消毒

根据当地气候条件,选择适宜的设施大棚,以提供该黄瓜生长周期所需要的环境条件。

(1)太阳能高温闷棚　先清园,彻底清除前茬病残体,再均匀施入有机肥,然后翻地整平,最后灌水闭棚 15～20 d。

(2)药剂熏蒸　可选用的药剂有威百亩等。

三、整地

在定植前 10 d 以上开始整地清园,深翻晒田。整地要细致,先除草,将残根和石头等杂物捡除。再深耕多翻,碎土,耙平,耕地深度 25～30 cm。也可结合药剂杀菌杀虫或使用枯草芽孢杆菌抑制有害微生物生长,同时可改善土壤理化性质。利用整地机械整地效率高。

四、施基肥

有机质含量高的土壤能改善土壤环境,也可平衡黄瓜根系喜湿而不耐涝、喜肥而不耐肥的矛盾。因此,基肥应以有机肥为主。按国家肥料使用标准,选择无毒无害、充分腐熟的有机肥,以及肥料利用率高的化学肥料。每 667 m^2 施农家肥料 1.5 t 左右或商品有机肥 0.5 t 左右、三元复合肥($N:P_2O_5:K_2O=21:13:18$) 50 kg,进行深翻混匀,打碎耙平。

五、作畦

黄瓜喜湿而不耐涝,要求深沟高畦,以利于排水及提高土温,促进根系发育。一般 6 m 跨度的大棚作 4 畦,8 m 跨度的大棚作 5 畦,沟宽 30 cm、沟深 20～25 cm。畦面做成马鞍形,便于双排种植水肥管理(图 4-7)。

图 4-7　作畦

六、铺设滴灌

整平畦面后铺设滴灌带,能省时省力,降低人工费用,节约资源,平衡水肥,提高肥料利用率,进而提高生产品质和产量。

将滴灌带铺设至每畦畦面中央处,并将出水口朝上。确保水压能够使滴灌带末端均匀出水,并符合《水肥一体化技术规范　总则》(NY/T 2624)。

七、覆盖地膜

整个大棚地面均覆盖白色塑料薄膜,并压实地膜。覆盖白色地膜能够有效降低大棚中空气湿度,抑制杂草生长,减少病虫害,提高地温,增加大棚光照,有效保水保温保肥,节约资源,降低农药残留及环境污染，进而提高产品品质和产量。

在黄瓜生产中，首先应该选择无污染的环境和适宜的土壤，并结合清园闷棚，细致整地作畦，适量施基肥，并采用膜下滴灌的农业措施，为黄瓜栽培提供前期健康生长基础，也能够减少病害，节约资源，保护环境。

子任务二 移栽定植

二维码 4-8 黄瓜移栽定植

黄瓜栽培中移栽定植是关键的一步，应该明确定植时间、壮苗标准、定植密度和方法等。

一、定植时期

四川盆地秋冬季设施栽培的定植时间为 9 月中下旬至 10 月上旬，此时天气不冷不热；定植最好选择阴天或晴天的下午。

二、选择壮苗

黄瓜根系再生能力差，应尽早移栽。壮苗标准为：子叶完整，具有 3～5 片真叶，叶色浓绿，叶片肥厚，茎粗壮，节间短，根系发达完整，株高不超过 20 cm，花蕾长出待开，幼苗经过充分锻炼。

三、定植密度

每畦栽 2 行，株距 35～40 cm；可并排定植也可错位定植。

四、定植方法

(1)将幼苗定植在靠近滴灌带附近，按 35～40 cm 株距在膜上打孔。
(2)轻拿轻放苗子，将幼苗摆放在穴内，深度以苗坨与畦面相平为宜。
(3)轻轻扶住植株覆土，注意避免土壤进入苗心，再轻压土壤固定。
(4)将苗坨和地膜孔用土封严。
(5)用滴灌浇定根水。

五、定植后管理

1.缓苗期

应注意温度不能过高过低，白天 28～30 ℃，晴天注意通风降温，阴雨天中午适当关窗；晚上不低于 18 ℃。土壤保持湿润，含水量应在 70%～80%。

2.浇缓苗水

缓苗后视情况浇 1～2 次提苗水，一般不追肥；也可视生长情况轻施一次速效肥。

3.缓苗后适当通风

白天控制在 22～28 ℃，夜间 17～18 ℃，维持土温在 15 ℃以上。

操作计划

任务五　环境调控

秋冬季设施栽培反季节黄瓜，由于与外界环境隔离，需要科学调控设施内的温、光、水、肥、气，以确保黄瓜各生长时期处于适宜环境，可预防病虫害，节约资源，保护环境，同时可延长结瓜期以取得高产，提高经济效益，促进黄瓜行业发展。

二维码 4-9　黄瓜环境调控

子任务一　空气环境调节

一、温度调控

黄瓜是喜温、不耐寒作物，幼苗期适宜温度为昼温 22～28 ℃，夜温 17～18 ℃；黄瓜定植后，进入抽蔓和开花结果期，昼温 25～29 ℃，夜温 18～22 ℃；昼温超过 30 ℃，果实生长快，植株长势渐弱，达到 35 ℃以上，则会破坏光合与呼吸的平衡。采收盛期以后温度应稍低，防止植株衰老，以尽量维持较长的采收时期。

黄瓜生长发育还需要一定的昼夜温差，一般保持 10 ℃左右温差有利于物质积累。但夜温过低，昼夜温差过大，雌花形成过多，对营养生长产生抑制，会出现花打顶。南方秋冬季节无严寒，简易双拱棚双膜覆盖可满足黄瓜生长发育。温度的调控主要通过先降温后保温、增温等措施来实现，要求设施内最低温度不能低于 13 ℃ 。

一般生长前期要昼夜通风，白天温度控制在 25～28 ℃，夜间为 15～18 ℃。白天可适当进行遮阳处理，以降低棚室温度。当夜间温度低于 12 ℃时，需将棚室四周的塑料薄膜放下进行扣膜保温，白天仍进行大通风。而生长后期天气寒冷，要注意保温，气温低于 10 ℃，覆盖内层保温膜，以促进开花结果。

二、光照调控

黄瓜喜光照充足，也能适应较弱的光照。光照不足，光合速率下降，同化物产量降低，常造成植株生育不良，引起化瓜等。

因此，应选择透光性高、防灰的膜，冬季应适当增加反光膜，遇雾霾天气或持续阴雨天，应在棚室内配置蓝红 LED 植物生长补光灯（蓝光∶红光 ＝1∶7）持续照射 12～16 h 补光 ，配置高度距植物 0.5～1.0 m。雾霾过后对棚膜除尘。一般，上午光合量大于下午光合量，因此尤其应重视上午的光照环境及温度调控。

三、湿度调控

黄瓜叶面积大，蒸腾量大，而根系较浅，分布范围小，吸收能力弱，因此需要较高的空气湿度。设施栽培会降低叶面蒸腾量，理想的空气相对湿度应该是苗期低，成株期高，夜间低，白天高，高在80%～95%，低在60%～70%。黄瓜植株对空气湿度的适应性随着土壤湿度的增高而提高，但对土壤湿度很敏感，在土壤水分充足的情况下，空气相对湿度在70%以下，无较大影响。

因此，秋冬季设施栽培，可采用膜下滴灌，适当通风、排湿，尽可能降低湿度，以预防各种病害的发生。

四、气体调控

CO_2、O_2 直接影响黄瓜生长发育，因此，应该对其进行适当调控。

1. CO_2

黄瓜进行光合作用需要大量的 CO_2，通常黄瓜光合作用的 CO_2 饱和浓度为0.1%，在光照充足、高温、高湿环境中，可达 CO_2 的饱和浓度，当提高到0.63%时，可增产50%。因此，可采取增施有机肥、通风、补充 CO_2 等方法提高空气中 CO_2 含量。

2. O_2

O_2 直接影响黄瓜细胞呼吸，而黄瓜根系最适宜的土壤含氧量为15%～20%，低于2%时则生长不良。在生产中可通过多施有机肥、中耕等措施来改善土壤的通气性。

农科类大学生更应该掌握环境对黄瓜栽培的影响，科学环境调控管理，扎实理论学习，在实践中运用理论知识，使得理实融合，为生产安全优质高产的黄瓜打下必要基础。

子任务二　土壤环境调节

合理的施肥灌溉，可以促进植株生长发育，平衡植株长势，还能节约用水。

一、水分管理

黄瓜的叶面积大，蒸腾量大，而根系较浅，分布范围小，吸收能力弱。黄瓜需水量大，但对土壤湿度敏感，需要较高的土壤湿度，但不宜过湿。除定植后需浇水促返青外，坐果前应适当控制水分，水分控制在60%～70%为宜，可促进根系生长和花芽分化，结果期则应保持土壤相对湿度为70%～80%，需及时浇根瓜水(2条以上根瓜长至10 cm)。

若土壤黏重、通气不良、湿度过高，会形成多种有害物质，影响根系活动并导致病害发生。土壤温度低于12 ℃且持续时间较长时，常易导致根系生理活动受阻，而使叶片发黄或产生沤根等症状。因此，秋冬季设施栽培黄瓜时，地温的管理尤其重要。覆盖白色地膜，以保证土壤温湿度；膜下铺设滴灌带，以均匀出水，缓慢渗透土壤，增加土壤有效持水量，减少土温散失。要注意滴灌水温及频率。灌溉水源必须清洁、无污染，水质应符合相关要求。

秋冬季黄瓜设施栽培浇水原则：依据植株生长发育、土壤温湿度、天气等情况调整，阴天少浇或不浇，雨雪天切忌浇水，一般中午前后浇水，晴天一般10 d左右浇1次。

二、土壤与营养

黄瓜生长迅速，高产，需肥沃且结构良好的壤土，以克服黄瓜喜湿而不耐涝、喜肥而不耐肥的特性。黄瓜为浅根系，对土壤溶液浓度反应敏感，追肥浓度高，易引起伤害和高盐胁迫。土壤过干或过湿、施肥过多会造成黄瓜根系发育差。因此，施肥管理应注意掌握“少量多餐”的原则。黄瓜吸收量较大的矿质营养元素依次为钾、氮、钙、镁和磷等。黄瓜施肥管理以氮、磷、钾为主，每生产 1 t 的黄瓜果实需吸收氮 2～3 kg、磷 1 kg、钾 4 kg，三者比例为(2～3)∶1∶4。因此，黄瓜施肥管理应注意平衡施肥问题。定期进行叶面追肥，可喷施 0.2%的磷酸二氢钾等叶面肥和生物肥。

黄瓜不同生育时期需肥量不同，幼苗期较少，初花期增加，结果期最多。幼苗期和初花期所吸收的氮、磷、钾的量约占全生育期的 20%，而结果期约占 80%。因此，结果期是黄瓜施肥管理的重点时期，施肥量不足或养分供应不均衡，常导致早衰、产量降低、畸形瓜增多等。

肥料选择：应选用水溶性肥料，包括大量元素水溶肥、有机液肥、含氨基酸液肥、含腐殖酸液肥等。肥料质量应符合国家标准。

三、水肥一体化

水肥一体化滴灌系统，能根据植物生长状况施肥浇水，满足植株不同生育期的水肥需求，并能有效提高水肥利用率，减少水肥流失。晴天浇水施肥后，封闭温室以提高温度，保持尽量高的土温。采用膜下滴灌方式，通常用于追肥。

1.抽蔓期

定植至开花前，黄瓜植株由营养生长为主逐渐向营养生长与生殖生长并重。在抽蔓期的后期应适当控制水肥，适当抑制幼苗的生长，促进根系生长，扩大叶面积，确保花芽数量和质量，保证坐果，防止落花。滴灌 1～2 次，视植株长势，每 667 m^2 施高氮型水溶肥料 2.5～5 kg。

2.开花坐果期

可追施磷肥 1 次。

3.结果期

根据植株长势进行灌溉，追肥次数以 3～6 次为宜，高氮型与高钾型水溶肥料交替使用，通常每次每 667 m^2 肥料用量为 4～6 kg。根据黄瓜植株生长情况，加入钙、镁等水溶肥料。

根据黄瓜的生育特点，合理采用水肥一体化，减少肥害，减少农药残留污染，可节约资源，改善农田生态环境，对促进农业可持续发展意义重大。

情况分析

任务六 植株调整

二维码 4-10 黄瓜整枝引蔓

黄瓜整枝引蔓能够平衡营养生长和生殖生长，加强通风透光，促进光合，减少病虫害，从而降低环境污染，保护环境，节约资源，生产出安全优质高产的黄瓜，促进黄瓜产业的发展。

一、吊绳引蔓

当黄瓜苗长至 6 片叶，蔓长约 30 cm 时，应用无色塑料绳吊蔓，下端系或夹在黄瓜植株的中下部，然后在植物周围缠两周活扣，注意不要把瓜码绕进绳里，以防止活扣松动并使茎落在地上。吊蔓高度以 1.7 m 为宜。

图 4-8 绑蔓

黄瓜茎蔓生长发育过程中，应及时采用“8”字方法绑蔓(图 4-8)，防止磨伤茎蔓和茎蔓下垂。每 2～3 节绑一次，绑蔓的松紧度应抑强扶弱，即对于生长势强的植株适当绑得紧一点，并使生长点高矮一致。

吊绳引蔓应在晴天的下午进行，因为在晴天，茎蔓含水量少，不易折断茎蔓。

二、整枝

1. 除蔓摘心

黄瓜以主蔓结瓜为主，应摘除主蔓 8 节以下的侧蔓，9 节以上侧蔓适当选留，侧蔓雌花节以上 1～2 片真叶后摘心，并打掉所有的卷须。采取摘心措施可以提早形成雌花。主蔓具 25～30 片真叶后摘心，以增加结果。当主蔓超过架头时要及时掐尖，以促进下部瓜的生长，也可以采取扭尖的方法抑制上部生长。

黄瓜生产过程中必须注意及时除蔓，确保叶片有效光合，防止上茎、叶下垂而影响光合作用。

2. 清除老叶

不同叶龄的黄瓜叶片光合速率不同。一般黄瓜上部第 5、6 片展开时叶光合速率最高；中后期根据生长情况及时摘除植株下部的病叶、老叶和黄叶，以改善生长环境，一般保留 13～16 片叶即可。

3. 防治“花打顶”

(1)症状　主要表现为生长点不舒展，顶梢几节短缩，聚成一个疙瘩，雄花、雌花一直开到瓜秧顶梢。

(2)原因　秋冬季栽培时，低温弱光的天气，夜温偏低，昼夜温差过大，雌花形成过多，对营养生长产生抑制；地温偏低、土壤过干或过湿、施肥过多。

(3)措施　生产中应主要遵循预防为主的原则，加强田间管理，提高叶温地温，加强水肥管理，及时中耕松土，促进根系发育和茎叶生长等措施来防治；对已出现花打顶的植株，要及时掐掉卷须，抹掉龙头附近的雄雌花，疏去顶部瓜纽，摘除中下部大瓜。一般健壮植株每株留1～2个瓜，弱株上的瓜全部摘掉，清除下部老叶，调节营养平衡，促进植株恢复健壮生长。

三、保花保果

在极端低温弱光下，经常出现化瓜现象。

(1)症状　黄瓜雌花开败后，小瓜条不继续生长膨大，其前端变黄而萎蔫，最后脱落。

(2)原因

①品种选用不当(如选用了单性结瓜能力弱的品种)。

②在低温季节，苗床内温度偏低，每日光照时数少于8 h，形成了较多的雌花。

③进入结瓜期后，在较长时期内白天温度低于20 ℃、夜间低于10 ℃，使开花授粉受阻，或不能及时追肥浇水，或土壤含水量忽高忽低，或浇地水温偏低等。

④保护地内光照不足。

⑤种植过密，植株徒长，或整枝打侧枝不及时，或每节结的小瓜过多。

⑥摘瓜过迟，造成养分缺乏，出现“跳节”现象(不少节上有小瓜或化瓜，不能节节有瓜)。

⑦保护地栽培时，未根据天气条件变化，调节植株上的小瓜数量。

⑧病虫为害及药害等。

(3)措施

①黄瓜保花保果要选择单性结瓜能力强的品种，控制苗龄，及时进行定植。加强管理，增强透光、通风性，注意病虫害的防治，及时整理枝蔓，合理浇水追肥，注意对棚内空气及土壤温度管理，适时采收。

②利用植物专用的生长调节剂来保花保果。

③黄瓜开花之后可人工帮助授粉，具体是将雄花去掉花瓣，在雌花的花柱上轻轻触碰几下即可，这样也能帮助保花。

四、疏花疏果

黄瓜开花多，结果多，容易导致营养不足，会影响结果的质量，在管理期间要及时进行疏花疏果。

疏花是每个节的腋内只留一朵没有开放的雄花，多余的都摘掉；或者也可直接将长势不好的花朵都摘掉，留下健壮的即可。

疏果要根据瓜秧的长势和市场价格而定。通常都是间隔一个节位留一个瓜，可使商品性达到最好。若是瓜秧弱，则要少留，早点采收，避免有畸形瓜。在坐果早期就要确定坐瓜的数量，去除多余的、长势弱的，减少养分消耗。

总之，植株调整是黄瓜栽培中重要的管理操作，能平衡营养生长和生殖生长，又能增加通风透光，减少病虫害，降低环境污染，保护环境，实现资源最优化，提高经济效益，促进蔬菜行业发展，进而为振兴“三农”打下基础。

田间诊断

二维码 4-11　黄瓜病虫害防治

任务七　绿色防控

黄瓜叶片大而薄，故蒸腾量大，叶缘有水孔，水孔吐水作用明显。叶缘吐水和叶面结露为病菌孢子萌发创造条件。因此，黄瓜易感染多种病害。

一、防治对象

(1)主要病害　霜霉病、细菌性角斑病、炭疽病、黑星病、白粉病、疫病、枯萎病等。

(2)主要虫害　蚜虫、红蜘蛛、白粉虱、茶黄螨、潜叶蝇等。

二、防治方法

防治原则遵循“预防为主，综合防治”的方针，坚持以农业防治、物理防治、生物防治为主，化学防治为辅。

(一)农业防治

(1)消灭虫源　种植前，彻底清除棚室内的残体、败叶、杂草等，集中销毁，并闷棚。

(2)选用抗病品种及种子消毒处理。

(3)使用嫁接苗，能够有效防治土传病害，主要可防治枯萎病。

(4)创造适宜的生育环境条件　培育适龄壮苗，提高抗逆性，控制好温湿度；适度补充二氧化碳气肥。

(5)耕作改制　与非瓜类作物轮作 3 年以上。

(6)施肥　选用 0.2% 磷酸二氢钾和 0.2% 硼砂进行根外追肥，增强叶面的抗病能力。

(二)物理防治

1. 设施保护

设施放风口用 25～30 目的防虫网封闭，减少或阻止外部害虫潜入，从而减少用药，使黄瓜更好地达到无公害标准。

2. 黄板诱杀

设施内悬挂黄色捕虫板诱杀蚜虫、粉虱(图 4-9)，每 667 m^2 需 30～40 块。当黄板粘满虫时，更换黄板(或重涂机油)。

3. 高温闷棚

闷棚前 1 d 给黄瓜浇 1 次大水，次日晴天封闭棚室，将棚温提高到 45 ℃左右，掌握温度不低于 42 ℃，不超过 46 ℃。1.5～2 h 后，从顶部慢慢加大放风，使室温下降，隔 4 d 后再进行第二次闷棚，可防治黄瓜霜霉病。

图 4-9　挂黄板

(三)生物防治

活体微生物通过竞争、促生、拮抗等多种作用机理可以有效抑制植物病害的发生和蔓延。

①枯草芽孢杆菌可防治灰霉病和白粉病等，也可抑制有害微生物生长。

②引入潜叶蝇的天敌寄生蜂进行消灭。

③选用丽蚜小蜂等优势天敌防治粉虱等。

(四)化学防治

在干燥晴天可喷雾防治，注意交替用药，合理混用，用药须选择绿色食品生产允许使用农药范围内的。

1. 霜霉病

发病初期，叶片上出现水浸状淡黄色小斑点。潮湿时，上生灰褐色的霉层，以背面居多，严重时植株整个枯死。可喷 45%百菌清烟雾剂 。

2. 细菌性角斑病

细菌性角斑病主要为害叶片，发病初期叶背面呈绿色水浸状斑，渐变淡褐色，最终变为黄褐色。湿度大时叶背溢有乳白色菌脓，干后具白痕，病部质脆易穿孔，有别于霜霉病。可用 53.8%的可杀得干悬浮剂，喷雾防治。

三、农药安全间隔期

农药安全间隔期主要是指从最后一次施药至作物收获的间隔天数，即自喷药后到农药残留量降到最大允许残留量所需的时间。通常，安全间隔期受作物品种、各种药剂的代谢速度和季节的影响。因此，在黄瓜生产中，要严格按照农药使用说明，确保最后一次喷药与收获之间的时间必须大于安全间隔期，同时严禁在安全间隔期内收获黄瓜。

因此，应提前制订科学的黄瓜栽培管理方案，尽可能提高黄瓜抗逆性，减少病虫害发生，降低药剂施用，保护环境；同时，严格按照国家标准，选择低毒低残留、环境友好型化学药剂，并且严格执行安全间隔期，让人们吃得放心，促进行业良序发展。

田间诊断

任务八 采收分级

二维码 4-12 黄瓜采收分级

一、采收时期

黄瓜必须适时采收嫩果，特别是根瓜要适时提早采收，防止坠秧，以免影响蔓、叶和后续瓜的生长。

一般开花后 8～10 d 即可采收。采摘时间以早晨为宜。一般每隔 1～2 d 采收 1 次，后期可根据市场需求适时采收。

采收标准是瓜条大小适宜，粗细匀称，花冠尚存带刺，果实膨大适中，果质鲜嫩。宜勤采收。采收时应轻摘、轻放。采收过程中所有工具要清洁、卫生、无污染。

二、分级

分级根据黄瓜的形状、大小、质地等质量指标。

黄瓜品质基本要求：新鲜洁净，无异常气味或口味，表面无不正常的外来水分，充分发育，具有适于市场销售或贮存要求的自然成熟度，口感鲜嫩、清香。

1. 品质标准

(1)标准商品

①具有本品种固有形状，瓜条挺直(弯曲度在 3 cm 以下)，粗细均匀。

②色泽深绿，成熟度适宜。

③质地脆嫩，具有清香味。

④果面清洁，新鲜，有光泽，刺瘤完整；无病虫害及其他伤害。

(2)最低标准

①形状正常，无明显膨大、细缩部分。

②色泽正常，成熟度适宜，无明显失水、老化。

③果面清洁，刺瘤尚完整，质地尚脆嫩，不软，无异味。

④伤疤轻微，无严重病虫害及其他伤害。

(3)畸形瓜　有尖嘴瓜、大肚瓜、弯瓜和僵瓜等多种症状表现。通常防治方法为花期辅助授粉、结果期加大水肥供应。

2. 大小规格

黄瓜可以果实的长度作为分级依据，分为 L(>30 cm)、M(25～30 cm)、S(<25 cm) 3 级。

黄瓜采收时将标准产品与最低标准产品分别放置，将不够标准的产品剔除。将标准品和最低标准品按大小标准分别分级。

三、包装

采用透气纸箱，纸箱的最大耐压强度要在 300 kg 以上，每箱 10 kg，采用透气纸箱包装。纸箱大小和每箱的堆放质量根据客户需要决定。

1. 包装前准备

适时采收，避免人为、机械或其他损伤。去除过长果柄部分和表面污物，剔除畸形果、特大果、特小果等，进行分级。修整后按相同品种、等级、大小规格集中堆放。折好纸箱，准备包装。需要预冷的，必须使用打孔纸箱，并将透气孔打开。

2. 装箱

将黄瓜按相同品种、等级、大小规格整齐摆放于箱内，以每箱质量一致为原则。分级熟练程度较高的，可以在大棚里按照上述要求直接装箱，能大大提高工作效率，并能避免堆放时发生摩擦损伤。

3. 贴标签、封口

按照基地准出要求，在所有纸箱上贴上标有品名、产地、等级、生产编码、生产日期、添加剂名称的标签，最后将箱口封牢。

四、运输

运输前应进行预冷，运输过程中注意防冻、防雨淋、防晒、通风散热。

五、贮存

贮存时应按品种、规格分别贮存，选择适于产品贮存的温度、湿度；库内堆码时，应保证气流均匀流通。

适时采收能够确保黄瓜产品品质，也便于运输，能保障消费者的最佳口感；而产品分级能针对不同消费市场进行不同的销售策略，以实现经济效益最大化，促进黄瓜产业的稳步良序发展，吸引更多年轻人和投资人投身于蔬菜生产行业。

总结分析

活动评价单

学习情景	黄瓜秋冬季设施生产管理						
项次	项目要求		配分	评分细则	自评得分	小组评价	教师评价
素养（20分）	纪律情况（7分）	按时上课，不早退	2分	缺勤全扣，迟到、早退出现1次扣1分			
		积极思考问题	4分	根据上课回答问题情况得分			
		学习用品准备	2分	自己主动准备好学习用品并齐全			
		执行教师要求		此为否定项，违规酌情扣10～100分，违反校规按校规处理			
	职业道德（8分）	团结友爱	2分	主动合作和帮助同学得2分；合作不积极1分			
		吃苦耐劳	2分	农耕劳作乐于吃苦得2分；敷衍行事得1分			
		严谨细致	2分	对学习精益求精且效果明显得2分			
		知农爱农	2分	对农业生产有热情，用心学农得2分；被动学习得1分			
	阅读能力（5分）	快速阅读能力，并理解要求	5分	能快速明确任务要求并清晰表达得5分；能主动沟通指导都合格得3分；其余不得分			
任务完成情况（80分）	制订生产计划		10分	按要求实施并取得预期结果得10分；不符合要求逐项扣分			
	培育壮苗		10分	按要求实施并取得预期结果得10分；不符合要求逐项扣分			
	嫁接改良		10分	按要求实施并取得预期结果得10分；不符合要求逐项扣分			
	移栽定植		10分	按要求实施并取得预期结果得10分；不符合要求逐项扣分			
	环境调控		10分	按要求实施并取得预期结果得10分；不符合要求逐项扣分			
	植株调整		10分	按要求实施并取得预期结果得10分；不符合要求逐项扣分			
	绿色防控		10分	按要求实施并取得预期结果得10分；不符合要求逐项扣分			
	采收分级		10分	按要求实施并取得预期结果得10分；不符合要求逐项扣分			
合计			100分				
总分（自评10%，小组评价30%，教师评价60%）							
组长签字			教师签字				

知识拓展

二维码 4-13 黄瓜早衰

二维码 4-14 黄瓜畸形

模块五　叶菜类蔬菜绿色生产

学习情景　生菜周年水培生产管理

学习任务单

学习情景	生菜周年水培生产管理
知识目标	☞ 了解生菜的起源、种类、生育特征、市场定位等内容； ☞ 理解生菜营养液栽培中育苗、定植、水培系统和模式，采收分级的原理及方法； ☞ 掌握生菜营养液栽培从生产方案制订到栽培管理的方法及技巧。
能力目标	☞ 能够根据具体情况制订出生菜营养液栽培的生产方案； ☞ 能够按照生菜水培的壮苗标准，育出符合标准的生菜苗； ☞ 能够根据实际情况选择适合的种植方式，并按要求定植； ☞ 能够根据生菜的长势，适时进行环境调控、水肥管理； ☞ 能够及时诊断生菜生育情况，适时适量进行绿色防控； ☞ 能够适时采收生菜，并按标准分级、保鲜、销售； ☞ 能够自主分析解决问题，进行知识迁移。
思政目标	☞ 养成团结协作、吃苦耐劳、严谨细致的职业精神； ☞ 养成遵纪守法、保护生态的职业责任感； ☞ 树立知农、爱农、服务“三农”的使命感。
任务描述	根据市场需求、当地气候条件、栽培条件等因素，制订出科学合理的生菜营养液优质栽培管理方案，并对生菜育苗、定植、绿色管理、采收贮藏的整个栽培管理过程按要求实施任务，最终培育出优质高产的生菜。
任务要求	☞ 按照任务资讯单内容，认真准备资讯问题； ☞ 按各项任务的具体要求，认真设计栽培方案并实施； ☞ 严格按照要求实施各项任务，确保生菜绿色优质生产； ☞ 严格遵守劳动纪律，认真踏实对待各项任务； ☞ 虚心学习并向同学、老师、企业师傅请教探讨问题； ☞ 认真观察并发现生产中的问题并合理分析解决问题； ☞ 分学习小组，分工协作实施任务，确保生菜品质。

任务资讯单

学习情景	生菜周年水培生产管理
资讯方式	阅读教材；浏览本课程精品在线开放课程及相关网站；查阅相关书籍；观看 PPT 课件、视频，认真听讲；调研当地生菜温室栽培及销售情况；请教老师、企业师傅。
资讯问题	☞ 生菜的营养液栽培模式有哪些？都有什么特点？ ☞ 如何育出生菜壮苗？ ☞ 生菜移植定植前需要做哪些准备？ ☞ 定植时需要注意哪些问题？ ☞ 如何明确水培生菜的水肥需求？ ☞ 生菜营养液对水有要求吗？ ☞ 生菜采收分级的方法是什么？注意事项有哪些？ ☞ 生菜采后保鲜的方法有哪些？ ☞ 怎样提高生菜营养液栽培生产的经济效益？ ☞ 怎样才能更好地推广生菜营养液栽培模式，促进当地农业发展？ 二维码 5-1 生菜生产简介
学习资料	信息单、教材、精品课程网站等

知识链接

生菜，又叫千斤菜，是叶用莴苣，为 1～2 年生草本植物，属于菊科莴苣属，产品器官以叶为主。

一、生菜的起源

生菜原产于地中海沿岸和亚洲西部，通过野生种演变而来。早在公元前 4500 年古埃及墓壁上，就有描绘莴苣叶形的绘画，古希腊、古罗马许多文献上已经记载了莴苣几个变种，说明当时莴苣在地中海沿岸已是普遍栽培。大约在 5 世纪，莴苣传入了我国，而在 11 世纪苏轼的《格物粗谈》中就记载了紫色莴苣。莴苣在中国地理和气候条件的影响下又演变成了特有的茎用莴苣——莴笋。在元代司农司编撰的《农桑辑要》中记述了莴笋的栽培和加工方法。

近年来，叶用莴苣在全世界普遍栽培，加工业也不断地发展，如鲜食蔬菜沙拉、生菜饮料等的开发，市场需求量日趋增大。而运用营养液栽培技术种植生菜，能够大幅度提高产量，提升其脆嫩等品质，并且大大缩短了生长期，实现了周年工厂化生产。

二、生菜的营养价值

（一）食用价值

生菜的营养价值丰富，含有大量抗氧化物、类胡萝卜素、B 族维生素、维生素 E、维生素 C 等，还有大量膳食纤维素和微量元素如镁、磷、钙及少量的铁、铜、锌等。生菜具有加强蛋白质和脂肪的消化与吸收、改善肠胃的血液循环等功能。食用方法多样化，可生食、凉拌、炒煮、干制或腌渍。

（二）保健价值

（1）提高免疫力　生菜含有干扰素诱生剂，能够刺激人体正常细胞产生干扰素，从而可抵抗病毒,提高人体的免疫力。

(2)抗癌　生菜中的原儿茶酸,能够有效抑制癌细胞生长,尤其是对胃癌、肝癌、大肠癌等消化系统癌症作用明显。

(3)保护眼睛　生菜中含有丰富的维生素 E、胡萝卜素等,能够维持正常的视力,也可以缓解眼睛干涩与疲劳等,起到保护眼睛的作用。

(4)美容　生菜中的维生素 C 也具有一定的美容功效。

(5)减肥　生菜含有很高的膳食纤维,经常食用能够消除多余脂肪。因此,生菜又被称为减肥菜。

(三)药用价值

生菜性甘凉,茎叶中含有莴苣素,味微苦,具有清热提神、降低胆固醇、镇痛催眠、辅助治疗神经衰弱等功效。生菜中的甘露醇等有效成分,有利尿、促进血液循环、清肝利胆及养胃的功效。

三、生菜的植物学特征

1.根

生菜根为直根系,直播主根可长达 150 cm,育苗移栽后的主根多分布在 20～30 cm 的土层内,侧根量大,须根发达。

2.茎

生菜的茎为短缩茎。

3.叶

生菜为根出叶,互生于短缩茎上,叶面皱缩或光滑,叶形有披针形、长椭圆形、长倒卵圆形等,叶颜色有绿色、黄绿色或绿紫色。生菜在莲座叶形成后,因品种的不同,心叶会结成圆球、扁球、圆锥、圆筒等形状的叶球,叶缘锯齿形、波状或浅裂。

图 5-1　种子

4.花

生菜的花为圆锥形头状花序,淡黄色花朵,自花授粉,通常开花后 11～15 d 种子成熟。

5.果实和种子

莴苣的果实为瘦果,黑褐色或银白色,小而细长,成熟后顶端有伞状冠毛,可随风飞散。种子千粒重为 0.8～1.2 g,成熟后的种子有一段时间的休眠期,贮藏 1 年可提高种子的发芽率(图 5-1)。

四、生菜对环境要求

1.温度

生菜忌高温,喜冷凉,稍耐霜冻。种子发芽需时间较长,需要 4～6 d,最低温度为 4 ℃,适宜温度为 15～20 ℃,温度高于 30 ℃以上时种子就进入休眠状态,发芽受阻碍,因此在炎热高温的季节播种时,需要对种子进行低温处理,如在 5～18 ℃下浸种催芽,种子发芽良好。幼苗可耐低温－6～5 ℃，成株的耐寒力减弱。幼苗生长的适宜温度为 12～20 ℃，当日平均温度保持在 24 ℃左右时生长旺盛，但地表温度达到 40 ℃时，幼苗倒苗，是因为根轴受灼伤导致。

结球生菜既不耐寒又不耐热，对温度的适应范围较小。在结球期的适温为白天 20～22 ℃，夜间 12～15 ℃。温度过高或日平均温度超过 20 ℃以上，就会出现生长不良，造成徒长，难以形成叶球，也会引起心叶坏死腐烂。

2. 光照

生菜喜光，若光照充足，则生长健壮，叶片肥厚。生菜也是长日照植物，较高的温度和长日照均有利于抽薹开花。长日照条件易导致生菜早抽薹，这就是在温度较高的夏秋季节种植莴苣常出现抽薹现象的原因。生菜种子是需光种子，为促进发芽，可适当采用散射光。

3. 水分

生菜生产的各个阶段都需要适宜的水分才能正常生长。因此，选择水培，生菜的生产效果更好。

4. 土壤与营养

生菜的根对氧气的要求高，因此通常选用土壤结构疏松的壤土或沙壤土。有机质含量丰富、保水保肥力强的土壤条件更有利于水分、养分的吸收，根系的发展就很快。结球生菜以 pH 为 6 的微酸性土壤最适宜，对土壤营养的要求较高，尤其是氮素在任何时期都不可缺少，若缺少，则会抑制叶片分化，使叶片减少。其他营养元素的缺少也会造成生菜的生长不良，如缺磷会造成植株小、产量低，叶色暗绿，长势差；缺钾会影响叶的生长发育和叶片的质量。在生菜结球期，钾肥的施入量要增加，也要求氮、磷、钾的平衡供应。

五、生菜的生长发育周期

生菜为叶用莴苣，食用器官为叶片，生长发育周期简单，一般分为 3 个时期，即发芽期、幼苗期、叶片生长旺盛期。

生菜选择生食者较多。为确保生产出健康脆嫩的绿色生菜，通常选用现代化智能温室或植物工厂进行生产，生产过程中可以严格把控生产环境，确保生菜的品质最佳。

任务实施

任务一　制订生产计划

目前，水培是生菜生产的主要栽培形式，不同种植条件和不同地区根据经济条件，大都采用现代设施技术进行生菜生产。因此，在品种的选择上，一定要考虑品种能否很好地适应种植环境，如在植物工厂内栽培的生菜，品种要求生长周期短，对密闭环境的适应性要强，且适于高密度栽培，比如“格林生菜”，其可周年化持续生产，栽培周期一般为 45 d，为了提高单位场地的利用率，栽培模式以立体栽培为主，产量高，品质好，销售价格高，同时大大提高了生产效率和经济效益。

二维码 5-2　生菜生产计划

子任务一 品种选择

不同品种之间的表现性状不同，应根据生菜的生育特性和种类，选择适于栽培的品种。

一、生菜的类型

1. 皱叶生菜

不结球，基生叶，叶片呈长卵圆形，叶面皱缩，叶缘波状，有缺刻或深裂，叶柄较长，簇生的叶丛像大花朵。主要品种有‘红花叶’生菜、‘红帆’紫叶生菜、‘绿波’等。

2. 直立生菜

叶片厚、狭长，肉质较粗，风味较差。直立生长，叶全缘或有锯齿，或有松散的圆筒形或圆锥形的叶球。这个变种的品种较少，在国内很少种植，分布地区不广。根据外叶直立叶片的颜色不同，分为绿色种和紫色种，绿色种的品种有‘农友翠花’‘广东玻璃’‘登丰’等，紫色种的品种有‘红火花’‘太阳红’等。

3. 结球生菜

叶全缘有锯齿或深裂，叶面平滑或皱缩，外叶开展，心叶形成叶球。叶球有圆、扁圆或圆锥等形状。常见的有美国的‘大湖’‘绿湖’‘凯撒’等品种。

二、栽培季节

生菜喜冷凉，茎、叶生长的最适温度范围为 11～18 ℃，成株不耐寒，在高温和长日照条件下容易抽薹。除了结球生菜对温度的适应范围较小，且不耐低温和高温外，其他生菜对温度的适应性强。北方多为日光温室设施栽培，春季可进行露地栽培；而南方露地栽培时间长，主要是春秋季露地栽培，在夏季（6 月下旬至 9 月上旬）遮阳防雨，降温降湿，冬季（11 月至翌年 4 月上旬）采取多层覆盖等保护性措施，做到有序分段播种，即可周年供应；而广州冬季温和，较少冻害，冬季可露地栽培，播种期可从 8 月到翌年 2 月，9 月到翌年 4 月陆续收获，但以 10 月至 12 月播种，而于 12 月至翌年 3 月收获为主要栽培季节。

生菜生育周期长，一年多茬，可在温室大棚、植物工厂等室内栽培，可全面调控光、温、水、气，真正不受季节的影响，可周年立体生产，也提高了土地利用率。而生菜水培能提高生菜的品质及产量，是理想的生菜绿色生产方式。

三、品种选择原则

按照当地的种植条件、气候条件、饮食文化、市场要求、栽培习惯等因地制宜选择适宜的品种。绝大多数生菜品种都能适应水培种植，而在饮食文化方面，绝大多数的生菜都用在火锅、烧烤、沙拉、小吃等方面。综合考虑产量及经济效益，可以选种意大利抽薹生菜和罗马直立生菜等；从观赏性方面考虑，可以选种玻璃生菜、红叶生菜等；从生菜的发芽率及对各种环境的耐性方面考虑，可以选择‘奶油红’‘奶油绿’‘橡叶红’‘橡叶绿’等 4 个品种。

四、种子质量

种子质量是产品质量的有效保障，而且种子质量的高低也关乎生产的各个环节，因此确保种子质量是提高生产效益的关键。必须选择饱满、均匀、新鲜、干燥、健康的优质种子，这样才可以培育出优质的壮苖，植株的抗逆性会比较强，这也为生产优质蔬菜打下了坚实基础。

子任务二　制订生产方案

生产方案的制订要依据当地气候条件、市场的需求以及前期的行业调研等，以保证生产方案的可行性，避免不必要的资源浪费。制订出科学的生产方案，采用水培生产方式，确保生产安全高效，降低污染，培育高品质绿色生菜，从而节约土地和肥水资源。

一、生菜种类与种植制度

确定生菜品种、种植面积、种植方式。

二、所需的农业生产资料

包括种子、肥料、设施设备、生产工具、黄板、防护服、消毒设备等。

三、水培生产的具体内容制订

1. 播前准备

明确材料工具，确定好育苗场地，做好基质消毒和种子处理，配制好要使用的营养液等。

2. 播种育苗

明确播种时间、播种量、播种方法、播种深度、苗期管理等。

3. 定植管理

包括移栽定植、营养液管理、光温管理、绿色防控（以农业防治为主，配合物理、生物防治，尽量减少使用环境友好型化学药剂）等。

4. 采收贮藏

明确收获时期、方法，使用工具，分级标准、保鲜贮藏等。

四、资金预算

包括土地租金，设施成本，农资费用，劳动力费用，管理费用等。

五、确定生产计划

生菜周年水培生产计划见表 5-1。

六、购买设施设备、种子、试剂等农资

根据生产实际，购买设施设备、种子、试剂等农资。

表 5-1　生菜周年水培生产计划

序号	生产计划项目	具体实施	备注
1	生菜种类与种植制度		
2	所需的农业生产资料		
3	水培生产具体内容制订		
4	资金预算		

子任务三　生产记录及生产记录保存

生产记录通常包括播种育苗、种植管理到采收销售的整个生产过程，如各项农事操作的日期、生育时期、生育情况、农事操作、方式、劳动力、完成情况等（表 5-2），同时记录生菜周年水培生产药剂防治生产记录单（表 5-3）。一般农产品生产记录应当保存 3 年。

表 5-2　生菜周年水培生产农事操作生产记录单

序号	日期	生育时期	生育情况	农事操作	方式	劳动力	完成情况	备注

表 5-3　生菜周年水培生产药剂防治生产记录单

序号	日期	生育时期	病虫害发生情况	药剂名称	来源	用法用量	效果	备注

任务二　育苗

培育壮苗是提升产品品质和产量的基础，通常包括种子处理、适期播种、播种密度及种植深度等。应该提前制订播种育苗计划，保持严谨的工作态度，为产品的品质和产量打下坚实的基础。

二维码 5-3　生菜水培育苗

子任务一　营养液配置

科学合理地配制营养液是无土栽培的核心技术，要做到对营养液的组成及变化规律精确调控，才能完成无土栽培的种植过程。滥用营养液配方或忽略营养液在生产中的变化规律，将会直接导致植物无法健康生长，造成严重的经济损失。

一、要求

在生菜栽培的营养液配置中，常选用井水和自来水，也可以选择处理过的雨水，但在使用过程中，一定要使水源达到卫生规范的饮用水的程度。

(1)硬度　硬度是营养液配制中对水质要求的重要指标，一般 15 度以下的水就可以直接用作无土栽培。

(2)酸碱度　水质的 pH 要调至 6.5 左右。

(3)溶解氧　水质中的溶解氧要求接近饱和。

(4)余氯　因自来水常用液氯消毒，故自来水中含有一定量的氯，其含量过高会对植物根造成伤害。因此，在定植时，应先使余氯散逸，一般要在水进入栽培槽之后放置半天后再使用。

二、营养液配方

营养液必须含有植物生长所必需的全部营养元素(C、H、O、N、P、K、C、M、S、Fe、B、Mn、Zn、Cu、Mo、Cl)。

生菜水培可以采用日本园试配方。

(1)母液 A　四水硝酸钙 94.5 g/L，硝酸钾 80.9 g/L；

(2)母液 B　磷酸氢二铵 15.3 g/L，七水硫酸镁 49.3 g/L；

(3)母液 C(中微量元素用量)　螯合铁 2.04 g/L，硼酸 0.286 g/L，硫酸锰 0.213 g/L，硫酸锌 0.022 g/L，硫酸铜 0.08 g/L，钼酸铵 0.02 g/L；

(4)调酸液　磷酸 9.8 g/L；

(5)调碱液　氢氧化钠 4 g/L。

三、营养液配制

在进行生菜水培前，通常会提前配置好母液 A、母液 B、母液 C，使用母液时，会直接用准备好的水将母液 A、母液 B、母液 C 进行稀释，配制所需浓度的营养液。具体过程如下。

调酸液和调碱液用水稀释 100 倍，然后打开在线 pH 控制仪，用稀释后的调酸液或调碱液将纯水的 pH 调至 6.5 左右，再将上述 3 种母液用调酸/碱后的纯水进行同等倍数稀释。

生菜不同生长时期对营养液浓度的要求不同，如：移栽 10 d 内，营养液的可溶性盐浓度(EC)为 1.0～1.5 mS/cm；移栽 10～20 d，要将营养液的 EC 值调节到 1.5～2.0 mS/cm；移栽 20 d 后至采收，营养液的 EC 值保持在 2.0～2.5 mS/cm，pH 控制在 6.0～6.5。

在生产过程中，要做到每天检测营养液浓度和酸碱度，若营养液浓度过低，则要适量添加母液，这是由于生菜的生长过程中水分蒸发比较多，造成营养液变少，自动添加自来水即可。

整个生产过程中，营养液控制的原则为：苗越小营养液浓度越低，苗越大浓度越大，温度越低营养液浓度越高，温度越高营养液浓度尽量地低；调整营养液的浓度一般选择在早晚时间段，使营养液浓度白天相对较低，晚上相对较高。

营养液配置苗流程

子任务二 水培系统搭建

一、纯水处理系统

因生菜水培生产过程对水质的要求较高，因此通常需要对生产所用的水进行使用前处理，处理系统包括水泵、砂石过滤器、叠片过滤器、RO反渗透纯水处理设备等。处理流程：先使原水经过砂石过滤器，去除水中下层的沉淀杂质，然后再将水通过叠片过滤器去除水中上层的悬浮杂质，最后将水通过RO反渗透纯水处理设备去除水中的细菌、病毒、藻类、重金属、有机物等，最后得到的水可直接使用。

二、营养液循环流动系统

营养液循环流动系统主要包括营养液池、水泵、管道、流量调节阀以及传感控制系统（定时器、电导率自控系统、pH自控装置、温度调节装置、安全报警装置）等。

三、过滤消毒装置

需要安装过滤装置的设备有供液水泵和回液水泵，这样才可以保障液体的洁净，避免管道因杂质过多而出现堵塞的情况。营养液循环要通过紫外线消毒装置，避免生产中出现细菌、真菌、病毒等扩散或传染。

四、残液回收系统

残液回收系统主要由废液回收管道及废液回收池两部分组成，主要作用是收集循环过程中产生的废液。

子任务三 育苗

一、播种时间

水培可实现生菜的周年化生产，播种时间比较自由，可以随时播种。因此，在生菜周年化生产中，可以每日播种，保证每日可采收，但是每日的播种量要根据生产中种子的发芽率及市场需求量来确定。

二、育苗方式

为了避免土传疾病，生产上采用无土育苗。生菜水培常见育苗方式主要有海绵浮板育苗、基质穴盘育苗两种，设施育苗又分为植物工厂育苗和温室育苗。

三、海绵浮板植物工厂育苗

植物工厂是一种通过设施内高精度环境控制，实现作物周年连续生产的高效农业系统。通过人工设置，可以达到种子萌芽和幼苗生长的最佳环境条件。植物工厂使用 LED 灯，立体栽培苗床，空调加热、降温和通风系统等。

1. 种子处理

先筛选种子，去除种子里的杂质和不饱满种子，然后用 2% NaOH 溶液浸泡 15 min，再用无菌水清洗 3～5 遍或用 50 ℃温汤浸种 10 min 消毒，以杀灭生菜种子内及种皮上带有的病原菌。消毒后要用清水浸泡 4 h 后晾干，以加快发芽。

2. 准备

选择透气性、保水性、缓冲能力良好的干净海绵，海绵的规格为 25 cm×25 cm，有 100 个种穴。

3. 播种

先将灭菌处理好的专用海绵放入育苗盘内，每盘放海绵 2 块，加入清水 1 000 mL 左右，挤压海绵使其充分吸水；再将处理过的生菜种子播入海绵种穴内，每穴 1 粒，播种不宜过深（图 5-2）。生菜种子具有需光特性，适当的散射光可促进种子发芽。

图 5-2 播种

4. 催芽

播种完成后，将育苗盘放入催芽箱，催芽条件为：无光照，恒温 25 ℃，湿度 85%。通常催芽 36～48 h 即可发芽，根长达 0.5～1.0 cm 时，催芽完成。

5. 育苗

（1）催芽完成后把育苗盘取出，将育苗海绵取出放入带孔的托盘上，再将海绵连同托盘一起放回育苗盘，转至育苗架上，在育苗盘内加入营养液，营养液 EC 值 1.2 mS/cm，pH 5.5～7.5。注意定期检测指标。

（2）分苗 植株长至 2～3 片真叶时进行分苗，将育苗海绵沿缝隙分成单独的小块，放入栽培板的定植孔内，栽培板宽 60 cm、长 90 cm，每盘 90 株，将栽培板放入育苗车间栽培架上。打开营养液循环系统，保持营养液 EC 值为 1.0～1.5 mS/cm，pH 5.5～7.5，为保证幼苗正常生长所需的水分和养分要定期检测指标，量少时及时添加。4 叶 1 心时即可移栽。

四、基质穴盘育苗

可用蛭石、椰糠、花泥等作为育苗基质。每天须检查基质水分情况，及时浇水，防止基质干燥。

1.种子处理

采用清水漂浮法进行选种，去除漂浮杂物及不饱满种子，留取底部饱满种子。用质量浓度 20 g/L NaOH 溶液浸泡种子 15 min，用纯水清洗 5 次，每次清洗时间为 1 min，以杀灭生菜种子内及种皮上带有的病原菌。

2.催芽

将消毒处理后的种子在纯水中浸泡 6～8 h，取出后用干毛巾吸干表面多余水分。将种子平铺于垫有纸的盘子内，放入恒温催芽室，调节温度为 25 ℃，湿度控制在 85%左右。一般催芽 24～36 h，80%以上种子露白即可取出备用。

3.穴盘选择

选用 50～72 孔标准育苗盘(540 mm×280 mm)，其大小刚好和栽培孔的大小一样，便于移栽。重复使用的穴盘，要先进行消毒杀菌、清洗，以防止携带病原菌。

4.设施消毒

我国目前用日光温室、玻璃温室、塑料大棚、连栋温室等设施进行生菜育苗，而各地区的育苗条件、育苗茬口等存在差异，因此育苗设施也不相同，但育苗前都应对设施进行消毒处理。常采用高温闷棚法，即选择夏季持续半月以上晴朗高温天气，密闭育苗设施，进行连续 10～15 d 高温闷棚，也可结合药剂进行熏棚。

5.精量播种育苗

将其放置在潮汐式育苗床上，浇营养液(EC 为 1.6 mS/cm，pH 为 7.4)使基质吸水饱和，将生菜种子播进基质块孔中，每孔 1 粒，再均匀浇水，至种子包衣浸湿为止。生菜属需光种子，种子发芽时适当的散射光可促进种子发芽，播种后在适宜的温度、水分和氧气条件下，不覆土或浅覆土的种子提前发芽。因此不用覆盖基质，而用无纺布覆盖保湿，至种子发芽后移除。

也可根据育苗数量、规模，选用半自动精量播种机或全自动精量播种流水线进行精量播种。

五、育苗管理

将点种后的育苗盘放进灌 1/4 倍日本园试均衡配方营养液 8～10 cm 的漂浮苗床中进行育苗，育苗时间为 10～15 d。育苗区白天温度为 22～24 ℃，夜间温度保持在 12～14 ℃，夜晚要根据外界天气情况进行加温，并同时启动帘幕保温，一般 3 d 即可发芽出苗。在不同时期，对温室大棚的相对湿度要求不同，如在播种至齐苗阶段，要求相对湿度保持在 90%～100%；出苗后，相对湿度控制在 60%～75%为宜。

六、壮苗标准

壮苗标准是：4 叶 1 心大苗龄，生长旺盛、粗壮、无病虫害、根系形成完整根坨。

育苗流程

任务三　绿色栽培

利用智能温室或密封式植物工厂生产出的生菜产量品质高，且高效环保。生菜水培需要明确定植时期、定植前准备、水培模式。

二维码 5-4　生菜绿色栽培

子任务一　定植前的准备

一、定植时期

移栽时间的确定是保障种植产量和品质的关键。生菜一般育苗时间在 10～15 d，幼苗真叶 4～6 片时，选择粗壮、生长旺盛、根系将基质紧紧缠绕形成完整根坨及无病虫害的生菜苗进行移栽。如果移栽时间过早，幼苗太小，根系还没有形成完整根坨，移栽后容易被营养液冲走，无法在定植杯内直立生长；如果移栽时间太晚，苗期过长，容易造成茎过长、高脚苗等。

二、定植前准备

在生产过程中，为更好地重复循环使用栽培槽，在每茬生菜种植完成后，要对栽培槽进行清洗消毒处理。在采收时，经常会有较多断根残留在槽内，阻塞营养液流动，因此要对栽培槽进行清洗消毒备用。在生菜种植前，要重新对栽培槽进行清洗，清洗过程中，首先要将栽培槽放置在冲洗架上，每个槽与槽之间留 2～3 cm 间距，再启动装满水的泵车，用高压喷枪将栽培槽表面及内侧的杂质冲洗干净，最后将冲洗干净的栽培槽控水，然后转运到栽培槽摆放区，以待备用。

子任务二　定植

生产中水培的常用栽培方式有营养液膜技术(NFT)、深液流技术(DFT)和雾培。生菜水培通常会选用营养液膜技术(NFT),根据生产条件、销售群体,可选用普通温室大棚或全智能植物工厂进行生菜的绿色生产。

一、温室大棚营养液膜技术(NFT)管道水培

营养液膜技术(NFT)属于浅液流栽培范畴,营养液深度为1~2 cm,根系与营养液的接触面小,大部分的根系裸露在空气中。营养液膜技术(NFT)管道栽培系统主要包括纯水处理系统、NFT管道、营养液循环流动系统、过滤消毒装置、残液回收系统等。

图5-3 NFT管道

1. NFT管道

NFT管道(图5-3)是生菜栽培床,主要由定植杯、栽培管道、盖板等3个部分构成,管道孔距为20 cm×20 cm,定植杯口径通常为5 cm。NFT管道设置坡度范围为2%~3%,这样方便控制营养液的热量积聚,避免营养液在管道内积滞。

2. 定植方法

移栽时,先用手轻按穴盘底部,使穴盘和基质脱离,要保证取出的是裹满基质的根坨,然后将整团根系直立放入定植杯中,种植密度为25株/m^2,栽培面积为20 cm×20 cm,最后打开营养液循环系统控制器,让营养液流入水培管道中,营养液深度控制在1~2 cm。

3. 环境管理

(1)温度管理　生菜怕高温,稍耐霜冻,喜冷凉,因此,在炎热季节易生长不良。温度管理主要通过遮阳、循环风机、湿帘、热水/风炉(泵)、喷雾、热泵等设备进行冷热调节。降温主要通过打开天窗、风机、湿帘和遮阳网等措施,升温主要通过打开热泵等措施。

在移栽定植前,要经过缓苗阶段,此时的温度管理是关键,白天室温控制在20~25 ℃,夜间室温控制在15~20 ℃;缓苗结束后,白天室温控制在15~22 ℃,夜间室温控制在10~15 ℃;收获期间为延长供货期,白天室温控制在10~15 ℃,夜间室温控制在5~10 ℃。

一般营养液温度要控制在18~25 ℃,因为生菜的根在此温度范围内,生理生长、光合作用均处于最佳状态。

(2)湿度管理　生菜生产过程中环境的相对湿度要控制在60%~75%。为了利于生菜生长,夏季可以采取地面洒水、调整天窗的方式控制相对湿度,冬季可以通过升温及适当开启天窗控制相对湿度。

(3)营养液管理　生菜生产过程中,营养液的管理至关重要。如对于EC值的要求,不同时期,EC值要求的范围不同,在定植第1周内的幼苗,EC值要控制在1.5~1.6 mS/cm,1周以后,EC值的范围要调整在1.8~2.0 mS/cm,在采收前3~5 d时,EC值要调整在1.5~1.6 mS/cm。而整个生长期营养液pH要保持在5.5~6.5,如果pH>6.5,要及时用稀硝酸或磷酸调整;如果pH<5.5,要及时用NaOH或KOH溶液调整。在整个生产过程中,每天都要对营养液的EC值、pH进行监测。

营养液循环流量控制为2~4 L/min较为适宜。由于NFT的营养液深度仅为1~2 cm,

相比深液流，优势在于根系接触空气面积较大，不容易出现根系缺氧现象，不足之处在于缓冲性较差，营养液需根据液层高度及电导率情况及时进行循环供应，否则一旦营养液消耗完，水培生菜会在短时间内迅速缺水死亡。通常情况下，NFT 水培生菜可采取间歇供液法，夏季白天 1 h 供液 15 min，停供 45 min；冬季白天 1.5 h 供液 15 min，停供 75 min；无论夏季或冬季，晚上均为 2 h 供液 15 min，停供 105 min，这样既能达到补充氧气的作用，又不至于长时间停液造成植株萎蔫。

4.绿色防控

在进行生菜水培生产时，也要做好病虫害的防治。生菜常见的虫害主要有蚜虫、潜叶蝇、白粉虱等，常见的病害有茎腐病、霜霉病和褐斑病等。通过调整生产环境的温度和湿度，可有效减少病虫害的发生率。在防治上一般以物理防治和生物防治为主，根据销售要求，原则上不选用化学药剂或少量施用环境友好型化学药剂防治。

(1)农业防治

①选用抗(耐)病优质品种。

②进入生产区做好消毒措施，穿戴防护服及鞋帽，严格限制非工作人员进入生产区(有条件的温室入口应设立风淋间)。

③在栽培技术层面，要做好生产材料消毒，选用收获工具时，如网罩、泡膜板、营养液池、槽等也要做好消毒处理。

④生产管理过程中要做到及时将病叶、残叶带出温室外集中处理。

(2)物理防治　安装防虫网和防虫门帘。通常在温室上下通风口处各安装 50 目的防虫网，出入口处安装 50 目的防虫门帘，并且在防虫门帘底部加挂悬垂物，避免防虫网卷边。

生产过程中，可悬挂银灰膜避蚜；可安装害虫诱杀器；同时还可以每个生长架的下部固定一条黄粘带，监测及诱杀害虫；加强棚内温湿度管理，改善通风条件等物理措施，也可以起到防治的作用。

(3)生物防治　定植后，用色板监测或目测害虫种群发生情况，每周至少调查 1 次害虫情况，及时发现及时防治。

虫害可以分类防治，如菜青虫、小菜娥、甜菜夜蛾等虫害可采用 BT 乳剂、虫螨克、七公雷等药剂防治，虫螨克还可防治韭菜蛆，食蚜纹瘿可防治蚜虫等。

(4)化学防治　温室入口地面要定期使用次氯酸钠进行喷洒消毒处理，温室上部也可以配备硫黄熏蒸器消毒杀菌杀虫，生菜仓库也要定期消毒处理。

忌长期使用单一的化学药剂，在使用中要注意交替使用或混合使用，以免病虫产生抗药性，同时要注意施药的安全间隔期，禁止使用高毒、高残留农药。

操作计划

二、植物工厂深液流技术(DFT)立体水培

植物工厂是一种通过设施内高精度环境控制，实现作物周年连续生产的高效农业系统(图 5-4)。常用的植物工厂有人工光利用型与太阳光(有补光或无补光)利用型。植物工厂用LED 作为生菜的主要光源，可多层立体栽培，提高了植物种植的立体空间利用效率。在栽培床的底部设计凸起条纹可以产生湍流，有利于植物根系均匀吸收营养液内的养分，提高溶解氧浓度。

图 5-4 植物工厂

一般采用定植板，有大小各异的塑料定植杯或海绵围茎定植两种定植方式。配合可滑动的栽培床系统，定植板及其上的植物可以用手动方式由一端向另一端推动，实现了栽培床一端定植、一端采收的生产模式。

植物工厂生产生菜系统主要有洁净系统、光源系统、环境因子控制、绿色防控四个部分组成。

1. 洁净系统

植物工厂是在完全封闭的环境中进行生产，产品质量安全卫生，生产中也不使用农药。为了保证环境高度洁净，减少粉尘，预防病原微生物的侵入等对蔬菜产生为害，工作人员进入生产车间需要戴上口罩和一次性橡胶手套，穿上防护服，先消毒后，再进入风淋室，从专用通道进入。生产车间的洁净度要达到国家标准 7 级，这些程序采用空气循环净化处理设备及配套系统进行处理。

2. 光源系统

光照是植物生长的重要因子，生菜生长发育、光合作用和物质积累不可或缺的光谱是红光(R)和蓝光(B)。相关研究表明，采用 R∶B=3∶1的光谱组合，适于生菜生长。植物工厂生产中常选用 LED 光源，能有效提高光能利用效率，利用效率能达到 80%～90%，并且 LED 光源耐用、发热少、光谱可调可控、安全环保。植物工厂内生菜栽培的光照时间为连续光照 16 h/d。

3. 环境因子控制

植物工厂的生长环境主要调控的因子有温度、湿度、光照、CO_2浓度和营养液温度等，这些影响因子都可以通过计算机控制系统精确控制，确保生菜生长在最适宜的环境条件下。日常生产中，环境标准温度控制在 18～24 ℃、标准湿度控制在小于 85%、营养液温度控制在 18～24 ℃、CO_2浓度控制在 800～1 000 mL/L。营养液选用的是日本园试配方，供应方式采用深液流技术。

4. 绿色防控

植物工厂的水培生产能够有效隔离外界环境，通过对室内严格消毒处理，以及进入前的消毒处理等，确保了生产环境的洁净度，有效避免了病虫害的发生，基本不使用任何化学农药，可以让生菜在最适宜的环境下健康生长。

操作计划

任务四 采收贮藏

适时采收能够确保蔬菜产品品质，便于运输，能保障消费者的最佳口感；而产品分级能针对不同消费市场进行不同的销售策略，以实现经济效益最大化，促进产业的良性发展。

二维码 5-5 生菜采收贮藏

一、采收时间

适时采收是保证产量品质的关键技术之一。采收前应根据不同品种生菜的单株质量对其成熟度进行评估。一般，散叶生菜 30%以上单株质量达到 0.15～0.35 kg，结球生菜 30%以上单株质量达到 0.5～0.6 kg 或球径为 17～19 cm 时，即可采收。

二、采收方法

一般分为人工采收和机械采收。生菜水培干净卫生，采收非常方便，只要去除生菜外围的老叶，切掉下面根系即可。最好在早上进行采收。采收后需进行场地的清理，并且每隔 1 个月用石灰对地面进行消毒杀菌。采收后在营养液池内加漂白水，进行循环 1 天，对管道消毒杀菌。

三、产品分级标准

产品分级能够对产品进行不同定位销售，满足不同消费者的需求，可提高经济效益。

（一）基本要求

具有品种固有的形状、色泽，成熟度适宜，包心紧实，清洁新鲜，无病虫害。

（二）等级划分

在符合基本要求的前提下，将商品按照大小、成熟度等标准进行分级（表 5-4）。

表 5-4　生菜等级划分

等级	要求
特级	重量大于 600 g，具有品种固有的形状、色泽，成熟度适宜，包心紧实，清洁新鲜，无杂物，无病虫害，无其他伤害。
一级	重量在 400～600 g，具有品种固有的形状、色泽，成熟度适宜，包心紧实，清洁新鲜，无病虫害。
二级	重量小于 400 g，具有品种固有的形状、色泽，成熟度适宜，包心紧实，清洁新鲜，无严重病虫害。

四、贮藏

生菜采收后，在呼吸和蒸腾作用下，植物易失水、萎蔫、褐变，将导致其色泽、质构、口感等品质的下降。贮藏需要抑制生菜生理反应、褐变及微生物的繁殖。目前生菜的贮藏保鲜技术，主要分为物理保鲜技术、生物保鲜技术和化学保鲜技术。

1. 物理保鲜技术

（1）真空预冷保鲜　刚采收的生菜蓄存大量的田间热，其呼吸作用强，消耗有机物质，放出热量，温度的升高又促进微生物的生长繁殖与营养物质的消耗，不利于生菜保鲜。

真空预冷技术是利用生菜在低压环境下水分的蒸发带走生菜蓄存的田间热，使生菜温度在短时间内快速均匀下降，但会导致生菜水分含量降低。生菜最适宜的真空预冷温度为 2～3 ℃，预冷时间为 20～30 min，相对湿度为 90%～100%。

（2）包装膜及气调保鲜　采用适宜的包装材料对采后生菜进行必要的包装处理，来调节其生理代谢，防止微生物的侵染，可达到保持其新鲜品质，延长货架寿命的目的。目前可通过采用塑料薄膜、微孔薄膜、纳米复合包装材料、乙烯气体吸附膜或可降解新型生物杀菌材料等对生菜进行包装处理，通过人为调节包装内气体成分及温湿度降低果蔬的呼吸强度并减少其营养物质的自我消耗，从而延长生菜保鲜时间。在体积比 $O_2:CO_2:N_2=3:10:87$ 的气调环境下，生菜保鲜维持时间较好。

（3）低温保鲜　低温能够抑制生菜呼吸作用与酶的活性，从而减缓生菜生命活动，减少营养物质消耗，提高保鲜效果。低温和薄膜包装的结合可以有效降低生菜失水率及营养成分的损失，有效延长保鲜期。生菜可在冷库中进行保鲜贮藏，在温度为 0～0.4 ℃、相对湿度为 90%～95%的条件下可保鲜 1 个月。

（4）热处理保鲜　热处理是在生菜贮藏前根据其生理及物理化学特性，利用热水、热空气、热蒸气等热环境对其处理一定时间，达到有效杀灭微生物和使酶失活的目的，从而延长生菜保鲜期，因其不使用化学物质，所以是一种理想的果蔬保鲜方法。但使用过程必须控制得当，否则很容易对生菜的感官特性和营养素造成损害。使用热蒸气 10 s 为延长其保鲜期的理想处理时间，可以将鲜切生菜贮藏 7～10 d 。

（5）光照处理保鲜　适当的光照，如使用 20～30 $\mu mol/(m^2 \cdot s)$ 的低强度 LED 光照，能促进采后生菜进行光合作用，从而降低生菜的呼吸强度，降低其生理代谢，有效维持生菜外观品质，延长保鲜期。

(6)辐照处理保鲜 辐照保鲜技术近年来发展迅速,应用广泛。因其射线具穿透力、均匀且几乎不产生热效应,在有效杀灭微生物的同时对生菜几乎无任何损伤,可高效地运用于包装后生菜杀菌,从而延长保鲜期。

(7)高压处理保鲜 高压保鲜是利用液体的高静压(100~1 000 MPa)对食物进行均匀瞬时的加工处理,因该过程只对非共价键(氢键、离子键、疏水键)产生影响,而不对共价键产生影响,故可达到维持生菜色素、香味等小分子物质,而破坏大分子物质引起蛋白质变性、酶失活、微生物灭活的目的。适宜的高压(50 MPa,5 min)可改善鲜切生菜菌落总数、大肠菌群及真菌的数量。

2.生物保鲜技术

生物保鲜技术相比于传统的保鲜方法,它天然卫生,有无毒、无残留、无污染,能有效抑制有害菌等优点,能够很好地达到保鲜目的,是近年发展迅速且具有广阔前景的贮藏保鲜方法。运用生物保鲜技术可以更大限度地保持生菜原有风味、营养和外观等。

(1)生物杀菌剂保鲜 40 mg/g 的乳酸链球菌素(Nisin)溶液处理最有利于生菜品质的维持,适合应用于生菜保鲜。3%浓度的无蛋白乳清能有效抑制生菜微生物的生长及其组织的褐变,并维持其感官品质,但是同时也促进了维生素 C 的损失。

(2)天然提取物保鲜 采用绿茶提取液处理能维持生菜的抗氧化能力。20 ℃下 0.25 g/100 mL 的低浓度绿茶提取液维持生菜抗氧化能力效果最佳,能够较好地延长生菜的保鲜期。

总结分析

活动评价单

学习情景 1			生菜周年水培生产管理				
项次	项目要求		配分	评分细则	自评得分	小组评价	教师评价
素养（20 分）	纪律情况（7 分）	按时上课，不早退	2 分	缺勤全扣，迟到、早退出现 1 次扣 1 分			
		积极思考问题	4 分	根据上课回答问题情况得分			
		学习用品准备	1 分	自己主动准备好学习用品并且齐全			
		执行教师要求		此为否定项，违规酌情扣 10～100 分，违反校规按校规处理			
	职业道德（8 分）	团结友爱	2 分	主动合作和帮助同学得 2 分；合作不积极得 1 分			
		吃苦耐劳	2 分	农耕劳作乐于吃苦得 2 分；敷衍行事得 1 分			
		严谨细致	2 分	对学习精益求精且效果明显得 2 分			
		知农爱农	2 分	对农业生产有热情用心学农得 2 分；被动学习得 1 分			
	阅读能力（5 分）	快速阅读能力，并理解要求	5 分	能快速明确任务要求并清晰表达得 5 分；能主动沟通指导且合格得 3 分；其余不得分			
任务完成情况（80 分）	制订生产计划		20 分	按要求实施并取得预期结果得 20 分；不符合要求逐项扣分			
	育苗		20 分	按要求实施并取得预期结果得 20 分；不符合要求逐项扣分			
	绿色栽培		20 分	按要求实施并取得预期结果得 20 分；不符合要求逐项扣分			
	采收贮藏		20 分	按要求实施并取得预期结果得 20 分；不符合要求逐项扣分			
合计			100 分				
总分（自评 10%，小组评价 30%，教师评价 60%）							
组长签字			教师签字				

知识拓展

二维码 5-6　**生菜露地栽培**

二维码 5-7　**生菜病虫害防治**

模块六 根菜类蔬菜绿色生产

学习情景 萝卜秋冬季露地生产管理

学习任务单

学习情景	萝卜秋冬季露地生产管理
知识目标	☞ 了解萝卜的起源、营养价值、种类、生育特征、市场定位等内容； ☞ 理解萝卜播种育苗、田间管理、田间诊断、病虫害防治、采收分级、贮藏保鲜、加工等的原理及方法； ☞ 掌握萝卜从生产方案制订到栽培管理的方法及技巧。
能力目标	☞ 能够设计萝卜栽培管理方案； ☞ 能够根据市场的需求选择品种，培育壮苗； ☞ 能够选择适宜的方式进行萝卜田间管理和田间诊断； ☞ 能够及时诊断萝卜的生育情况，适时适量进行病虫害防治； ☞ 能够适时采收萝卜，并按标准分级、保鲜、加工、销售； ☞ 能够自主分析解决问题，进行知识迁移。
思政目标	☞ 养成团结协作、吃苦耐劳、严谨细致的职业精神； ☞ 养成遵纪守法、保护生态的职业责任感； ☞ 树立知农、爱农、服务"三农"的使命感。
任务描述	根据市场需求、当地气候条件、栽培条件等因素，制订出科学合理的萝卜优质栽培管理方案，并对培育壮苗、田间管理、田间诊断、病虫害防治、采收分级等的整个栽培管理过程按要求实施任务，最终培育出优质高产的萝卜。
任务要求	☞ 按照任务资讯单内容，认真准备资讯问题； ☞ 按各项任务的具体要求，认真设计栽培方案并实施； ☞ 严格按照要求实施各项任务，确保萝卜绿色优质生产； ☞ 严格遵守劳动纪律，认真踏实对待各项任务； ☞ 虚心学习并向同学、老师、企业师傅请教探讨问题； ☞ 认真观察并发现生产中的问题，并能合理分析解决问题； ☞ 分学习小组，分工协作实施任务，确保萝卜品质。

任务资讯单

学习情景	萝卜秋冬季露地生产管理
资讯方式	阅读教材；浏览本课程精品在线开放课程及相关网站；查阅图书馆相关书籍；观看 PPT 课件、视频，认真听讲；调研当地萝卜栽培及销售情况；请教老师、企业师傅。
资讯问题	☞ 萝卜栽培特点有哪些？ ☞ 如何选择萝卜的品种？ ☞ 萝卜育苗有哪些方式？ ☞ 培育萝卜壮苗的关键技术要点是什么？ ☞ 萝卜栽植环境调控的设施设备有哪些？ ☞ 如何进行精准环境调控？ ☞ 如何明确萝卜的水肥需求？ ☞ 水肥一体化对萝卜生产的作用是什么？ ☞ 怎样诊断萝卜的生理性病害？ ☞ 如何区分萝卜的病理性病害？ ☞ 萝卜绿色防控的核心是什么？ ☞ 如何实现绿色防控？ ☞ 萝卜采收分级的方法是什么？注意事项是什么？ ☞ 萝卜采后保鲜的方法有哪些？ ☞ 如何提高萝卜的品质和产量？ ☞ 怎样提高萝卜经济效益？ ☞ 怎样才能更好地推广萝卜优质栽培模式，促进当地农业发展？
学习资料	信息单、教材、精品课程网站等

知识链接

萝卜的主要食用部分是萝卜的根。萝卜有利于改善消化不良、胃脘胀满、咳嗽痰多、胸闷气喘、伤风感冒等症。萝卜富含碳水化合物、维生素及磷、铁、硫等无机盐类，常吃萝卜可促进人体新陈代谢，并具有增进消化淀粉酶的作用。萝卜中稍带辣味成分的芥子油有促进肠胃蠕动的功能，可使人增加食欲。萝卜中的淀粉酶、氧化酶等酶类也有助消化的功能，还可促进食物中的淀粉、脂肪分解使之得到充分吸收。

一、萝卜起源

萝卜是十字花科萝卜属中能形成肥大肉质根的一、二年生植物，属于根菜类，古称芦菔，起源于欧、亚温暖海岸。4 500 年前，萝卜已成为埃及人的重要食品，也是我国最古老的栽培蔬菜之一，各地普遍栽培。北魏的《齐民要术》中已记载了萝卜栽培的方法。因此，我们应该传承历史文化，取其精华，结合现代科学栽培技术，促进萝卜产业的高品质发展，振兴“三农”。

二、萝卜价值

萝卜具有广阔的食用价值、药用价值和经济价值。

1.食用价值

萝卜味甜,脆嫩、汁多,有“十月萝卜赛人参”之说。其营养丰富,含有丰富的碳水化合物、多种维生素、植物蛋白和叶酸等。

2.药用价值

中医认为,萝卜性凉,入肺经和胃经,具有很强的行气功能,还能止咳化痰、除燥生津、清热解毒、利便防癌等。

3.经济价值

萝卜能做成上百种菜肴,也可加工成萝卜干、泡菜等。

三、植物学特征

1.根

萝卜有发达的直根系,根系入土深。主要根群分布在 20～45 cm 的土层中,肥大肉质根是同化产物的贮藏器官,其形状、颜色、大小因品种而异。

2.茎

萝卜的茎在营养生长时期短缩成根头,其上生长叶片,生殖生长时期抽生花茎,花茎可分枝,

3.叶

子叶有板叶和花叶两种,叶丛伸展的方式有直立、半直立和平展 3 类,直立型的适合于密植,平展型的应稀植。

4.花

萝卜的花为复总状花序,完全花。

5.果实

萝卜的果实为长角果,成熟时不易开裂,故采种时可以整枝收获晾干。

6.种子

萝卜的种子为不规则圆球形,浅黄至暗褐色,千粒重 7～16 g。种子使用年限为 1～2 年,但发芽力可保持 5 年。

四、萝卜的生长发育周期

1.营养生长期

(1)发芽期　从种子萌动到第一片真叶显露,需 5～7 d(图 6-1)。

(2)幼苗期　从第一片真叶显露到破肚,需 15～20 d。

(3)肉质根形成期　又分为肉质根膨大前期和肉质根膨大盛期两个时期。

①肉质根膨大前期(也称叶生长盛期或莲座期)。从破肚到根头显露,即“露肩”,为肉质根膨大前期,需要 20～30 d。

②肉质根膨大盛期。从露肩到收获为肉质根膨大盛期,需要 40～50 d(图 6-2)。

图 6-1　发芽期

图 6-2　肉质根膨大盛期

2. 生殖生长期

秋、冬季栽培的萝卜，在肉质根形成后，到冬季感受自然低温，通过春化阶段。

五、萝卜栽培季节

萝卜栽培通常为露地栽培，一般分为 5 类栽培茬。

（1）秋冬萝卜　通常夏末秋初播种，秋末冬初收获，生长期 60～100 d，多为大型和中型品种，代表品种有'德日 2 号''大红袍'等。

（2）冬春萝卜　一般晚秋初冬 10 月播种，露地越冬，翌年春季 2—3 月收获。其特点是耐寒性强，抽薹迟，不易糠心。代表品种有'四月白''春雪萝卜'等。

（3）春夏萝卜　一般 3—4 月播种，5—6 月收获，生育期 45～70 d，多为小型萝卜。其特点是产量不高，供应期短。代表品种有'春作''白玉春'等。

（4）夏秋萝卜　通常夏种秋收，生长期 40～70 d，耐热、耐湿。代表品种有'和风''红玉'等。

（5）四季萝卜　一般多为扁圆形或长形的小型萝卜，生长期极短，为 20～45 d。在露地除严寒酷暑季节外随时皆可播种。冬季可进行保护地栽培。代表品种有'樱桃萝卜'等。

任务实施

任务一　制订生产计划

萝卜的品种多样，根据市场需求、气候条件、栽培方式等，选择适宜的萝卜品种，应该以科学严谨的专业素养，提前制订合理的生产计划，以提高经济效益。

二维码 6-1　萝卜种子选择及生产计划

子任务一　品种选择

不同品种之间的表现性状不同，应根据萝卜的生育特性和种类，选择适于栽培的品种。

一、萝卜生育特征

萝卜为喜光蔬菜。若光照不足，则叶片小，叶柄长，叶色淡，下部叶片会因营养不良而提早枯黄脱落，使肉质根不能充分肥大而减产。萝卜是长日照作物，短日照有利于肉质根的形成。

二、萝卜的类型

萝卜的品种类型十分繁多，大致可有 4 种划分类型。

（1）根形划分　如长、圆等。

（2）根色划分　如白、红等。

（3）用途划分　如鲜食、加工等。

（4）春化反应划分　如春性类型、弱冬性类型、冬性类型、强冬性类型。

三、品种选择原则

秋冬季萝卜露天栽培，通常夏末秋初播种，秋末冬初收获，生长期 60～100 d。此类型萝卜多为大型和中型品种，有青萝卜、红萝卜、白萝卜 3 类品种群，应根据当地种植条件、市场要求、饮食文化、栽培习惯、气候条件，因地制宜选用适宜的品种，有利于获得较好的经济效益。例如，四川盛产泡菜，几乎家家户户均有泡菜坛子，通常用作泡菜的是红萝卜，鲜食主要是白萝卜，可根据消费的对象或用途，选择优质丰产、适应性广、耐抽薹、耐寒、抗病性强、商品性好、耐贮运、产品器官形成适合气候的品种。

子任务二　制订生产方案

根据当地气候条件和市场消费条件，采用科学种植技术，确保生产安全无公害，降低生产成本，培育高品质蔬菜，从而实现节约资源、保护环境。

一、萝卜种类与种植制度

确定萝卜品种、种植面积、种植方式（间作、套种、是否换茬等）。

二、所需的农业生产资料

包括种子、肥料、农药、生产工具、农膜、黄板、竹竿等。

三、田间生产具体内容的制订

（1）播前准备　包括消毒、整地、施基肥、作畦、铺装滴灌等。

（2）播种育苗　明确材料工具、种子处理、播种时间、播种量、播种方法、播种深度、覆膜、管理方法等。

（3）田间管理　包括水管理、肥管理等。

（4）田间诊断　需要在萝卜苗期和产品形成期进行诊断，适时调节生产管理。

（5）病虫害防治　以农业防治为主，配合物理、生物防治，可少量使用环境友好型化学药剂。

（6）采收分级　明确收获时期、方法、使用工具、分级标准等。

二维码 6-2　萝卜播种前准备

四、资金预算

包括土地租金、农资费用、劳动力费用、管理费用等。

五、确定生产方案。

萝卜秋冬季露地生产方案见表 6-1。

表 6-1　萝卜秋冬季露地生产方案

序号	生产计划项目	具体实施	备注
1	萝卜种类与种植制度		
2	所需的农业生产资料		
3	田间生产具体内容的制订		
4	资金预算		

子任务三　生产记录及生产记录保存

生产记录通常包括从播种育苗、种植管理到采收销售的整个生产过程，如：使用农业投入品的名称、来源、用法、用量和使用日期等，及各项农事操作的名称、日期、生育时期、生育情况、方式、劳动力等（表 6-2），同时记录萝卜秋冬季露地生产药剂防治生产记录单（表 6-3）。一般农产品生产记录应当保存 3 年。

表 6-2　萝卜秋冬季露地生产农事操作生产记录单

序号	日期	生育时期	生育情况	农事操作	方式	劳动力	完成情况	备注

表 6-3　萝卜秋冬季露地生产药剂防治生产记录单

序号	日期	生育时期	病虫害发生情况	药剂名称	来源	用法用量	效果	备注

任务二 播种育苗

子任务一 播种前准备

一、土壤要求

良好的生产环境是生产出安全蔬菜的关键，也是惠民之本。因此，萝卜产地应选择在无污染和生态条件良好，并且具有可持续生产能力的地区。萝卜避免连作，前茬忌十字花科蔬菜及番茄、辣椒等茄果类蔬菜，最好是瓜类、豆类蔬菜。例如，黄瓜后作安排早熟的早秋萝卜，豇豆的后作安排晚熟的秋冬萝卜。

萝卜对土壤条件的要求比较严格。若土质黏重，则导致萝卜表皮不光洁；若耕土层过浅，则萝卜不易扎深；若土壤质地过软过松，相对持水性能较差，易导致萝卜空心、表皮光洁较差；若土壤干燥，导致萝卜肉质硬化，苦味增加；若含石砾、杂物等，导致萝卜易发生杈根。

因此，种植萝卜的地块要求土层深厚、保水和排水良好、富含有机质、疏松透气的沙壤土，最好为河边坝地。适宜的土壤 pH 为 5.3～7.0。

二、整地

整地时间至少为播种前十天，先清园，再翻土晒田，也可结合药剂杀菌杀虫或用枯草芽孢杆菌抑制有害微生物生长，同时改善土壤理化性质。

整地要求细致，要把残根和石头等杂物捡除，并且深耕多翻、碎土。一般耕地深度为 25～30 cm，可利用整地机整地(图 6-3)。

图 6-3 整地

三、施基肥

有机质含量高的土壤能改善土壤环境。因此基肥以有机肥为主，选择无毒无污染、充分腐熟的有机肥和肥料利用率高的化学肥料。每 667 m^2 菜地应施入腐熟有机肥 3 t 左右，三元复合肥 50～100 kg，尿素 10 kg，硼肥 1 kg，进行深翻混匀，打碎耙平。

四、开厢起垄

南方多雨，且栽培地常在河坝地，一般采用深沟高畦栽培，双行种植。可使用起垄机起垄、挖穴(沟)。中、大型品种穴播，需要挖穴；小型品种条播，需要挖沟。一般大个型品种，垄高 20～30 cm，垄面宽 60～70 cm；中个型品种，垄高 20～25 cm，垄面宽 50～60 cm；小个型品种，垄高 15～20 cm，垄面宽 40～50 cm。

五、水肥一体化

根据实际需求，整平畦面后铺设滴灌带，既能省时省力，又能降低人工费用，同时可提高肥料利用率，节约资源，均匀水肥，进而提高生产品质和产量。水肥一体化前期投入大，但使用年限长。

将滴灌带铺设至每畦畦面中央处，将出水口朝上，确保水压能够使滴灌带末端均匀出水，并符合《水肥一体化技术规范　总则》(NY/T 2624—2014)。

子任务二　播种育苗

二维码 6-3　萝卜播种育苗

一、种子处理

萝卜为直播育苗。大田环境复杂多变，应先进行种子处理，尽可能提高出苗率和出苗整齐度，节约用种量，为培育壮苗打下基础。同时，应该树立节约资源的环保意识。萝卜播种前应该精选种子，最好进行种子包衣处理，虫害多的地区播种前应该进行药液浸种或农药拌种，以减少病虫害，降低农药使用，从而保护环境、节约资源。

二、适期播种

萝卜为半耐寒蔬菜，适于在温和凉爽的气候条件下生长，种子在 2～3 ℃时开始萌芽，发芽最适温度 20～25 ℃；幼苗期对温度适应能力广而强，在 25 ℃的高温与 −3～−2 ℃低温下仍能生长；肉质根生长的温度范围为 6～20 ℃，适宜温度 13～18 ℃。此外，萝卜是低温感应的蔬菜，种子、幼苗、肉质根等都可以接受低温影响而完成春化作用。

因此，南方秋冬季萝卜播种期，应该根据当地的秋冬季气候，在霜冻前萝卜的产品器官形成为采收期，倒推播种期。因此播种期为 8 月下旬至 9 月上旬。同时，应该在阴天或晴天早晚进行播种。

三、播种方式

萝卜的大、中、小个型品种播种方式不同，一般中、大个型品种采用穴播，小个型品种可采用完成条播或撒播方式。中、大个型萝卜播种时，可以与拖拉机配套的悬挂式播种机，能一次完成开沟、施肥、起垄、挖穴、播种、覆土等作业工序。

四、播种量

确保适宜的株行距，大个型品种株距 25～30 cm；中个型品种株距 20～25 cm；小个型品种株距 10～15 cm。

每 667 m^2，大个型品种用种量为 0.5 kg，中个型为 0.75～1.0 kg，小个型为 1.0～1.5 kg。

五、播种深度

萝卜属于小粒种子，播种时应该适当浅播，即覆土深度 0.5～1 cm。

六、浇水

播种后要充分浇水，保持土壤湿润，发芽期土壤含水量以 80% 为宜，保证出苗快而整齐。幼苗期土壤含水量以 60% 为好。

七、覆膜

根据产品销售定位，萝卜中、大型品种穴播可以选择覆盖地膜。地膜宽度应根据畦面而定。覆膜要求严、实、紧。一般采用白色地膜，其主要作用为提高地温，增加植株光照，提高土壤理化性质，促进根系生长，抑制杂草生长，减少病虫害，降低农药残留及环境污染，提高产品品质和产量。

播种育苗流程

任务三　田间管理

萝卜根部大而长的品种，要求土层深厚肥沃；根部小的短型种，入土浅露肩多，对土壤要求不太严格。入土浅的萝卜易受冻，应早种早收，供应期限也短，反之耐寒性应强。生产上种萝卜，应根据萝卜品种肉质根的不同，合理地安排季节和田块，科学栽培管理，实现资源合理化，提升产品品质和产量，为群众提供经济实惠且品质优良的萝卜，从而实现萝卜行业健康发展，进而振兴“三农”。

二维码 6-4　萝卜田间管理

一、及时间苗

撒播、条播依据“早间苗，多次间苗，晚定苗”的原则。穴播只需摘除每穴多余弱苗。

二、合理灌溉

萝卜喜湿怕涝，不耐旱，生长过程中对水分的要求比较严格，是影响产量和品质的重要因素。萝卜不同生长时期需水量差异较大。

1. 叶部生长盛期

此期需水渐多，因此要适量灌溉，以保证叶部的发展。但也不能浇水过多，以防止叶部徒长，要适当控制水分。

2. 莲座期

萝卜在播种后的 15～20 d 开始破肚，水分应保证肉质根的充分膨大，尤其是大破肚后要特别注意肥水管理，经常保持土壤湿润。

3. 肉质根生长盛期

应充分均匀地供水，维持土壤相对含水量在70%～80%，空气相对湿度80%～90%。在萝卜生长期间，水分不能太多，尤其是田间不能长时间积水，否则主根容易腐烂，导致植株死亡，或形成分叉的肉质根。此外，土壤水分供应不均，忽干忽湿，容易导致肉质根开裂。

4. 肉质根生长后期

仍应适当浇水，防止糠心，这样可提高萝卜品质和耐贮藏能力。伏天种的萝卜，最好傍晚浇水，可降低地温，有利于叶中养分向根部积累。同时，雨水多时要注意排水，田间不能积水。

三、分期追肥

萝卜生长期长，需肥量大，以钾最多，其次为氮、磷、钙、镁。整个生育期间对三要素吸收的比例约为氮∶磷∶钾＝10∶3∶11。适量的硼对改善萝卜的品质有利。

萝卜施肥的原则是以基肥为主，追肥为辅，盖子肥长苗，基肥长头，追肥长叶。基肥充足而生长期短的小型萝卜品种，可以少施追肥；大型萝卜品种生长期长，需分期追肥，但要在肉质根生长盛期之前施用。注意追施农家液态有机肥和化肥时，切忌浓度过大或离根部太近，以免烧根。

在追肥时要"看天、看地、看作物"，一般以"破心追轻，破肚追重"为宜，确保合理施肥，并选择适宜的施肥时间。

（1）苗期　当幼苗长出2片真叶时追施有机肥或氮肥，而叶片生长盛期不能偏施氮肥。

（2）莲座期　追施磷、钾肥。大型的秋冬萝卜生长期长，在肉质根膨大期追施钾肥。

四、中耕培土及除草摘叶

萝卜的肉质根在地下发育，应及时进行中耕培土，以疏松土壤利于肉质根膨大，也可保温防寒，减少虫害，保障萝卜的产品品质。培土通常宜先深后浅，先近后远，同时结合除草进行。例如，肉质根长形且露出地面的品种，因为根颈部细长软弱，容易弯曲、倒伏，生长初期必须培土，使其直立生长，以免日后形成弯曲的肉质根。

萝卜生长的中后期，底部叶片老化枯黄，应该及时摘除枯黄老叶（图6-4），从而增加通风、降低消耗、减少病虫害，可提升产品品质。

图6-4　除草摘叶

情况分析及体会

任务四　田间诊断

一、出苗情况

萝卜发芽期可能会存在发芽率低或出苗不整齐的现象，通常是受种子质量差、播种质量差、未进行种子处理、播种深度不匀、土壤板结、有机肥未腐熟、化肥过量或未与土壤混匀、未及时浇水、害虫或动物啃食、天气持续干旱、炎热或持续下雨等的影响。

二维码 6-5　萝卜田间诊断

解决措施：应该选择符合国家检测标准、饱满健壮的新种子，选择适宜的种子处理方式，然后选择沙壤土，播前进行整地，杀菌消毒，施用充分腐熟的有机肥和少量化肥，且与土壤充分混匀，然后起垄作畦，播种时注意覆土厚度，根据天气和土壤含水量，及时浇水，保持土壤湿润等。

二、产品器官形成情况

萝卜肉质根的形成直接关系到产品品质。因此，应及时发现诊断其情况，适当做出管理调整。

1. 未熟抽薹

通常出现在冬春栽培或春夏萝卜栽培中（图 6-5）。

（1）原因　品种选用不当、使用陈种子，播种过早，种子萌动后遇低温或高温干旱，以及管理粗放等，都会发生未熟抽薹，从而直接影响或抑制肉质根的肥大和发育。

（2）措施　严格掌握品种特性，采用不易抽薹的新种子播种，并适期播种，加强肥水管理。

2. 糠心

糠心又称空心，即肉质根的中心部分发生空洞的现象（图 6-6）。

（1）原因　造成糠心的原因主要有三类：一是生长速度快、肉质根疏松的品种；二是土温过高、缺水、呼吸作用强；三是贮藏时覆土过干，沟窖内温度高、湿度大，春萝卜发生先期抽薹或收获过晚。

（2）措施　选适宜品种，适期播种，加强肥水管理，贮藏期避免高温，干燥。

图 6-5　未熟抽薹

图 6-6　糠心

3. 裂根(图 6-7)

(1)原因　主要由于土壤水分供应不均匀所致。所以,栽培过程中要注意均衡供水,尤其在蹲苗结束后,浇水量应逐渐增加。肉质根膨大期土壤要保持湿润,不可忽干忽湿。

(2)措施　生长前期天气干旱时,要及时浇水,生长中后期肉质根迅速膨大时要均匀浇水。

4. 分叉

在栽培过程中,主根生长点被破坏或生长受阻而刺激侧根膨大从而造成分叉(图 6-8)。

(1)原因　发生分叉的主要原因有五点:一是耕层太浅,土质过硬,土壤中有砖石瓦砾,阻碍主根生长;二是施用了未充分腐熟的有机肥,主根被烧伤;三是地下害虫咬伤主根;四是除草不及时、间苗过晚,扯动根系伤到主根;五是使用了贮藏 2 年以上的陈种子,幼根先端生长不良等。

(2)措施　用新种子播种,土壤要深耕细作,施肥合理得当,采用直播方式播种;做好防治地下害虫等。

图 6-7　裂根

图 6-8　分叉

5. 黑皮和黑心

(1)原因　由于土壤板结,通气不良,或施用未充分腐熟的厩肥,土壤微生物活动强烈,消耗氧气过多等,都易造成根部窒息,使其部分组织缺氧而出现黑皮或黑心。黑腐病也会引起黑心。

(2)措施　选择沙壤土,合理施用充分腐熟的有机肥。

6. 辣味及苦味

(1)原因　肉质根辣味过浓是因为辣芥油含量过高,主要原因包括高温干旱、肥水不足、病虫为害、肉质根膨大不充分等。苦味则是由于肉质根含有苦瓜素,产生的原因是氮肥施用过多,缺少磷、钾肥,再加上高温干旱。

(2)措施　根据天气适时适量浇水,注意养分均衡,适量施氮肥,配合磷、钾肥施用。

田间诊断

任务五　绿色防控

一、防治原则

坚持以预防为主，结合综合防治。尽量不使用化学农药，提倡使用物理防治、生物防治和农业防治措施。购买化学药剂，一定不能购买国家禁止使用的药剂，注意选择环境友好型药剂。

二维码 6-6　萝卜病虫害防治

二、防治对象

萝卜苗期病害主要有猝倒病，虫害主要有黄曲条跳甲、小菜蛾、甜菜夜蛾、斜纹夜蛾。

生长期病害主要有黑腐病、霜霉病和病毒病等，虫害主要有蚜虫、小菜蛾、菜青虫、斜纹夜蛾、甜菜夜蛾。

三、防治方法

以农业防治为主，物理防治和生物防治为辅，尽量不使用或少使用化学防治。

1. 农业防治

农业防治应融入萝卜的整个生产过程中，通常包括 5 个方面。

(1)选用抗病性强的优质萝卜新品种，如‘知秋’等；选择适合当地气候的品种；

(2)实施轮作制度，选择适宜的播种期；

(3)采用深沟高畦，合理密植；

(4)适宜的水肥管理；

(5)除草、摘除老病叶、病体，并及时清洁田园。

2. 物理防治

萝卜病虫害物理防治，通常采用挂黄板(图 6-9)、杀虫灯诱杀等。

(1)黄板悬挂高度一般应高于萝卜植株 30～50 cm，间隔 5～8 m；

(2)杀虫灯安装高度以 1.3～1.5 m 为宜，单灯辐射半径一般为 120 m。

图 6-9　挂黄板

3. 生物防治

生物防治指利用各种有益生物或生物产生的活性物质及分泌物，控制病、虫、草群体的增殖。萝卜生产中可以使用的生物防治大致有 4 种。

(1)利用赤眼蜂防治菜青虫；

(2)利用瓢虫防治蚜虫；

(3)利用白僵菌、苏云金杆菌防治真菌和细菌性病害；

(4)利用微生物的代谢产物防治农作物病虫，如用多抗霉素防治真菌类病害、井冈霉素防治线菌类病害、阿维菌素防治鳞翅目害虫等。

4.化学防治

采用低毒环保型药剂，不同药剂应交替使用。药液喷洒要均匀，保证药液在植株上的覆盖率达到 100%。有条件的地区推荐使用无人机进行化学防治。

(1)霜霉病　该病主要为害叶片，叶面出现淡绿色至淡黄色的小斑点，扩大后呈黄褐色，受叶脉限制成多角形。潮湿时叶背面出现白霉，严重时外叶枯死。可以采用甲霜灵锰锌杀菌剂进行喷雾防治

(2)黑腐病　会导致子叶呈水浸状；叶片发病，出现黄色斑，叶脉变黑呈网纹状，整叶逐渐变黄干枯；根髓变黑腐烂。可以采用农用链霉素进行防治。

(3)病毒病　主要为害叶片和植株，叶片发病会出现黄绿相间病斑，并发生畸形，而且植株出现矮化，长势弱的发病严重。可以采用植病灵防治病害，还能增加植株抗性。

(4)小菜蛾　主要为害叶片，使叶片出现许多菜青虫幼虫咬过的痕迹，并变黄。可以采用除尽悬浮剂进行防治。

(5)黄曲条跳甲　主要为害叶片和根，成虫咬食叶片，幼虫为害根部，使萝卜肉质根受害，最后变黑腐烂。可以采用辛硫磷喷施叶面或灌根。

四、农药安全间隔期

农药安全间隔期主要是指从最后一次施药至作物收获的间隔天数，即自喷药后到农药残留量降到最大允许残留量所需的时间。通常，安全间隔期受蔬菜品种、各种药剂的代谢速度和季节的影响。因此，在萝卜生产中，要严格按照农药使用说明，确保最后一次喷药与收获之间的时间必须大于安全间隔期，同时严禁在安全间隔期内收获萝卜。

操作计划

任务六　采收贮藏

适时采收能够确保蔬菜产品品质，便于运输，能保障消费者的最佳口感；而产品分级能针对不同消费市场进行不同的销售策略，以提高经济效益，促进萝卜产业的良性发展，振兴农业。

二维码 6-7　萝卜采收分级

一、采收时间

一般地，当田间萝卜肉质根充分膨大，肉质根的基部已圆起来，叶色转淡，渐变黄绿时，应及时收获。肉质根大部分露在地上的品种，应于霜冻前及时采收；肉质根全部埋在土中的品种，可以适当迟收。

二、采收方法

一般分为人工采收和机械采收。

三、清洗

一般使用机械清洗：将萝卜放入洗萝卜机，毛刷旋转刷洗萝卜并使其不断翻转，同时，排水管不断喷淋，把萝卜上的污物冲洗干净，然后打开出料门出料。洗萝卜机工作时可连续出料，也可间歇出料。清洗后晾干。

四、产品分级标准

产品分级能够对产品进行不同定位销售，满足不同消费者的需求，以提高经济效益。

1. 商品性状基本要求

具有本品种的基本特征，如无糠心，无黑心，具有商品价值。

2. 分极标准

一般分为三级。

一级标准为：质嫩，色泽白，皮薄润，无疤点，无虫蛀，无分叉，无须根，无裂痕，无机械损伤，果形匀称，粗细均匀。

二级标准为：质嫩，色泽白，皮薄润，无虫蛀，无分叉，无须根，允许1～2个微疤点或机械损伤，允许带少量青头，果形较匀称，粗细较均匀。

三级标准为：上下粗细基本一致，根尖部有1～2个小分叉，允许有轻微机械损伤，允许有少量裂痕，允许果形不端正。

3. 大小规格

一般地，按单果重量分级。1 000～1 500 g为大型萝卜品种，750～1 000 g为中型萝卜品种，400～750 g为小型萝卜品种。

4. 包装规格

一般采用竹筐或袋装，出口用纸箱。

五、贮藏

萝卜的贮藏需要低温，温度控制在0～5 ℃。贮温高于5 ℃易发芽，低于0 ℃则易受冻害，受冻后的萝卜发生细胞脱水，引起汁液外流，细胞死亡，组织变软。相对湿度85%～95%为宜，保持萝卜充分饱满状态是提高贮藏质量的前提，收获后必须马上入窖贮藏，严防风吹日晒造成萎蔫。

(一) 贮藏前准备

1. 库房准备

入库前应对库房进行清扫和消毒,冷库消毒方法参照《水果气调库贮藏通则》(NY /T 2000—2011)规定内容,消毒处理后须及时进行通风换气。入库前1～2 d开启制冷机降温,将冷库温度降至0 ℃。

2. 萝卜准备

采后随即拧去叶子或切去茎盘,堆成小堆,其上覆盖菜叶或一层薄土,进行预贮。入库时挑出有病虫害和机械伤的萝卜。

(二)贮藏方式

1. 沟藏

沟藏是利用土壤冬季温度低而稳定、湿度大的特点,以创造适于萝卜贮藏的环境条件,以延长贮藏时间。沟藏操作简便、经济,且能满足直根类对贮藏条件的要求,因此仍然是当前最主要的贮藏方式。用于沟藏的沟一般宽1.0～1.5 m,过宽则增大气温的影响,减小土壤的保温作用,难以维持沟内的稳定低温。沟的深度应当比当地冬季的冻土层稍深些。

2. 窖藏

先将萝卜在露地晾晒,但勿暴晒。用无锈消毒小刀削去叶片和休眠芽,不要削去过多肉质根,堆放在窖中。窖最好是由地面直接向下挖成的半地下式窖,窖内可保持相对湿度85%,如果湿度不够,可洒水调节。窖内温度用通风窗来调节,使温度控制在0 ℃以上。贮藏过程中要注意检查堆中心温度,当中心温度升高时,可将大堆改为小堆,以便散“热”,并挑出发生病害、腐烂 、发芽的萝卜。

3. 堆藏法

此贮藏法主要利用棚窖、通风库进行。先将采收的萝卜在露地晾晒1 d,用无锈且消过毒的刀削去叶和顶芽,堆在窖或库内,堆高1.2～1.5 m。堆上每隔1.5～2.0 m设1个通风筒,增强散风散热效果。有条件的地方可采用湿沙层积法,效果更好。窖或库内温度一般用通风窗进行调节,温度过低时,在萝卜堆上覆盖草苫,湿度过低时,用洒水来调节。贮藏过程中一般不倒动。立春以后要进行全面检查,挑出有病、腐烂的萝卜。

4. 薄膜封闭贮藏

近年来,有的地区采用了薄膜半封闭的方法贮藏萝卜。先在贮库内将萝卜堆成宽0.1～1.2 m、高1.2～1.5 m、长4～5 m的长方形堆,到初春萌芽前用薄膜帐子扣上,堆底部不铺薄膜,因此又称为半封闭贮藏。贮藏时,适当降低 O_2 的体积分数、增加 CO_2 的体积分数、保持一定湿度,保鲜效果良好。

5. 气调贮藏

气调贮藏萝卜的具体方法和气调贮藏其他蔬菜的做法大体相似。贮藏的萝卜在入库之前,要摊晾1 d,然后将其装入筐内,码成垛,罩以聚乙烯帐密封,采用自然降氧法进行气调贮藏。

总结分析

活动评价单

学习情景			萝卜秋冬季露地生产管理				
项次	项目要求		配分	评分细则	自评得分	小组评价	教师评价
素养（20分）	纪律情况（7分）	按时上课，不早退	2分	缺勤全扣，迟到、早退出现1次扣1分			
		积极思考问题	4分	根据上课回答问题情况得分			
		学习用品准备	1分	自己主动准备好学习用品并齐全			
		执行教师要求		此为否定项，违规酌情扣10～100分，违反校规按校规处理			
	职业道德（8分）	团结友爱	2分	主动合作和帮助同学得2分；合作不积极得1分			
		吃苦耐劳	2分	农耕劳作乐于吃苦得2分；敷衍行事得1分			
		严谨细致	2分	对学习精益求精且效果明显得2分			
		知农爱农	2分	对农业生产有热情，用心学农得2分；被动学习得1分			
	阅读能力（5分）	快速阅读能力，并理解要求	5分	能快速明确任务要求并清晰表达得5分；能主动沟通指导都合格得3分；其余不得分			
任务完成情况（80分）	制订生产方案		10分	按要求实施并取得预期结果得10分；不符合要求逐项扣分			
	播种前准备		10分	按要求实施并取得预期结果得10分；不符合要求逐项扣分			
	播种育苗		10分	按要求实施并取得预期结果得10分；不符合要求逐项扣分			
	田间管理		10分	按要求实施并取得预期结果得10分；不符合要求逐项扣分			
	田间诊断		15分	按要求实施并取得预期结果得15分；不符合要求逐项扣分			
	绿色防控		15分	按要求实施并取得预期结果得15分；不符合要求逐项扣分			
	采收贮藏		10分	按要求实施并取得预期结果得10分；不符合要求逐项扣分			
合计			100分				
总分（自评10%，小组评价30%，教师评价60%）							
组长签字			教师签字				

知识拓展

二维码 6-8　萝卜苗徒长

二维码 6-9　萝卜"露肩"

模块七　薯芋类蔬菜绿色生产

学习情景　马铃薯秋冬季露地生产管理

学习任务单

学习情景	马铃薯秋冬季露地生产管理
知识目标	☞ 了解马铃薯的起源、种类、生育特征、市场定位等内容； ☞ 理解马铃薯选种、切种、播种、管理和采收的原理及方法； ☞ 掌握马铃薯从生产方案制订到栽培管理的方法及技巧。
能力目标	☞ 能够根据市场的需求选择适合当地生产的品种； ☞ 能够选择健康种薯并正确切块； ☞ 能够根据实际情况选择合适的种植方式，并按要求播种； ☞ 能够根据马铃薯的长势，适时进行环境调控、水肥管理、植株调整； ☞ 能够及时诊断马铃薯生育情况，适时适量进行绿色防控； ☞ 能够适时采收马铃薯，并按标准分级、保鲜、销售； ☞ 能够自主分析解决问题，进行知识迁移。
思政目标	☞ 养成团结协作、吃苦耐劳、严谨细致的职业精神； ☞ 养成遵纪守法、保护生态的职业责任感； ☞ 树立知农、爱农、服务“三农”的使命感。
任务描述	根据市场需求、当地气候条件、栽培条件等因素，制订出科学合理的马铃薯优质栽培管理方案，并对马铃薯选种、切种、播种、养护管理、绿色防控、采收保鲜的整个栽培管理过程按要求实施任务，最终培育出优质高产的马铃薯。
任务要求	☞ 按照任务资讯单内容，认真准备资讯问题； ☞ 按各项任务的具体要求，认真设计栽培方案并实施； ☞ 严格按照要求实施各项任务，确保马铃薯绿色优质生产； ☞ 严格遵守劳动纪律，认真踏实对待各项任务； ☞ 虚心学习并向同学、老师、企业师傅请教探讨问题； ☞ 认真观察并发现生产中的问题并合理分析解决问题； ☞ 分学习小组，分工协作实施任务，确保马铃薯品质。

任务资讯单

学习情景	马铃薯秋冬季露地生产管理
资讯方式	阅读教材;浏览本课程精品在线开放课程及相关网站;查阅图书馆相关书籍;观看 PPT 课件、视频,认真听讲;调研当地马铃薯温室栽培及销售情况;请教老师、企业师傅。
资讯问题	☞ 如何选择马铃薯的品种? ☞ 如何进行茬口安排? ☞ 如何选择种薯? ☞ 切种薯关键技术要点有哪些? ☞ 播种的密度如何掌握? ☞ 马铃薯徒长怎么办? ☞ 茬口如何安排? ☞ 马铃薯采收分级的方法是什么? 注意事项有哪些? ☞ 马铃薯采后保鲜的方法有哪些? ☞ 如何提高马铃薯的品质和产量? ☞ 怎样提高马铃薯生产的经济效益?
学习资料	信息单、教材、精品课程网站等

知识链接

马铃薯为茄科茄属植物,是能形成地下块茎的一年生草本蔬菜,食用部分为块茎,耐贮藏,用途广泛,可作为蔬菜、主食、小吃、零食等食物,也可加工为淀粉、粉条、饲料等,还可以用于生产胶水、提取乙醇、制药、纺织、造纸、木材加工、石油钻探等领域。

一、马铃薯起源

马铃薯,因酷似马铃铛而得名,此称呼最早见于康熙年间的《松溪县志食货》。国内民间又称为土豆、洋芋、洋山芋、薯仔、番仔薯、荷兰薯等。马铃薯原产于南美洲安第斯山区,人工栽培史最早可追溯到公元前 8 000 年到 5 000 年的秘鲁南部地区。16 世纪中期,马铃薯被从南美洲带到欧洲,但只欣赏其花朵。直到 17 世纪时,马铃薯才成为欧洲的重要粮食作物,并且传播到中国。“中国马铃薯之乡”在甘肃省定西市。目前中国是世界马铃薯年总产量最多的国家。

二、马铃薯的营养价值

马铃薯具有很高的营养价值,含有丰富的碳水化合物、植物蛋白、糖类、膳食纤维和无机盐等,其中蛋白质接近动物蛋白,人体易吸收且富含人体多种必需氨基酸,维生素 C、钾、磷、钙等的含量均高于一般蔬菜,具有预防中风、降血压、减肥、养胃、降血压、通便、美容、解毒等作用,同时还具有平衡人体酸碱度的作用,是最接近全价的营养食物。

三、马铃薯植物学特征

1. 根

马铃薯的根是须根,分为初生根和匍匐根。初生根先水平生长约 30 cm,再垂直往下生长，可达 70 cm，是主要的吸收根系；匍匐根长在匍匐茎的周围，且多分布在浅层土壤。

2.茎

马铃薯的茎分为地上茎、地下茎、匍匐茎、块茎。地上茎多直立，着生枝叶、花果；地下茎着生根、匍匐茎；匍匐茎是地下茎的分枝，属于变态发育；块茎是匍匐茎先端膨大形成的。

3.叶

马铃薯的初生叶为心脏形单叶，后生叶为奇数羽状复叶，叶片表面密生茸毛，可以吸收水汽。

4.花

马铃薯是自花授粉，为伞状或聚伞形花序，着生枝顶，开花后块茎开始膨大。

5.果实

马铃薯的果实是浆果，呈椭圆形或球形。有性繁殖需要长时间，不带病毒，但遗传性状不稳定。

四、马铃薯生长环境要求

1.温度

马铃薯喜冷凉，不耐寒、不耐高温。茎叶生长适温为 17～21 ℃；块茎形成适温为 17～19 ℃，温度低于 2 ℃或高于 29 ℃均停止生长，且昼夜温差越大越好。这也是北方的马铃薯比南方的大的原因。

2.光照

喜光，生长发育需要充足光照，而块茎的形成则需要短日照。

3.水分

马铃薯耐旱不耐涝，一般自然降水可满足需求，不同生育时期需要的水分量不同。

4.土壤与养分

马铃薯适合偏酸性土壤，以表土层深厚，结构疏松，排水通气良好和富含有机质的沙壤土最为适宜，尤其是孔隙度大、通气度良好的土壤，能够满足根系发育和块茎增长时对氧气的需要。

五、马铃薯生长发育周期

生产上采用马铃薯块茎进行无性繁殖，可分为 5 个时期。

(1)发芽期　从块茎萌芽到出苗为发芽期，进行第一段主茎生长，春季需 25～35 d，秋季需 10～20 d。

(2)幼苗期　从出苗到 6～8 片叶展开为幼苗期，形成一个叶循环，即团棵。进行第二段主茎生长，需 15～20 d。

(3)发棵期　从团棵至 12～16 片叶展开，出现第一花序(早熟)或第二花序(晚熟)为发棵期。完成第三段主茎的生长，需 25～30 d。

(4)结薯期　从块茎膨大增重、主茎叶变黄萎蔫到块茎基本稳定为结薯期，需 30～50 d。

(5)休眠期　块茎收获后，即使在适宜的环境下仍不能发芽，为休眠期。休眠的长短因品种和环境而不同，通常 1～3 个月。

任务实施

任务一　制订生产计划

二维码 7-1　马铃薯生产计划

科学制订好马铃薯的生产计划，养成提前制订计划的习惯，确保茬口安排，合理利用土地，提高单位面积全年的经济价值，有利于工作的有序推进，有利于马铃薯各生育期最佳生长发育，确保产量及品质，为百姓提供健康优质的马铃薯，促进行业良性发展。

子任务一　品种选择

不同品种之间的表现性状不同，所需的生长环境有差异，应根据马铃薯的生育特性、种类和栽培季节等综合考虑，选择适于栽培的品种。

一、马铃薯的类型

1. 按熟性分类（按成熟的早晚分类）

(1)早熟　马铃薯早熟品种类型从出苗到采收为 50～70 d。其生育期短，植株块茎形成早、膨大速度快、休眠期短，淀粉含量中等，不耐贮藏，多适于中原二季作区和南方冬作区进行适当密植。

(2)中熟　马铃薯中熟品种类型从出苗到采收为 80～90 d。一般植株高、产量高、淀粉含量高，耐贮运，适于北方一季作区种植。

(3)晚熟　马铃薯晚熟品种类型是从出苗到采收需 100 d 以上，生育期长，仅适于一季作区栽培，一般植株高大、单株产量高。

2. 按块茎颜色分类

(1)黄色马铃薯　黄色马铃薯分为黄褐色和黄色，黄褐色马铃薯是菜市场里一年四季最常见的品种，淀粉含量高，也是炸薯条的最佳选择；黄色马铃薯的皮和肉均是黄色，是非常受欢迎的马铃薯之一，在菜市场几乎全年都可以买到。这种多用途马铃薯质地致密，是捣碎和制作汤和杂烩的理想材料。

(2)白色马铃薯　白色马铃薯属于淀粉含量中等的通用土豆，一年四季均有，淀粉含量中低等，适合煮、蒸、煎、烤、做汤和杂烩。

(3)黑色马铃薯　黑色马铃薯的皮肉均为黑紫色，呈长椭圆形，芽眼较小；口感较好，富含紫色花青素，但淀粉含量较低。

(4)彩色马铃薯　指一株马铃薯，可以生产多种颜色的土豆，比如紫色、红色、黑色、蓝色等，营养价值高，所以它也常被作为一种特色食品进行开发。

(5)红色马铃薯　红皮马铃薯的颜色很特别，皮呈粉红色、紫红色，肉为白色、黄色或红色，且富含多种微量元素和花青素，淀粉含量较低。

二、马铃薯的栽培季节

马铃薯栽培季节选择的总体原则是满足结薯期最佳生长发育，即土温 13～20 ℃，白天气温 24～28 ℃，夜间气温 16～18 ℃。西南单双季混作区分为春季和秋季露地栽培。春季栽培要考虑出苗后不受霜雪损伤，应提前播种，四川盆地可在 12 月下旬覆膜播种。秋季栽培应尽量避免炎热和多雨天气而推迟播种期，注意排水及覆盖，适于 8 月下旬至 9 月中旬播种。

三、品种选择原则

可根据当地种植条件、市场要求、饮食文化、栽培习惯、气候条件等，因地制宜选用适宜的品种，有利于获得较好的经济效益。如四川喜食火锅、烧烤、干锅、炸等，喜黄色马铃薯，因此，四川秋季露地栽培，可选择早熟性、黄色，且抗病、优质、丰产、抗逆性强、商品性好的品种，如‘川芋 12’。

子任务二　制订生产方案

依据当地气候条件，调查市场需求和行业状况，制订出科学的生产方案，确保生产安全无公害，降低生产成本，培育高品质蔬菜，从而实现节约资源、保护环境的目的。

一、马铃薯种类与种植制度

确定马铃薯品种、种植面积、种植方式(间作、套种、是否换茬等)。

二、所需的农业生产资料

包括种子、肥料、农药、生产工具、农膜、黄板、竹竿等。

三、田间生产的具体内容制订

1. 播前准备

消毒、整地、施基肥、作高畦，确保排水效果。

2. 播种育苗

打破种子催眠，明确材料工具、播种时间、播种量、播种方法、播种深度、覆盖方式、管理措施等。

3. 田间管理

包括水管理、肥管理等。

4. 病虫害防治

以农业防治为主，配合物理、生物防治，少量使用环境友好型化学药剂。

5. 采收分级

明确收获时期、方法、使用工具、分级标准等。

四、资金预算

土地租金，农资费用，劳动力费用，管理费用等。

五、确定生产方案

马铃薯秋冬季露地生产方案见表 7-1。

表 7-1 马铃薯秋冬季露地生产方案

序号	生产方案项目	具体实施	备注
1	马铃薯种类与种植制度		
2	所需的农业生产资料		
3	生产管理内容制订		
4	资金预算		

子任务三 生产记录及生产记录保存

生产记录通常包括播种育苗、种植管理到采收销售的整个生产过程，如各项农事操作的日期、生育时期、生育情况、农事操作、方式、劳动力、完成情况等（表 7-2），同时记录病虫害的发生和防治情况（表 7-3）。一般农产品生产记录应当保存 3 年。

表 7-2 马铃薯秋冬季栽培农事操作生产记录单

序号	日期	生育时期	生育情况	农事操作	方式	劳动力	完成情况	备注

表 7-3 马铃薯秋冬季栽培药剂防治生产记录单

序号	日期	生育时期	病虫害发生情况	药剂名称	来源	用法用量	效果	备注

任务二 播种前准备

马铃薯生产基地应选择在无污染和生态条件良好的地区,且应具有可持续生产能力,以生产出安全健康的马铃薯,强健国民体质。

子任务一 播前准备

一、土壤要求

马铃薯属于浅根系,能够吸收到水分和养分的区域小。因此,栽培马铃薯需要土壤中含氧量要充足,选择土质疏松、有机物成分高、排水通畅的壤土或沙壤土,其具有土壤团粒结构大、透气性好、保水保肥能力强等特点,可提高发芽率、出苗整齐度,促进根系迅速发展,地下茎膨大速度快,块茎淀粉含量高,同时马铃薯表皮更光洁、外形更美观。

选择偏酸性、土质疏松肥沃、保水保肥能力强的壤土或沙壤土,同时结合多施有机肥基肥、多次中耕等措施,能够改善土壤的孔隙度,增加土壤中含氧量、营养养分、盐分等,能够促进马铃薯根的分布并增加块茎产量。

二、整地施肥

整地时间应在播种前 10 d 以上,及时清园,翻土晒田,也可结合利用枯草芽孢杆菌抑制有害微生物生长,同时改善土壤理化性质。

马铃薯整个生育期的需肥量大,喜肥,应以有机肥为主,可改善土壤环境,促进根系生长,可以结合整地进行撒施,精简工序,土壤肥力更均匀。也可以结合起垄条施,节约用肥量。机械整地一般先施肥后整地起垄(图 7-1)。通常中等肥力的土壤,撒施肥料,可按每 667 m^2施用腐熟有机肥 2.5 t,饼肥 80 kg、三元复合肥 80 kg,施足底肥。

图 7-1 机械整地起垄

三、作畦

秋季南方雨水多,需要及时排水,通常以 2 m 的长度(含沟)作畦,沟宽 40 cm,畦高 30～50 cm,具体畦高根据地区降水量及地势而定,以确保降雨高峰期能够及时排水而不积水。

子任务二 种子处理

种子是作物生产的基础,选择健康的种子,进行播前的科学处理是马铃薯高产的保证。

一、种子质量

种子质量关乎生产的各个环节,因此确保种子质量是关键的第一步。马铃薯主要为无性繁殖,故应选择脱毒种薯。种薯质量要求 150 g 以上,且保证块茎饱满、成熟、完整、大小正常,适时收获、保障贮藏环境低温干燥通风,同时无龟裂、无病斑、无芽眼增多和芽眉凸起、切面无褐色网纹坏死。

二、精选种子

选择薯皮表面色泽光滑且重量为 50~100 g 的健康无病害种薯,及时筛选出表皮龟裂、芽眼坏死、含有病斑的块茎。

三、催芽

种薯前催芽,可以有效促进马铃薯早熟,提高产量,有利于在催芽过程中及时淘汰烂薯,减少播种后的病株率或缺苗,有利于马铃薯全苗壮苗生长。

常规催芽方法为:在播种前 18 d 左右,将其放置在散射光下,并且保持温度在 13~15 ℃,同时每隔 2 d 翻动 1 次,以保证种薯能够均匀见光,实现壮芽的催生。注意在催芽期间,不可受到阳光直射,且避免雨淋。遇到病烂薯时,及时进行淘汰。

也可进行沙藏:将种薯和沙分层相间放置 3~4 层,同时保证环境温度在 20 ℃以内且长期湿润,经过 10 d 种薯就会萌芽。

四、种薯切块

在播种前的 3~5 d 进行种薯切块。如果采用的是机械播种,在芽长 0.5 cm 的时候,便可以开始切块。如果采用的是人工点播,则需要在芽长 1 cm 的时候进行切块。种薯切块有利于促进块茎内外的氧气交换,能够加快马铃薯薯块发芽与出苗;但加快了病原传播,从而会不同程度地出现烂种、缺苗、发病率高的现象。因此需要在切块前先进行消毒,可使用 75%酒精,对切刀进行全面消毒,消毒时间保持在 5~10 min,以达到杀菌目的,同时准备多把消毒切刀,进行轮换使用。由于顶芽优势,故采取竖切,如遇到过大的或者是长椭圆形的种薯,应从脐部开始,向顶部进行斜切,再将顶部竖切。确保单个切块的重量在 35~50 g,且留 1~2 个芽眼,使每个小块都能有顶端优势的芽眼(图 7-2)。

图 7-2 种薯切块

最后,进行拌种。准备甲基托布津、滑石粉,按照一定比例进行有效拌种,且放置在通风处 1~2 d 即可。

子任务三　播种

一、播种时期

马铃薯的发芽适温为13～18 ℃，土壤湿度为40%～50%，秋季需10～20 d，且块茎形成适温为17～19 ℃，温度低于2 ℃或高于29 ℃均停止生长。因此，在霜冻前应完成产品器官的形成，故可根据本地气候推出合理的播种时期，南方通常为8—9月，8月播种需要适当遮阳、及时浇水，如果前茬是水稻，可待水稻收获后9月中旬进行播种。

二、播种密度

播种密度要根据本地光照、温度及马铃薯的品种来确定形成马铃薯块茎的大小，以此推算出适合的株行距。以四川盆地为例，秋季阴雨连绵，气温低，秋马铃薯的块茎偏小，故可密植，每畦开沟3～4行，行距30～40 cm，株距25 cm，畦边各留20 cm。

三、播种方法

马铃薯一般露地栽培为条播，先挖种植沟，放置种薯后，合理覆土，覆土厚度应相同，保持在10 cm厚。9月播种覆膜效果更佳，要做到把薄膜拉到笔直、紧绷，两侧均要贴在沟底，且用土压到覆膜的四边起到固定作用。每隔5 m左右的距离用土将薄膜压住，也可用钉子钉薄膜。如果前茬是水稻，可采用秸秆覆盖免耕栽培，直接将种薯种眼斜向下放置在稻桩上，使得种薯与土壤接触，再用水稻秸秆覆盖8～10 cm。

目前，机械化播种已经很成熟了，能够一次完成整地施肥开沟作畦作业，也能够有效完成播种、覆土、覆膜作业，还能够完成铺设膜下滴灌工序。滴灌能够为马铃薯的生长提供充足的水分，给田间的马铃薯提供一致的生长条件，使得马铃薯块茎保持相同大小。现代化马铃薯种植中，也可以在马铃薯种植农机上配置灌溉的装置，因马铃薯种植农机可以匀速前进，因此在灌溉时，能够均匀浇灌田间的各个部分。

播种流程

任务三　栽培管理

马铃薯的田间管理不复杂，但仍需要精心管理，方能确保其品质及产量。

二维码 7-2　马铃薯栽培管理

一、查苗与补苗

机械化种植能够实现马铃薯的精量化播种，但仍然存在一定的缺失，故而要及时进行查苗、补苗工作。一般地，此工作在马铃薯普遍生长到 4～5 叶时开展。若缺苗，应尽快补苗。若查苗过程中发现了多苗现象，应及时清理多余的弱苗，留壮苗，以防止马铃薯多株之间相互竞争营养而使得植株养分不足，从而促进病虫害发生，影响块茎品质。

二、水分管理

根据实际的生长规律及合理的灌溉原则，进行有针对性的灌溉，确保及时补充水分。通常，在整个生育时期土壤田间持水量保持为 60%～80%，避免土壤含水量过高，导致土壤空气含量降低，使得马铃薯块茎发育出现缺氧。播种后，如遇干旱天气，应及时浇水，以确保正常出苗。尤其注意发棵期和盛花期，要保证水分充足，做好水分管理；在结薯初期，需要进行适当控水，遵循少浇水或不浇水的原则；在结薯期，根据实际的天气情况进行及时适量的浇水，以保障块茎生长所需水分；在收获前的一周，停止浇水，以防止发生病虫害、出现烂薯的情况。

三、营养管理

马铃薯主要依靠基肥，因此底肥要施足。追肥一般 1～3 次即可，幼苗期可以早追肥，以速效氮肥为主，采用水肥一体化灌溉；正常情况下，发棵期不追肥，特别是发棵中期不能追肥，否则会导致植株过度营养生长，从而延迟块茎的正常膨大，进而导致产品品质及产量下降；结薯期开始可以追施复合肥，可采用叶面追肥。

四、中耕除草与杀青

马铃薯的整个生育期均需要及时清理杂草，出苗整齐后应及时铲蹚，提高地温；发棵期铲蹚，高培土，有利于块茎的膨大和多层结薯。由于马铃薯的结薯层主要分布在土层的 10～15 cm，因此，在整个中耕除草过程中，坚持“头道深，二道浅，三道刮刮脸”的原则。覆膜及秸秆覆盖栽培可不必中耕培土。

马铃薯杀青可明显促进马铃薯成熟发育，以减少马铃薯损伤，从而减轻贮存期间的腐烂问题。常见杀青有机械杀青、化学杀青两种方式，主要是在果实收获前半个月实施，且操作时田间温度应超过 10 ℃，以免出现马铃薯低温糖化现象。

田间诊断

任务四 绿色防控

坚持以预防为主，结合综合防治。尽量不使用化学农药，提倡使用物理防治、生物防治和农业防治措施。购买化学药剂，一定要购买合法合规且对环境友好型的药剂，从而减少对环境的污染，保护环境，并且生产出安全健康的高品质马铃薯，更大程度发挥马铃薯的营养价值，推动马铃薯产业转型升级，从而利国利民。

二维码 7-3 马铃薯绿色防控

子任务一 马铃薯晚疫病的绿色防控

一、症状

马铃薯晚疫病菌喜欢日暖夜凉的高湿度环境，因此每年南方多雨季节会发病严重，西北干燥地区不利于其繁殖。当马铃薯植株感染晚疫病时，首先在叶片顶端或边缘出现淡褐色的斑痕，且病斑周围呈现黄绿色。严重时，叶片逐渐萎缩至全株腐黑，传播速度快，导致田间呈现一片枯黑，同时散发出腐烂的气味。如果是病毒侵入块茎，首先会出现深褐色或紫褐色的病斑，会有浅凹陷，而薯肉颜色会变成褐色且逐渐扩大，最终腐烂。

二、防治措施

（一）农业防治

1. 选用抗病品种

陇薯、庄薯系列等。

2. 加强栽培措施

(1)选择适当时期播种，避免不利气候影响。

(2)选择土质疏松、排水性较好的土壤，给植株提供良好的生长环境。

(3)严格淘汰病薯。在播种、栽培、收获、贮藏过程中不断进行检查筛选，确保剔除病薯，以减少侵染源。

(4)厚培土。加厚培土能够在一定程度上阻碍晚疫病孢子随雨水带进块茎，能够降低块茎发病率。

(5)割秧防病。在感染初期，及时割除带病薯秧并带出田间集中销毁。

（二）生物防治

在整地时施用白僵菌、苏云金杆菌能够对晚疫病起到预防作用。

（三）化学防治

马铃薯一旦感染了晚疫病，通常会很难控制。目前，晚疫病防治药效最好的药剂是瑞毒霉，用 20％的瑞毒霉可湿性粉剂 800 倍液，每 10 d 喷 1 次，喷 2～3 次后，能够有效控制住马铃薯晚疫病。

子任务二 马铃薯早疫病的绿色防控

一、症状

马铃薯刚感染早疫病时，叶片、叶柄、茎和块茎均会受到不同程度的影响。首先，下部叶片会出现褐色的小斑点，且会逐渐变成具有同心轮纹的圆形黑色病斑，乃至叶片逐渐干枯直至脱落。湿度较大，叶片背面则出现黑色霉层；叶柄和茎秆处被侵染时出现的病斑大多是呈凹陷状的椭圆形；块茎受侵害时表面会出现暗褐色凹陷的圆形病斑，薯肉颜色呈浅褐色的海绵状、干腐状，薯块逐渐皱缩，最终导致出现暗黑且干腐的块茎。

二、防治措施

(一)农业防治

1. 种植抗病品种

通常，晚熟品种都具备早疫病的抗病性。

2. 加强栽培措施

①选择健康的薯种进行播种，从源头控制病毒。

②科学进行水分管理，控制土壤适宜的湿度，促进植株生长，抑制病毒传播。

③合理施肥，以有机肥、基肥为主，配合适量的复合肥、追肥，以保障植株健康成长，增强植株的抗病性。

④严格淘汰病薯。在播种、栽培、收获、贮藏过程中不断检查筛选，确保剔除病薯，以减少侵染源。

(二)生物防治

在整地时施用白僵菌、苏云金杆菌能够对早疫病起到预防作用。

(三)化学防治

可采用多菌灵可湿性粉剂 500～1 000 倍液进行防治，每 7～10 d 喷 1 次，连续喷 2～3 次。

子任务三 马铃薯青枯病的绿色防控

一、症状

青枯病菌是沿维管入侵到茎系中，先入侵先枯萎，但最终整个植株上所有的茎叶都会枯萎死亡。马铃薯植株感病后，首先一个主茎或分枝会突然地干枯，而后其他茎枝在 4～5 d 后才会逐渐枯死。

二、防治措施

(一)农业防治

1. 选择抗病性品种

目前并没有具体对青枯病的免疫品种,但适当选用具备高抗病性的品种,能够减轻受害,降低损失。如'阿奎拉怀薯 6 号''鄂芋 783-1 号'等。

2. 实行多年轮作

马铃薯可以与十字花科和禾本科作物轮作,与禾本科作物进行水旱轮作最佳。

3. 加强栽培措施

①选择脱毒种薯。

②及时清理田间杂草,并尽量不要伤及根部,从而避免病害在根系的传播。

(二) 生物防治

农用链霉素可以有效防治青枯病。

(三)化学防治

可采用 50%灭菌灵水溶性粉剂 900～1 100 倍液进行防治,每株浇灌药液 250～500 g,每 10 d 浇灌 1 次,一共浇灌 2～3 次。

子任务四　二十八星瓢虫的绿色防控

一、症状

二十八星瓢虫是一种具 28 个黑点的红褐色甲虫,每年可有 2～3 代繁殖成虫,一般在草丛石缝下面过冬,每年春季天气转暖会外出活动。

二、农业防治

①巡查找到成虫过冬的地点,及时消灭。

②在成虫产卵时,摘除卵块。

③该虫有假死性,可在早晚拍打植株,用盘子承接住坠落的虫子再消灭,从而降低为害。

三、物理防治

采用防虫网隔离虫源。

四、化学防治

可以对成虫或幼虫施药,在为害前可以将幼虫消灭。选用菊酯类杀虫剂,喷施 1～2 次即可。

子任务五 蚜虫的绿色防控

一、症状

蚜虫是一类植食性昆虫，具有独立生殖的特点，是世界上繁殖速度最快的昆虫，同时传播性强，因此侵害程度严重。通常，蚜虫会聚集在叶背面吸取其汁液，从而导致叶片出现皱缩，影响光合作用，进而严重影响幼芽生长。

二、农业防治

清除杂草，一定程度上可切断田间蚜虫与寄主之间的联系，能够消灭一部分蚜虫。

三、物理防治

(1)蚜虫具有很强的趋黄性，可以采用田间悬挂粘虫黄板，环保高效。通常，每亩可悬挂20～30张黄板，悬挂在植株顶端上下附近，注意黄板粘满蚜虫后应及时更换。

(2)蚜虫对银灰色具有很强的趋避性，可悬挂银灰膜驱除蚜虫。

(3)蚜虫趋光性，可使用频振式杀虫灯进行夜间诱杀。

(4)针对蚜虫的迁移性，可罩防虫网，阻隔蚜虫进入无虫田地。

四、生物防治

(1)苦参素是一种天然植物性光谱生物杀虫剂，其可触杀蚜虫，可喷施苦参碱可溶剂，根据实际情况，每7～10 d喷1次，连续喷2～3次。

(2)引入害虫天敌在田间捕食害虫，如引入食蚜蝇、七星瓢虫等灭杀蚜虫。

五、化学防治

当蚜虫已经无法控制的时候，需要合理选择低中毒药剂防治，可喷洒10%吡虫啉可湿性粉剂1 500倍液，每7～10 d喷1次，喷2～3次，即可防治。

子任务六 马铃薯块茎蛾的绿色防控

块茎蛾是我国的检疫对象，严禁到发生虫害地区调种，以防止虫害扩大传播范围。为害马铃薯的是块茎蛾的幼虫。该虫害最早出现在长江以南省份，而西南地区发生最重。

一、农业防治

①购买国家检疫后的合法种薯。

②及时培土，不让薯块露出表土，避免成虫产卵在薯块上。

③迅速采收，采收后迅速运回仓库，避免成虫产卵。

④定期清理贮藏库，可以用二硫化碳熏蒸马铃薯贮藏库，熏蒸时间维持在4 h以上，可有效环保消虫。

二、物理防治

可利用块茎蛾的趋光性，用黑光灯等在夜间诱杀成虫。

三、化学药剂防治

(1)种薯处理，可用25%喹硫磷乳油1 000倍液喷种薯，晾干后再贮存。

(2)成虫盛发期，可以喷施10%赛波凯乳油2 000倍液。

子任务七　地下害虫的绿色防控

马铃薯块茎生长中，常会受到地老虎、金针虫等地下害虫的侵害。

一、物理防治

可使用频振式杀虫灯进行夜间诱杀，杀虫灯安装高度以1.3～1.5 m为宜，单灯辐射半径一般为120 m。

二、化学药剂防治

为有效防治地下害虫，可使用80%辛硫磷乳液800倍液对土壤表面进行喷洒。

三、农药安全间隔期

农药安全间隔期是指从最后一次施药至作物收获的间隔天数，即自喷药后到农药残留量降到最大允许残留量所需的时间。通常，安全间隔期受蔬菜品种、各种药剂的代谢速度和季节的影响。因此，在马铃薯生产中，严格按照农药使用说明，确保最后一次喷药与收获之间的时间必须大于安全间隔期，同时严禁在安全间隔期内收获马铃薯。

田间诊断

任务五　采收、分级与贮藏

适时采收能够确保蔬菜产品品质，便于运输，能保障消费者的最佳口感；而产品分级能针对不同消费市场进行不同的销售策略，以提高经济效益，促进马铃薯产业的良性发展。

二维码 7-4　马铃薯采收与贮藏

子任务一　采收

一、采收时间

适时采收是保证马铃薯产量品质的关键技术之一。采收过早，则阻碍马铃薯块茎内淀粉的积累，导致产量降低；采收过晚，则不利于贮藏保鲜，也不利于销售。

用于贮藏的马铃薯，以块茎充分成熟、干物质累积最多的时候收获为宜。一般地，秋季马铃薯则宜在 11 月后、霜冻前收获，不能受到霜冻。如果收获前遇到雨天，不管什么时期，都要等到土壤控干几天后，手捏能成团、手撒则变散方能采收；晴天收获时，如果薯块受到暴晒就会变绿，从而增加有毒化学物质龙葵素的含量，不仅会损害身体健康，而且马铃薯还极容易发生腐烂、变质。因此，收获应尽量避开中午前后暴晒高温时段。

判断适宜采收的标志是：在马铃薯地上部分大多数已经开始由黄转枯时，可以挖出马铃薯块茎，观察块茎的脐部易与匍匐茎脱离，表皮层加厚且韧性大，色泽正常，即可实施收获。

二、采收方法

(一)采收前准备

1. 预防贮藏期发芽

收获前 2～4 周内，对叶面喷洒浓度为 0.2%的青鲜素，若喷药后 48～72 h 内遭遇雨水，应在雨后补喷，能够有效地抑制薯块在贮藏期间发芽，增加马铃薯的商品性。

2. 采前检查

采收前应先检查马铃薯有无病株和杂株并及时进行剔除，再进行收获。

3. 杀青

杀青是为了减轻病毒的积累、降低贮藏期病害与腐烂。首先，对马铃薯进行杀秧，清除田间马铃薯地上部分残留的茎叶，保障采收环境的清洁度，也能方便薯块的收获；然后，喷洒 50%多菌灵可湿性粉剂 700 倍液、72%农用硫酸链霉素可湿性粉剂 1 000 倍液；最后，等到晾晒 2 d 后方可收获。

(二)采收

一般分为人工采收和机械采收。人工采收一定避开块茎挖土，避免人为将薯块挖伤；机械采收要注意正确操作，避免对马铃薯造成损伤，导致马铃薯的商品价值降低。

(三)采收后处理

①刚出土的块茎，外皮还比较嫩，应当在地面上晾 1～2 h 后等到薯皮表面稍干以后再收集。但夏天采收时，要注意薯块不宜久晒，收后及时转移到阴凉处收藏、晾干，然后再装袋。

②整个过程要严防碰伤，及时摒除烂、病薯。

③当天运回，防止成虫产卵附着在薯块上，同时也防止淋雨、淋霜、受冻。

④若种植多种品种时，应分种收获，防止收获混杂，降低商品的销售价值。

⑤不能使用茄科植物茎秆覆盖块茎，防治病毒病菌的传播。

⑥堆积在地块附近的马铃薯，一定要采用避光覆盖物或者设施来进行遮挡，从而避免阳光直射，降低有害物质的积累。

子任务二　分级

马铃薯产品分级能够对产品进行不同定位销售，满足不同消费者的需求，提高经济效益。

一、基本要求

为同一品种或相似品种；完好；无腐烂；无冻伤、黑心、发芽、绿薯；无严重畸形和严重损失；无异常外来水分；无异味。

二、等级划分

《马铃薯等级规格》(NY/T 1066—2006)将马铃薯分为特级、一级和二级(表7-4)。

表7-4　马铃薯分级

等级	要求
特级	大小均匀；外观新鲜；硬实；清洁、无泥土、无杂物；成熟度好；薯形好；基本无表皮破损、无机械损伤；无内部缺陷及外部缺陷造成的损伤；单薯质量不低于150 g。
一级	大小较均匀；外观新鲜；硬实；清洁、无泥土、无杂物；成熟度较好；薯形较好；有轻度表皮破损及机械损伤；有内部缺陷及外部缺陷造成的轻度损伤；单薯质量不低于100 g。
二级	大小较均匀；外观较新鲜；较清洁、允许有少量泥土和杂物；中度表皮破损；无严重畸形；无内部缺陷及外部缺陷造成的严重损伤；单薯质量不低于50 g。

子任务三　贮藏

一、贮藏条件

要求贮藏设施应具备防虫、防鼠、防鸟的功能，远离污染源，清洁卫生，宽敞、通风良好；用于贮运的铺垫物、遮盖物应清洁、无毒、无害。

二、贮藏前准备

1.库房杀菌消毒

入库前需要对库房杀菌消毒，排出库内多余湿气。

2.薯块杀菌消毒

贮藏前要先严格挑选，及时剔除有病变、损伤、虫咬、开豁、雨淋、受冻、过小、不完整、发芽、发绿、畸形、腐烂、表皮麻斑、有异味的块茎。再对挑选出的完好无损的薯块喷洒50%多菌灵可湿性粉剂1 000倍液，并放置在通风背阴处摊晾10～15 d，完成马铃薯的后熟期，再进行装袋入库。

三、贮藏方式

1. 室内堆藏

室内堆藏要选择通风良好、场地干燥的仓库，通常采用筐装薯块并在室内堆码贮藏，既规整又能有效增加仓库库存量，提高空间利用率。当然，也有的地方是将薯块装入尼龙编织袋堆放或挂在楼板上，也有直接将薯块堆放在室内竹楼或楼板上，这些方法省时省事、简便易行，但浪费空间不便管理。贮藏期抑制发芽的办法，可用覆盖遮光，此法适用于多雨季节收获的马铃薯；也可适当配合药物处理，以提高贮藏效果。薯堆中应放置不同位置的若干竹制通气筒，以利于通风散热。

2. 窖藏

南北气候条件不一，窖藏的形式也不同。通常，在南方温暖地区，可以选择阴凉避光、通风干燥的室内或室外棚下，用砖砌成长方形窖池，池壁要留孔成花墙式，便于通风散热，上面覆盖10～15 cm 的细沙土，并稍加压实。而西北地区，多用井窖或窑窖贮藏。这两种窖的贮藏量可达 3 000～4 000 kg。因只有窖口可以通风调节温湿度、气体，所以保温效果比较好。但是，在入窖初期，不易降温，因此要注意入窖前对窖的预冷。

不管堆藏或者窖藏，都要加强贮藏前期通风。主要方式是在早晚气温较低时通风，也可使用排风扇进行通风降温。经过贮藏数周以后，就可不必再过多地通风散热了，要结合薯堆里的实时温度状况进行适当通风，促使薯堆内的温度接近于外界的最低气温，注意不能低于 0 ℃。同时，在马铃薯入库初期，要每隔 2 周左右就应检查 1 次，及时发现腐烂变质的块茎并剔除清理。稳定以后就可每隔 1 个月左右检查 1 次。

四、贮藏管理

在贮藏期间要注意温湿度、气体管理，减少呼吸消耗，以保障马铃薯的新鲜度。

1. 温度

贮藏初期，即初 10～15 d 里温度应保持较高温度(15～20 ℃)，等到薯块表皮已经形成了木栓化保护层，再将温度控制在 3～5 ℃，可进行长期贮藏。

2. 湿度

贮藏的空气相对湿度应在 90%左右。马铃薯的适时采收、按规定分级、科学贮藏能够保证产品食用品质，提高商品价值，延长马铃薯的销售周期，增加经济价值。

总结分析

活动评价单

学习情景		马铃薯秋冬季露地生产管理					
项次	项目要求		配分	评分细则	自评得分	小组评价	教师评价
素养（20 分）	纪律情况（7 分）	按时上课，不早退	2 分	缺勤全扣，迟到、早退出现 1 次扣 1 分			
		积极思考问题	4 分	根据上课回答问题情况得分			
		学习用品准备	1 分	自己主动准备好学习用品并齐全			
		执行教师要求		此为否定项，违规酌情扣 10～100 分，违反校规按校规处理			
	职业道德（8 分）	团结友爱	2 分	主动合作和帮助同学得 2 分；合作不积极 1 分			
		吃苦耐劳	2 分	农耕劳作乐于吃苦得 2 分；敷衍行事得 0 分			
		严谨细致	2 分	对学习精益求精且效果明显得 2 分			
		知农爱农	2 分	对农业生产有热情，用心学农得 2 分；被动学习得 1 分			
	阅读能力（5 分）	具备快速阅读能力，并理解要求	5 分	能快速明确任务要求并清晰表达得 5 分；能主动沟通指导都合格得 3 分；其余不得分			
任务完成情况（80 分）	制订生产方案		15 分	按要求实施并取得预期结果得 15 分；不符合要求逐项扣分			
	栽培管理		25 分	按要求实施并取得预期结果得 25 分；不符合要求逐项扣分			
	绿色防控		25 分	按要求实施并取得预期结果得 25 分；不符合要求逐项扣分			
	采收、分级与贮藏		15 分	按要求实施并取得预期结果得 15 分；不符合要求逐项扣分			
合计			100 分				
总分（自评 10%，小组评价 30%，教师评价 60%）							
组长签字			教师签字				

知识拓展

二维码 7-5 马铃薯徒长

二维码 7-6 马铃薯发芽

模块八　白菜类蔬菜绿色生产

学习情景　结球甘蓝越冬露地生产管理

学习任务单

学习情景	结球甘蓝越冬露地生产管理
知识目标	☞ 了解结球甘蓝的起源、种类、生育特征、市场定位等内容； ☞ 理解结球甘蓝培育壮苗、播种育苗、栽培管理、绿色防控、采收分级的原理及方法； ☞ 掌握结球甘蓝从生产方案制订到栽培管理的方法及技巧。
能力目标	☞ 能够设计结球甘蓝栽培管理方案； ☞ 能够根据市场的需求选择品种，培育壮苗； ☞ 能够根据实际情况选择适合的种植方式，并按要求定植； ☞ 能够根据结球甘蓝的长势，适时进行环境调控、水肥管理、植株调整； ☞ 能够及时诊断结球甘蓝生长情况，适时适量进行绿色防控； ☞ 能够适时采收结球甘蓝，并按标准分级、保鲜、销售； ☞ 能够自主分析解决问题，进行知识迁移。
思政目标	☞ 养成团结协作、吃苦耐劳、严谨细致的职业精神； ☞ 养成遵纪守法、保护生态的职业责任感； ☞ 树立知农、爱农、服务“三农”的使命感。
任务描述	根据市场需求、当地气候条件、栽培条件等因素，制订出科学合理的结球甘蓝优质栽培管理方案，并对结球甘蓝培育壮苗、播种育苗、栽培管理、绿色防控、采收保鲜的整个栽培管理过程按要求实施任务，最终培育出优质高产的结球甘蓝。
任务要求	☞ 按照任务资讯单内容，认真准备资讯问题； ☞ 按各项任务的具体要求，认真设计栽培方案并实施； ☞ 严格按照要求实施各项任务，确保结球甘蓝绿色优质生产； ☞ 严格遵守劳动纪律，认真踏实对待各项任务； ☞ 虚心学习并向同学、老师、企业师傅请教探讨问题； ☞ 认真观察并发现生产中的问题并合理分析解决问题； ☞ 分学习小组，分工协作实施任务，确保结球甘蓝品质。

任务资讯单

学习情景	结球甘蓝越冬露地生产管理
资讯方式	阅读教材；浏览本课程精品在线开放课程及相关网站；查阅相关书籍；观看 PPT 课件、视频，认真听讲；调研当地结球甘蓝栽培及销售情况；请教老师、企业师傅。
资讯问题	☞ 结球甘蓝栽培特点有哪些？ ☞ 如何选择结球甘蓝的品种？ ☞ 结球甘蓝育苗有哪些方式？ ☞ 培育结球甘蓝壮苗的关键技术要点是什么？ ☞ 定植时需要注意哪些？ ☞ 结球甘蓝栽培环境调控的设施设备有哪些？ ☞ 如何进行精准环境调控？ ☞ 如何明确结球甘蓝的水肥需求？ ☞ 水肥一体化对结球甘蓝生产的作用有哪些？ ☞ 物联网对于结球甘蓝栽培的运行原理是什么？ ☞ 怎样诊断结球甘蓝的生理性病害？ ☞ 如何区分结球甘蓝的病理性病害？ ☞ 结球甘蓝绿色防控的核心是什么？ ☞ 如何实现绿色防控？ ☞ 结球甘蓝采收分级的方法是什么？注意事项有哪些？ ☞ 结球甘蓝采后保鲜的方法有哪些？ ☞ 如何提高结球甘蓝的品质和产量？ ☞ 怎样提高经济效益？ ☞ 怎样才能更好地推广结球甘蓝栽培优质栽培模式，促进当地农业发展？ 二维码 8-1　结球甘蓝生产简介
学习资料	信息单、教材、精品课程网站等

知识链接

结球甘蓝即我们生活里常说的卷心菜、包心菜、高丽菜、莲花白、洋白菜、包菜、圆白菜、疙瘩白、大头菜等，它是我们日常餐桌上的常客。

结球甘蓝是甘蓝的变种，为十字花科芸薹属的植物。结球甘蓝的适应性强，在中国各地普遍栽培，是中国东北、西北、华北等地区四季的主要蔬菜之一，并且南方能全年露地栽培，其特点为抗病、易贮耐运、产量高、品质好等。我国的结球甘蓝栽培面积为世界第一。结球甘蓝是常见的鲜食蔬菜，也是常见的食品加工原料，可用于脱水加工、腌制泡菜、酸菜等。

一、结球甘蓝的起源

结球甘蓝是由不结球的野生甘蓝演化而来，而野生甘蓝起源于地中海至北海沿岸。在 4 000 年前，野生甘蓝开始被古罗马和希腊人栽培食用，并逐渐传遍欧洲各国。由于各地长期有意识的人工栽培和选育，逐渐演化出各个变种的甘蓝类蔬菜，其中包括结球甘蓝、花椰菜、球茎甘蓝、青花菜、羽衣甘蓝、抱子甘蓝等。早在 13 世纪的欧洲就已经开始出现了结球甘蓝类型，再于 16 世纪由东南亚、俄罗斯传入我国。云南《大理府志》是我国最早文字记载结球甘蓝的，其中就有关于“莲花菜”的记载。

二、结球甘蓝的营养价值

我国很早就探索结球甘蓝的营养与药用价值，如《本草纲目》中记载：甘蓝（包心菜），煮食甘美，其根经冬不死，春亦有英，生命力旺盛，故被人们誉称为“不死菜”。包菜性平、味甘，归脾、胃经；可补骨髓、润脏腑、益心力、壮筋骨、利脏器、祛结气、清热止痛，对改善睡眠不佳、多梦易睡、耳目不聪、关节屈伸不利、胃脘疼痛等症有一定作用。包菜营养价值很高。

近年研究发现，结球甘蓝还具有以下功能。

1. 预防胎儿畸形

结球甘蓝富含叶酸，怀孕的妇女及贫血患者可适当多吃一些。

2. 抗氧化、防衰老

结球甘蓝中富含维生素 C、维生素 E、胡萝卜素和钾元素等，具有抗氧化、防衰老的作用，其总维生素含量比结球甘蓝要高 3 倍之多，因此，它具有很好的抗氧化、防衰老作用。

3. 防止骨质疏松

结球甘蓝含有丰富的维生素 A、钙元素和磷元素，能够促进骨骼发育，同时防止骨质疏松。

4. 抗癌

结球甘蓝含有高达 15 种具有抗癌作用的物质，其中，“萝卜硫素”是目前已知蔬菜中最强的抗癌物质，因此，能够预防感冒的发生，也可以抗癌。

5. 润肠通便、促进消化

结球甘蓝含有棉子糖等功能性低聚糖，能够帮助胃肠消化，增殖双歧杆菌，且具有润肠通便的作用，可降低肠癌风险。

6. 减肥、降血糖

结球甘蓝含有很低的热量和脂肪，又含有很高的维生素、膳食纤维和微量元素，能促进肠胃的蠕动，是糖尿病和肥胖患者的理想食物。

7. 抑菌消炎

结球甘蓝含有植物杀菌素，对咽喉疼痛、外伤肿痛、蚊虫叮咬、胃痛、牙痛等有一定的抑菌消炎作用。

8. 治疗溃疡

结球甘蓝含有愈合溃疡的因子，能加速创面愈合，促进溃疡愈合，尤其是胃溃疡。

三、结球甘蓝的植物学特征

1. 根

结球甘蓝根系发达，为须根系，横向伸展半径可达 80 cm，纵向分布在 30 cm 厚的浅土层，因此不耐干旱。根系的再生能力强，适于育苗移栽，由于容易发生不定根，也可用腋芽扦插法繁殖。

2. 茎

结球甘蓝的营养生长期茎短缩，短缩茎分为着生外叶的外短缩茎和着生球叶的内短缩茎。

3. 叶

结球甘蓝的叶的形态取决于生长时期。发芽幼苗期，子叶呈肾形，基生叶呈瓢形，而后转呈卵圆形或圆形，初生叶与幼苗叶都有明显的叶柄；莲座期，叶柄消失，叶面有灰白色蜡粉；结球期，球叶形态为圆球形、圆锥形、扁圆形，主要是黄白色或绿白色。开花坐果期，花茎上的叶小、心形、无叶柄或叶柄很短。

4. 花

结球甘蓝是异花授粉的完全花，为复总状花序，淡黄色。

5. 果实和种子

结球甘蓝的果实为圆柱形的长角果，表面光滑，内有隔膜。种子为圆球形的褐色，无光泽。一般种子使用年限为 2～3 年。

四、结球甘蓝的生长发育周期

结球甘蓝的生长发育周期可分为 4 个时期。

1. 发芽期

从播种到基生叶长出为发芽期，一般地，夏秋季需要 10～15 d，冬春季需要 15～20 d。

2. 幼苗期

从基生叶到第一叶环叶长成即为幼苗期，通常，夏秋季为 25～30 d，冬春季为 40～60 d。

3. 莲座期

从第一叶环叶至第二、第三叶环叶长出，植株轮廓呈现莲花状，即莲座期。通常，早熟品种需要大约 25 d，晚熟品种则需 35 d 左右。

4. 结球期

从开始包心至叶球形成即为结球期(图 8-1)，一般地，早熟品种需要大约 25 d，晚熟品种则需要 40 d 左右。

图 8-1 结球期

五、结球甘蓝环境要求

1. 温度

结球甘蓝是绿体春化型蔬菜，对温度的适应强，喜凉耐冷，既能抗严霜也较耐高温。生长适温为 15～25 ℃，种子发芽适宜温度为 18～25 ℃；幼苗抗性强，能忍耐－12 ℃低温和 35 ℃的高温；外叶生长和抽薹开花适宜温度 20～25 ℃；叶球形成需要 15～20 ℃，且昼夜温差大，有利于积累养分，促进结球紧密，若温度高于 25 ℃，则叶球松散，品质和产量也会下降；而春化温度为 2～5 ℃，在适宜的温度范围内，温度越低，完成春化的时间越短；不同品种对低温春化的要求和时间存在差异，通常早熟品种比中晚熟品种要求的温度较高、范围宽。

2. 光照

结球甘蓝为喜光蔬菜，对光强适应性较广，光饱和点为 30～50 klx。结球甘蓝也是长日照植物，要在长日照条件下才能抽薹开花。

3. 水分

结球甘蓝根系较浅，叶片蒸腾量大，因而对土壤水分要求严格，不耐干旱，因此当空气干燥、土壤干旱时植株的生长变慢，影响结球，从而降低产量。结球甘蓝喜湿，土壤水分充足和空气湿润能够促进生长结球，土壤湿度适宜范围为70%～80%，空气湿度适宜范围为80%～90%。

4. 土壤与营养

结球甘蓝喜肥耐肥，适于微酸到中性的土壤，对土壤类型的适应性较强，耐盐碱，从沙壤土到黏壤土都能种植，且盐渍土上仍可以正常生长，但种植结球甘蓝最好选择土质疏松、肥沃、保水保肥的中性土壤。结球甘蓝对氮、钾元素的吸收较多，磷较少，氮、磷、钾的比例为3∶1∶4。因此，在施足氮肥的基础上，结合施用钾、磷肥，能明显提高结球甘蓝的品质及产量。

任务实施

任务一　制订生产计划

二维码8-2　结球甘蓝生产计划

越冬栽培结球甘蓝应该以科学严谨的专业素养，根据市场需求、气候条件、栽培方式等，选择适宜的结球甘蓝品种，提前制订出合理的生产计划，确保结球甘蓝绿色生产工作的稳步推进，以提高经济效益。

子任务一　品种选择

不同品种之间的植株表现性状不同，应根据结球甘蓝种类、栽培季节，选择适于栽培的品种。

一、结球甘蓝类型

1. 按叶片特征分类

（1）普通结球甘蓝　其叶面平滑，无明显皱纹，叶主脉突出，叶色绿至深绿，是我国及世界各地栽培面积最大的一个变种。

（2）紫结球甘蓝　其叶面形态类似普通结球甘蓝，而外叶和球叶均是紫红色，炒食时会转变为黑紫色，故不宜炒食，多以凉拌鲜食，也可用于观赏种植。总体来说，栽培面积不如普通结球甘蓝，但我国一些地区将其作为特色蔬菜进行栽培，且有逐年扩种的趋势。

（3）皱叶结球甘蓝　其叶色与普通结球甘蓝相似，但叶片因叶脉间叶肉发达，形成凹凸不平的叶面而呈现皱缩，球叶质地柔软，风味好，可炒食。我国栽培面积不大，主要以特色蔬菜栽培，在欧洲种植较为广泛。

2. 按叶球形状分类

（1）平头形　叶球呈扁圆形，其植株较大，介于圆球形与尖球形之间，多为中晚熟品种，具有很强的抗病、抗寒、耐热性能力，且耐贮藏运输，适于夏秋、晚春或秋冬生产。一般，从定植到收获需要 70～100 d，代表品种有'京丰 1 号''黑叶小平头''晚丰'等。我国各地中晚熟春夏甘蓝和秋冬甘蓝多是平头形。平头形在日本也广泛栽培。

(2)尖球形 叶球小且顶部尖形，与心脏形状相似，大型者称为牛心形，小型者称为鸡心形。抗病、耐热性差，但耐寒性强，作为春甘蓝种植不易未熟抽薹。叶片长卵圆形，中肋粗，内茎长，产量较低，多为早熟品种，从定植到收获需 50～70 d，代表品种有'牛心甘蓝''鸡心甘蓝'等。我国南北各地可作春季早熟栽培，尤其是在长江流域常作为越冬栽培。

(3)圆头形 叶近圆形至球形，球形整齐，外叶少且叶球紧实，球叶脆嫩，品质高。冬性不强，多为早熟、中熟品种，从定植至收获需要 50～70 d，多在春秋季节生产，代表品种有'金早生''中甘'系列等。我国北方常作早熟春甘蓝栽培。

3. 按生长期长短分类

(1)早熟品种 从定植至收获需要 40～50 d，代表品种有'四季 39''中甘 12''牛心甘蓝''鸡心甘蓝'等。

(2)中熟品种 从定植至收获需要 55～80 d，代表品种有'平优''中甘 15''迎春'等。

(3)晚熟品种 从定植至收获需要 80 d 以上，代表品种有'黑叶小平头''中甘 9 号''黄苗'等。

二、结球甘蓝栽培季节

结球甘蓝适应性强，既耐寒又耐热，长江流域全年能够露地栽培；华南地区除炎夏外的其余季节均可露地栽培；而北方严冬需要进行设施生产，其余季节均可进行露地生产。东北、西北和华北的高寒地区露地栽培，多于春、夏育苗，夏栽秋收，生长期长，叶球个大，是中国甘蓝的主产区。华北及东北、西北的部分城市，以春、秋两茬栽培为主，也可进行多茬栽培。

1. 越冬栽培

又称为春季栽培，通常为 10—12 月播种育苗，1—3 月定植，3—7 月采收。一般，南方露地栽培，北方设施栽培。产品品质较好，但抗病和耐热性较差。早熟春甘蓝多为圆球形或尖球形，定植后 40～60 d 即可收获。中晚熟品种春甘蓝叶球多为扁圆形，定植后 70～90 d 收获。

2. 夏季栽培

夏季栽培一般是在二季作地区，5—6 月播种，6—7 月定植，8—9 月收获。以平头形的中熟品种为主，耐热、抗病性较好，叶面蜡粉较多，叶色较深。

3. 秋冬栽培

通常在 6—8 月播种，8—10 月定植，秋冬季采收。要求抗病、耐热性较好，通常采用圆球形早熟品种，定植后约 60 d 收获，而平头形中晚熟品种，定植后 70～90 d 收获。

三、品种选择原则

可根据当地种植条件、市场要求、饮食文化、栽培习惯、气候条件因地制宜选用适宜的品种，有利于获得较好的经济效益。如四川喜食火锅、爆炒、泡菜等，颜色翠绿、口感脆甜、叶球松紧适中 、平头形的品种更受欢迎。因此，四川越冬露地栽培，可选择平头形、中晚熟性、抗寒性强、耐抽薹、早熟、耐贮运、商品性好的品种。

四、种子质量

把好质量关，是蔬菜生产关键的一步，应该到正规的农资店购买大厂家生产的种子，要求各项手续齐全。应选择种子包衣处理，并检查包装袋标签标注的各项内容是否齐全真实。应该先详细阅读适宜的种植区域、相应的种植季节、主要性状、栽培措施、适应性、风险提示等，再行购买。

子任务二 制订生产方案

依据当地气候条件，调查市场需求和行业情况，制订出科学的生产方案，确保生产安全无公害，降低生产成本，培育高品质绿色结球甘蓝，从而实现节约资源、保护环境。

一、结球甘蓝种类与种植制度

确定结球甘蓝品种、种植面积、种植方式(间作、套种、是否换茬等)。

二、所需的农业生产资料

包括种子、肥料、农药、生产工具、农膜、黄板等。

三、田间生产的具体内容制订

1. 播前准备

明确材料工具、育苗场地及基质消毒、配制基质、种子处理等。

2. 播种育苗

播种时间、播种量、播种方法、播种深度、覆盖方式、管理等。

3. 田间管理

包括移栽定植、水管理、肥管理、中耕除草等。

4. 病虫害防治

以农业防治为主，配合物理、生物防治，少量使用环境友好型化学药剂。

5. 采收贮藏

明确收获时期、方法、使用工具、分级标准、贮藏等。

四、资金预算

资金预算包括土地租金、农资费用、劳动力费用、管理费用等。

五、确定生产方案

结球甘蓝越冬露地生产方案见表 8-1。

表 8-1　结球甘蓝越冬露地生产方案

序号	生产方案项目	具体实施	备注
1	结球甘蓝种类与种植制度		
2	所需的农业生产资料		
3	生产管理内容制订		
4	资金预算		

子任务三　生产记录及生产记录保存

生产记录通常包括播种育苗、种植管理到采收销售的整个生产过程，如各项农事操作的日期、生育时期、生育情况、农事操作、方式、劳动力、完成情况等（表 8-2），同时记录病虫害的发生和防治情况（表 8-3）。一般农产品生产记录应当保存 3 年。

表 8-2　结球甘蓝越冬露地生产农事操作生产记录单

序号	日期	生育时期	生育情况	农事操作	方式	劳动力	完成情况	备注

表 8-3　结球甘蓝越冬露地生产药剂防治生产记录单

序号	日期	生育时期	病虫害发生情况	药剂名称	来源	用法用量	效果	备注

二维码 8-3　结球甘蓝播种育苗

任务二　培育壮苗

培育壮苗是提升结球甘蓝品质和产量的基础，通常包括种子处理、适期播种、播种密度、深度等。应该提前制订播种育苗计划，保持严谨的工作态度，为产品品质打下坚实基础。

子任务一　选择购买种子

选择种子是蔬菜生产的一关键环节，种子质量关乎到发芽势、苗齐、苗壮，选择饱满、均匀、新鲜、干燥、健康的优质种子可以培育壮苗、增加植株抗逆性，为蔬菜产品器官的成熟打下基础。要到正规的农资店购买大厂家生产的种子，各项手续要齐全。应选择种子包衣处理，并检查包装袋标签标注的各项内容是否齐全真实。购买种子分析单见表 8-4。

表 8-4　购买种子分析单

名称	公司	经销商	手续	标签信息	单价	数量	总价	单据	评价

子任务二　种子处理

包衣种子和丸粒化种子直接播种，未包衣或丸粒化的种子可采用温汤浸种、热水烫种或药剂消毒。

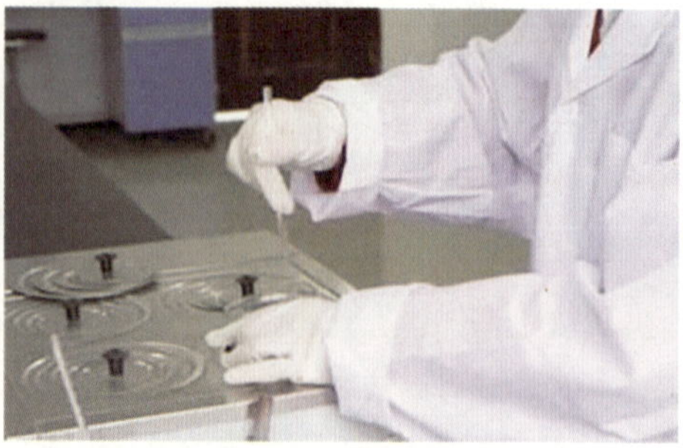

图 8-2　温汤浸种

一、温汤浸种

为提高种子出芽率，将种子放置在常温水里浸湿，再用 45 ℃温水，不断搅拌 10 min，再用清水淘洗干净后加入常温水浸种 4 h(图 8-2)。

二、催芽

浸种完以后，捞出轻轻平铺在湿润的纸上，然后放置在 20 ℃的培养箱中催芽，大约 36 h 可出芽，注意在整个过程中要保持湿润。一般，达到 80%种子出芽，播种效果更佳。出芽后，应及时播种，若不能及时播种，必须降温至 13 ℃左右贮藏，防止胚芽过长。

营养钵每钵 2～3 粒种子，苗床播种拌细土均匀撒播，播种后盖 1 cm 厚细土，以看不见种子为宜。

子任务三　播种育苗

甘蓝的育苗方式有露地育苗、设施育苗两种，育苗的方法又分大田直播育苗和设施穴盘育苗两种。育苗的方式方法主要是由当地的自然环境条件和育苗条件决定的。一般，露地直播育苗较多；夏季高温育苗，则可采用凉棚育苗；冬季气温低，则可采用塑料小拱棚育苗。

一、适时播种

适时播种是预防结球甘蓝未熟抽薹的关键措施。过早播种，越冬幼苗就会越大，在低温下更容易完成春化作用，从而发生未熟抽薹现象，并且越早播种，未熟抽薹的比例就会越高；而过迟播种，幼苗过小，无法及时定植，从而错过早熟早收的时机，导致产品品质与产量降低。因此，要根据当地的气候特点以及品种特性，适当安排播种期，以确保早熟，并防止未熟抽薹。越冬栽培的播种期在 10—12 月，而平头形中晚熟品种最适合的播种期在 10 月下旬至 11 月上旬，尖头形早熟品种播种育苗则应提前在 10 月中上旬。

二、大田直播育苗

1. 土壤要求

苗床应选择近 3 年未种过十字花科蔬菜，且灌溉便利、土质疏松、肥力较好、无污染的园土。

2. 苗床准备

（1）床土配制　播种前要深翻晒地，施足底肥，以腐熟有机肥和复合肥为主，1 m^3 土中可施有机肥 10 kg、三元复合肥（15∶15∶15）1 kg，再浅耙精耕，疏松土壤，使土肥融合，最后，根据当季的雨水情况作畦。

（2）床土消毒　用 50%的 DT 杀菌剂 500 倍液分层喷洒于土上，或用 50%多菌灵可湿性粉剂对苗床土进行消毒拌匀后铺入苗床。

3. 播种

（1）用种量　每 1 m^2 苗床播种约为 3 g，可定植 1 亩。

（2）撒播方法　浇足底水，水渗后覆一层细土（或药土），再将种子和细土均匀混合后撒播在育苗床上。适当稀播，可减少用种量。播种后，用拌有 50%多菌灵可湿性粉剂的过筛细土覆盖，厚度小于 1 cm，过厚会影响出芽，最后可用竹竿趟平土壤，达到均匀覆土。

（3）冬季育苗需要覆盖地膜保温，等种子发芽破土后可揭开，再用长竹片在苗床上每隔 80 cm 左右插 1 根，搭成小拱棚，棚高约 60 cm，上面覆盖塑料膜。在后期的育苗管理中要加强通风，可晴天于 10 点揭膜，15 点盖膜，阴雨天无须覆膜。

4. 间苗

分苗前需要间苗 1～2 次，保证苗距 2～3 cm，同时要及时去掉病弱苗、杂苗、杂草。

5. 分苗

当幼苗 2 叶 1 心时，进行分苗，并放置于营养钵或穴盘内。分苗后要注意水肥及环境条件。露地夏、秋季育苗，若气温太高，可采取浇水、遮阳等方法降温；冬季则需要移栽前进行低温炼苗。

6. 育苗管理

(1)水分管理　幼苗出土后，每天 1 次浇水，浇水量逐次减少。当幼苗 3 片真叶、苗高 5 cm 后，减少浇水次数，应在晴天浇水，浇水后要及时通风。

(2)追肥　及时观察甘蓝的长势情况，生长弱时应适当追肥，以有机肥、复合肥为主，氮肥为辅，应少量多次，以保证幼苗的正常生长。

三、穴盘育苗

穴盘基质育苗比露地直播育苗减少了整地、间苗、分苗的工序，降低用种量，避免了土传病害的发生，幼苗长势强，移栽成活率高，并且移栽后不缓苗，长势旺盛。但成本较高。

(1)穴盘选择　甘蓝育苗多选用 128 孔或 105 孔的穴盘。若移栽时选用全自动移栽机，则育苗时应使用配套的 128 孔专用标准化可卷曲育苗穴盘，便于全自动移栽。穴盘使用前应该及时淋洗、消毒。

(2)设施消毒　我国目前有日光温室、玻璃温室、塑料大棚、连栋温室等设施进行甘蓝育苗，而地区的育苗条件、育苗茬口等存在差异，因此育苗设施也不同，但育苗前都应对设施进行消毒处理，常采用高温闷棚法，即选择夏季持续半月以上晴朗高温天气，密闭育苗设施，进行连续 10～15 d 高温闷棚。

图 8-3　基质配制

(3)基质配制　在室内的洁净且平整地面上，将草炭和珍珠岩以 2∶1 比例加水搅拌均匀，以“手握成团，松手即散”的基质含水量为宜(图 8-3)。

(4)精量播种育苗　根据育苗数量、规模，可选用半自动精量播种机或全自动精量播种流水线进行精量播种，每穴播种 1 粒，播种深度为 0.5～1.0 cm。

子任务四　苗期管理

图 8-4　苗期苗

苗期苗(图 8-4)尽量加强光照，并注意通风降湿，以预防病害发生和幼苗徒长。

一、温度管理

播种后，应保持在 20～25 ℃；幼苗出齐至第 1 片真叶展开后适当降温，温度过高容易形成高脚苗，可通过放风的方式降温，夜间不低于 13 ℃，白天温度 18～23 ℃，高于 25 ℃时，中午要及时放风散热。

二、水分管理

出芽前，一般不需要浇水，基质湿度以见干见湿为宜；幼苗出土后，每天 1 次浇水，浇水量逐次减少。当幼苗 3 片真叶、苗高 5 cm 后，减少浇水次数。

三、追肥

及时观察甘蓝的长势情况，生长弱时应适当追肥，以有机肥、复合肥为主，氮肥为辅，应少量多次，以保证幼苗的正常生长。

定植前 15 d 左右炼苗，并将病虫株、弱劣株、畸形株去除。

四、常见问题

1. 早期春化

当早甘蓝 3 片叶或晚甘蓝 6 片叶、茎粗 0.6 cm 左右时，遇低于 12 ℃的低温且达 25～30 d，会出现春化早抽薹。遇 9 ℃以下的低温 15 d，就可完成春化阶段。

2. 徒长苗

在阴雨寡照条件下，床土高温高湿，易出现徒长现象，胚轴长，叶片薄而黄绿，叶柄细长，叶间距大。甘蓝耐低温，适应性强，为防徒长，必须蹲苗。

3. 老化苗

床土干旱或过低土温的时间较长，则易出现秧苗矮小现象，生长慢，叶片小而色黑绿，根系不舒展或呈现锈色。

五、壮苗标准

苗龄大概 30 d，植株健壮，株高约 12 cm；茎粗 0.5 cm 以上，下胚轴和节间短；6～8 片叶片，肥厚、蜡粉多、呈深绿带紫色；根系发达，须根多，未春化；全株无病虫害、无机械损伤。

情况分析及体会

任务三　栽培管理

结球甘蓝产地应选择在无污染和生态条件良好的地区，基地大气质量、灌溉用水、土壤条件均符合《绿色食品产地环境技术条件》(NY/T 391—2000)，并且具有可持续生产能力，以生产出安全健康的结球甘蓝。

二维码 8-4　结球甘蓝栽培管理

一、土壤条件

结球甘蓝喜肥耐肥，根系发达，且吸收能力强，适于微酸到中性的土壤，耐盐碱，对土壤类型的适应性较强，从沙壤土到黏壤土都能种植，且盐渍土上仍可以正常生长，但种植结球甘蓝最好选择土质疏松、肥沃、保水保肥的中性土壤。结球甘蓝怕涝，要求地势较高、排水通畅、利于农机操作的田块。结球甘蓝忌连作，且前茬应为非十字花科作物。

二、整地

采用适当的机械进行除草、深耕、施肥、起垄、铺滴管、覆膜等农事操作，有利于实现甘蓝轻简化生产，提高工作效率及质量，降低生产成本。

图 8-5 旋耕

1. 灭茬翻晒

在种植前半个月，或在前茬作物结束后，人工清理田间植株残体和杂草后，可直接进行深翻作业。也可采用灭茬机将田间植株残体和杂草进行灭茬旋耕，根据地块的平整度旋耕 1～2 遍(图 8-5)。使用灭茬旋耕一体机可以实现一次性灭茬旋耕，使田块更加平整、细碎，既满足了后续机械化作业要求，也大幅度提高了劳动效率。深翻后晒田 10 d 左右，耕深 40 cm 以上，每年宜进行 1～2 次深翻。

2. 施基肥

基肥通常采用撒施，也可以条施、穴施。采用机械化施基肥，每 667 m^2 撒施有机肥 500～1 000 kg、硫酸钾型复合肥 40 kg。具体施肥量可根据土壤肥力情况适当调整。

3. 作畦

根据当地的地域、地势、气候、降雨量和土壤的类型等，选择作成适宜的畦。南方越冬露地栽培结球甘蓝，此时期降水量少，可因地制宜做成平畦、低畦、高畦，畦宽 1 m 左右，垄中间留一水沟，方便浇水或安装滴灌浇水。也可采用起垄施肥铺滴灌管覆膜一体机，一步到位，可省工、省力、省时。

定植时，采取一垄双行(一畦双行) 的形式，小行距 40 cm，株距 35 cm，

三、定植时期

结球甘蓝越冬栽培，苗龄 50～70 d，幼苗则会长出 6～8 片真叶，土壤温度达到 12 ℃以上时，就可定植。应选择健壮完整、根系发达、长势一致、茎粗的带土无病壮苗，进行移栽，效果更好。

四、种植密度

合理的种植密度才能确保结球甘蓝的品质和产量，栽培过稀则产量低，栽培过密则光照不足、通风不良，易出现病虫害，并且莲座期会出现基部叶萎黄、脱落，新叶继续散开，结球延迟；结球期，叶球不整齐。因此在结球甘蓝定植时，密度不宜过大，以防止光照不足、通气不良。株行距大小因品种株型而定，通常株距为 30～35 cm，垄内行距 40 cm，每 667 m^2 栽植 4 000 株左右。

五、移栽定植方法

图 8-6　定植

移苗前需要对选好的壮苗进行杀菌消毒，一般采用甲霜灵（58%）、锰锌可湿性粉剂 500 倍液进行喷雾，做到带药移栽。结球甘蓝越冬定植，应选在晴天中午；若夏季定植，则应选在阴天下午。

先用打孔器按株行距打好孔，孔深应比育苗土较深，再将壮苗轻拿出穴盘或营养钵，放置穴内，以幼苗子叶平土为准，最后将苗扶正，轻轻用土压实固定（图 8-6）。

根据生产实际需求、品种所需的株行距选择适宜的移栽机。采用双行自走式或拖挂式移栽机进行移栽时，栽植深度应比穴盘苗基质的上缘高出 0.5～1.0 cm，移栽能够达到“精、准、快”，从而提高移栽成活率。

定植后立即浇足定植水，以促进缓苗，提高成活率。定植后 4～5 d 浇缓苗水，结合浇缓苗水轻施催苗肥 1 次，每 667 m^2 施尿素 7.5～10 kg。

六、田间管理

田间管理的好坏直接决定了结球甘蓝的品质及产量，因此要明确田间管理内容及方法，科学合理地进行管理，从而促进品质和产量。

1. 养分管理

结球甘蓝各个生育阶段对养分的需求存在较大差异，要结合当时的实际状况，坚持“先控后促”的肥水管理原则，科学追肥。一般，立春前气温低，结球甘蓝的长势慢，这个时期主要需要氮，莲座期对氮的吸收达到最高，同时对磷和钾的吸收量逐步增多，因此苗期少肥，定植时略施活棵肥，成活以后一般不再追肥，基肥即可满足；立春后，春暖气温回升，此时结球甘蓝进入莲座期、结球期，分次重施追肥，可促进生长进程。年后追肥分 3 次进行，第 1 次于气温回升后薄施提苗肥，后 2 次分别于莲座期和结球前期重施速效肥，肥料成分以氮、钾为主，中微量元素为辅，尤其是补充钙镁肥可以预防结球甘蓝因缺钙造成的干烧心、补充硼肥有利于减少包心不实的情况。中晚熟品种在结球中期增加追肥 1 次，一般施肥要结合浇水或降水进行。追肥可采用水肥一体化精准施肥，既实现了轻简化水肥管理，又可有效节约肥水，从而节约资源，降低对环境的影响。

2. 水分管理

水分是生命之源，要适时对结球甘蓝进行浇水。结球甘蓝喜湿又不耐涝，要做好排水，以免根系由于浸泡时间长而发生沤根。结球甘蓝越冬栽培，在定植缓苗后，冬季气温低、生长缓慢，可少浇或不浇水，以防止冻害，等开春回暖后要视情况及时浇水，莲座期和结球期都需要大量的水分，应及时根据天气及土壤现状合理浇水，促进其生长发育。

3. 中耕除草

经常浇水和施肥，地面容易板结，可根据杂草及土壤板结情况进行多次中耕松土，清除杂草，以使土壤疏松，利于浇水施肥和根系生长，减少蜗牛、蛞蝓等虫害。一般，初期浅中耕，疏松表土即可，当苗高 12～15 cm 时进行深中耕 1 次，深度 10 cm 左右。

结球甘蓝的移栽定植及其管理直接影响产品的品质及产量，因此要因地制宜，适时进行科学合理管控，让它茁壮成长。

情况分析及体会

任务四　绿色防控

二维码 8-5　结球甘蓝绿色防控

通过选用抗性品种、培育壮苗、科学水肥，利用微生物、天敌、捕虫灯等措施，有效改善和优化田间生态系统，从而减少病虫害的发生，保护环境，保障产品质量安全，进而提高经济效益。

一、防治原则

结球甘蓝病虫害的绿色防控要坚持“预防为主，综合防治”的方针，以农业、物理、生物防治为主，化学防治为辅，用环境友好型化学药剂控制病虫害的发生，减少对环境的污染。

二、防治对象

结球甘蓝病虫害种类较多，虫害常以蚜虫、菜青虫、夜蛾等混合发生，种群结构复杂。病害主要有霜霉病、软腐病、黑腐病等，对其产量和品质均产生严重影响，导致商品价值和经济效益降低，应提前制订出结球甘蓝的绿色防控计划。

三、结球甘蓝病害绿色防控

（一）黑腐病

1. 症状

黑腐病是甘蓝类蔬菜主要的病害之一，属细菌性病害。主要为害叶片、叶球或球茎。幼苗受害，子叶初始产生水渍状斑，逐渐变褐枯萎或蔓延至真叶，使叶片的叶脉呈长短不等的小条斑；叶片染病，叶缘出现黄色病变，呈“V”字形病斑，发展后叶脉变黑，叶缘出现黑色腐烂，边缘产生黄色晕圈。

2. 防治方法

农业防治

①选用良种。防治结球甘蓝黑腐病最经济有效的方法是选用抗病品种。

②轮作换茬。合理轮作换茬，与除十字花科外的作物如南瓜、茄子、辣椒、豇豆等进行合理轮作，可以大大降低甘蓝黑腐病的发病率。

③适期播种。首先根据生产季节、播种地环境、设施条件等选择适宜品种适时播种，或适当提前或延后播种，避开高温高湿的环境，以减轻病害发生。

④培育壮苗。播种前对种子消毒，可采用温汤浸种，还可以用45%的代铵水剂进行种子消毒。

⑤高畦栽培。最好选择土壤疏松肥沃、保肥保水地，采用深沟高厢栽培，畦宽 130 cm、高约 20 cm。

⑥合理浇水。定植后要根据季节、土壤及苗子情况，及时灌溉或排水，避免田间过旱或过涝，莲座期保证土壤水分充足，在采收期前，停止浇水以便采收。

⑦科学施肥。适当增施磷钾肥，可叶面喷施磷酸二氢钾溶液，或者随水冲施富含磷钾和多种微量元素的肥料，以增强植株抗黑腐病的能力。

2. 生物防治

生物防治具有安全、有效、无污染的特点，符合当下蔬菜生产的要求，近年来被广泛地研究和推广应用。枯草芽孢杆菌、链霉菌、放线菌、真菌对黑腐病均有一定的防控作用。播种时，可以用其进行拌种处理；定植时可以灌根或蘸根；中耕或浇水时，可直接撒在植株旁边；施肥时，可随肥穴施。使用微生物防治不仅可以控制病原菌的菌源量，而且可以促进植株根系生长，提高植株抗性。

3. 化学防治

化学防治见效快，目前仍然是最常用的防治措施。药物防治要提前预防，持续防治，多种药物结合防治，以降低病原菌的耐药性。药剂防治在发病初期，可喷施 72%农用链霉素可溶性粉剂 4 000 倍液，或 77%氢氧化铜可湿性粉剂 500 倍液，7～10 d 喷 1 次，连喷 3～4 次。

（二）霜霉病

甘蓝霜霉病主要是为害叶片。病斑多角形，初为淡绿色，以后变为黄褐色、紫褐色或暗褐色。天气潮湿时，叶背面产生白色霉层，有时叶正面也产生霉层，即病菌的泡子囊及泡子梗。发生严重时，病斑连成片而干枯。

1. 农业防治

①选用抗病品种。

②拌种。播种前可用50%福美双可湿性粉剂或 75%百菌清可湿性粉剂拌种，用量为种子量的 0.4%。

③与非十字花科作物隔年轮作，最好是水旱轮作。

④加强栽培管理，施用发酵过的农家肥。发现病株及时拔除，收获后及时清除病残株并深埋，以减少病源。

⑤苗床注意通风透光，不用低湿地作苗床，结合间苗摘除病叶和拔除病株。低湿地采用高畦栽培，合理灌溉施肥，收获后清园深翻。

2. 生物防治

草芽孢杆菌、链霉菌、放线菌、真菌对霜霉病也有一定的防控作用。使用方法参考黑腐病生物防治。

3. 药物防治

发病初期或出现中心病株时，应即喷药保护，老叶背面也应喷到。每 667 m^2 每次使用 75%百菌清可湿性粉剂 600 倍液，或 65%代森锌可湿性粉剂 500 倍液。

四、结球甘蓝虫害绿色防控

(一)蚜虫

蚜虫喜在叶面光滑、蜡质较多的十字花科蔬菜上刺吸植物汁液，造成叶片卷缩变形，植株生长不良，影响包心，并因大量排泄蜜露，可引起煤污病。此外，还传播病毒病。

1. 农业防治

①选用抗虫品种。

②修剪枝叶除蚜，摘除有蚜虫的底叶和老叶。

③清除田间及附近杂草，结合间苗定苗或移栽，除去有蚜株。

2. 物理防治

①利用蚜虫的趋黄性，诱杀有翅成虫。可在保护地内均匀悬挂黄板，300 块/hm^2，上面均匀涂抹黄油，悬挂高度为距离地面 30 cm。

②有翅蚜虫对银灰色有拒避作用，在地表覆盖银灰色地膜，可抑制有翅蚜虫的着落和定居。

3. 生物防治

利用天敌进行防治，菜田可投放捕食性天敌瓢虫、大草蛉、小花蝽、黑带食蚜蝇等，或者寄生性蚜茧蜂和蚜小蜂。

4. 化学防治

常用的药剂有 10%吡虫啉可湿性粉剂、70%灭蚜松可湿性粉剂等。

(二)菜青虫

幼虫食叶，轻者叶片出现空洞和缺刻，重者心叶吃净，老叶只剩下叶柄和叶脉，同时排出的虫粪也会污染叶面，使蔬菜品质大大下降，而且伤口容易引起病菌侵入，引发病害。

1. 农业防治

及时清除残枝老叶，并深翻土壤，避免与十字花科蔬菜连作。间作套种。与薄荷或番茄间作或套种可驱避菜粉蝶产卵，减少为害。避免十字花科蔬菜单一品种的大面积种植。进行地膜覆盖栽培，提前早春定植期，提早收获，可避开第二代幼虫为害。

2. 物理防治

可采用频振式杀虫灯来防治，能够很好地杀灭成虫、降低田间虫口密度，控制其为害蔬菜。还可用色胶板诱虫。有条件的可采用防虫网隔离栽培。

3. 生物防治

①使用 Bt 乳剂(苏云金杆菌制剂)800～1 000 倍液，视害虫发生情况隔 10 d 喷一次。

②在害虫产卵高峰前，利用赤眼蜂（适宜蜂种为广赤眼蜂），每 667 m^2 放蜂量 15 000～30 000 头(视害虫卵的数量而定)，这样可将害虫消灭在卵孵化高峰之前。

③短稳杆菌、金龟子绿僵菌、苦参碱对甘蓝菜青虫也有很好的防治效果。

4. 化学防治

5%甲维虫螨腈 1 500 倍液，或 5%康宽 1 500 倍液喷施。也可在临近收获期使用安全、低毒的微生物农药 Bt、球孢白僵菌等。

五、农药安全间隔期

农药安全间隔期主要是指从最后一次施药至作物收获的间隔天数，即自喷药后到农药残留量降到最大允许残留量所需的时间。通常，安全间隔期受蔬菜品种、各种药剂的代谢速度和季节的影响。因此，在结球甘蓝生产中，严格按照农药使用说明，确保最后一次喷药与收获之间的时间必须大于安全间隔期，同时严禁在安全间隔期内收获结球甘蓝。

作为新时期农业技术人员要保证食品安全和生态安全，对结球甘蓝病虫害进行绿色防控，实现经济和社会双重效益。

田间诊断

任务五　采收贮藏

适时采收能够确保蔬菜产品品质，便于运输，能保障消费者的最佳口感；而产品分级能针对不同消费市场进行不同的销售策略，可提高经济效益，促进结球甘蓝产业的良性发展。

二维码 8-6　结球甘蓝采收贮藏

一、采收时间

适时采收是保证结球甘蓝产品质量，实现高产、稳产的关键措施。由于不同品种的结球甘蓝采收期差异较大，可以根据结球甘蓝叶球的紧实度来判断采收期，一般通过肉眼观察或用手轻压，当甘蓝结球紧实后即可采收。宜根据市场行情及田间长势确定采收时间，陆续分次适时采收上市。结球甘蓝在花薹抽出前必须进行采收，适宜的采收期可以有效降低结球甘蓝未熟抽薹的发生率。

二、采收方法

（一）采收前准备

采收前 15 d，对结球甘蓝大田随机抽检“农残”情况，经抽检合格方可采收上市。

(二)采收

一般分为人工采收和机械采收。采收前需将刀具消毒。采收时,可从外部叶片的根部轻轻割下,保留1~2层外部叶片。切口应处理干净,最多保留3 cm粗茎。采收也可连根拔起,然后用刀除去老叶、黄叶、残叶等。机械采收还要注意正确操作,避免对甘蓝叶球造成损伤,导致甘蓝的商品价值降低。

(三)采收后处理

1. 采后修整

采后修整包括去掉老根,摘除老叶、黄叶、病虫叶等,保留3~6片外叶将菜体包裹,形成保护层。

2. 晾晒处理

晾晒可减少机械损伤和病虫害,保护叶球,同时使刀口愈合。具体操作是采收后选择干燥通风处适当晾晒菜体,使其失水10%~15%,外叶失去脆性即可。

三、产品分级标准

产品分级能够对产品进行不同定位销售,满足不同消费者的需求,可提高经济效益。

(一)基本要求

去除甘蓝老叶、黄叶、病虫叶等,按叶球大小分级,要求球色鲜亮、球形圆、包球紧实,中心柱短,叶球大小适中,不易裂球,耐贮运性强。

(二)等级划分

分级一般根据甘蓝的品种、大小、采收成熟度进行分级,分级标准参见《绿色食品食用花卉》(NY/T 1586—2015)。大小的分级标准可参考表8-5。

表8-5 结球甘蓝规格 kg/个

规格	大(L)	中(M)	小(S)
平头结球甘蓝	>2.5	1.5~2.5	<1.5
同一包装中最大和最小质量的差异	≤0.5	≤0.4	≤0.3
圆头结球甘蓝	>1.5	1.0~1.5	<1.0
同一包装中最大和最小质量的差异	≤0.4	≤0.3	≤0.2.
尖头结球甘蓝	>1.2	0.7~1.2	<0.7
同一包装中最大和最小质量的差异	≤0.3	≤0.2	≤0.2

四、包装

结球甘蓝可采用天然竹筐、塑料筐、板条箱等容器包装。为保护甘蓝,包装容器内壁要光洁、柔软,箱底部宜铺加弹性或软质材料。

为防止脱水,贮藏时可采用聚乙烯薄膜袋折口作为内包装,或者在堆码好的包装箱底与四壁铺盖聚乙烯薄膜。包装材料应符合国家相关安全卫生标准要求,产品的包装与标识应符合相关规定。

五、贮藏

用于贮藏保鲜的甘蓝选择晚熟、结球紧实、外叶粗厚坚韧且有蜡质的耐寒抗病品种。一般在采收前 7～10 h 不得灌水。采收尽量选在天气晴朗时进行，阴雨天、有雾、球面潮湿时不适于采收。贮藏最适温度为 0～1 ℃，相对湿度 85%～95%。因甘蓝对低温的忍受能力比较强，在低温下加适当的保鲜包装，能将保鲜期延长 2～3 个月。

六、运输与冷链流通

运输甘蓝宜使用冷藏车或冷藏集装箱，运输前先对制冷系统进行全方位的检查，以保证在整个运输及销售过程中都能将环境温度控制在 0 ℃，装车前先将箱体温度降到 0 ℃，并快速装卸。

结球甘蓝的适时采收、按规定分级、科学贮藏能够保证产品食用品质，可以提高商品价值，延长结球甘蓝的销售周期及范围，增加经济价值。

总结分析

活动评价单

学习情景		结球甘蓝越冬露地生产管理					
项次	项目要求		配分	评分细则	自评得分	小组评价	教师评价
素养（20分）	纪律情况（7分）	按时上课，不早退	2分	缺勤全扣，迟到、早退出现1次扣1分			
		积极思考问题	4分	根据上课回答问题情况得分			
		学习用品准备	1分	自己主动准备好学习用品并齐全			
		执行教师要求		此为否定项，违规酌情扣10～100分，违反校规按校规处理			
	职业道德（8分）	团结友爱	2分	主动合作和帮助同学得2分；合作不积极得1分			
		吃苦耐劳	2分	农耕劳作乐于吃苦得2分；敷衍行事得0分			
		严谨细致	2分	对学习精益求精且效果明显得2分			
		知农爱农	2分	对农业生产有热情，用心学农得2分；被动学习得1分			
	阅读能力（5分）	快速阅读能力，并理解要求	5分	能快速明确任务要求并清晰表达得5分；能主动沟通指导都合格得3分；其余不得分			
任务完成情况（80分）	制订生产方案		10分	按要求实施并取得预期结果得10分；不符合要求逐项扣分			
	培育壮苗		10分	按要求实施并取得预期结果得10分；不符合要求逐项扣分			
	播种育苗		10分	按要求实施并取得预期结果得10分；不符合要求逐项扣分			
	栽培管理		15分	按要求实施并取得预期结果得15分；不符合要求逐项扣分			
	绿色防控		20分	按要求实施并取得预期结果得20分；不符合要求逐项扣分			
	采收贮藏		15分	按要求实施并取得预期结果得15分；不符合要求逐项扣分			
合计			100分				
总分（自评10%，小组评价30%，教师评价60%）							
组长签字			教师签字				

知识拓展

二维码 8-7　结球甘蓝不结球

二维码 8-8　结球甘蓝先期抽薹

模块九　芽苗菜蔬菜绿色生产

学习情景1　花生芽菜周年无土生产

学习任务单

学习情景1	花生芽菜周年无土生产
知识目标	☞ 了解花生芽菜的起源、种类、生育特征、市场定位等内容； ☞ 理解花生芽菜种子处理、催芽、播种、环境调控、绿色防控、采收分级的原理及方法； ☞ 掌握花生芽菜从生产方案制订到栽培管理的方法及技巧。
能力目标	☞ 能够设计花生芽菜生产管理方案； ☞ 能够根据市场的需求选择品种、播种育苗； ☞ 能够选择适宜的设施设备； ☞ 能够根据实际情况选择适合的育苗盘，并按要求播种； ☞ 能够根据花生芽的长势，适时进行环境调控、水肥管理； ☞ 能够及时诊断花生芽菜生育情况，适时适量进行绿色防控； ☞ 能够适时采收花生芽菜，并按标准分级、保鲜、销售； ☞ 能够自主分析解决问题，进行知识迁移。
思政目标	☞ 养成团结协作、吃苦耐劳、严谨细致的职业精神； ☞ 培养遵纪守法、保护生态的职业责任感； ☞ 树立知农、爱农、服务“三农”的使命感。
任务描述	根据市场需求、当地气候条件、栽培条件等因素，制订科学合理的花生芽菜优质栽培管理方案，并对花生芽菜生产前准备、种子处理、催芽、播种育苗、环境调控、绿色防控、采收贮藏的整个栽培管理过程按要求实施任务，最终培育出优质高产的花生芽菜。
任务要求	☞ 按照任务资讯单内容，认真准备资讯问题； ☞ 按各项任务的具体要求，认真设计生产方案并实施； ☞ 严格按照要求实施各项任务，确保花生芽菜绿色优质生产； ☞ 严格遵守劳动纪律，认真踏实对待各项任务； ☞ 虚心学习并向同学、老师、企业师傅请教探讨问题； ☞ 认真观察并发现生产中的问题并合理分析解决问题； ☞ 分学习小组，分工协作实施任务，确保花生芽菜品质。

任务资讯单

学习情景 1	花生芽菜周年无土生产
资讯方式	阅读教材；浏览本课程精品在线开放课程及相关网站；查阅相关书籍；观看 PPT 课件、视频，认真听讲；调研当地花生芽菜生产及销售情况；请教老师、企业师傅。
资讯问题	☞ 花生芽菜无土生产的特点有哪些？ ☞ 如何选择花生芽菜的品种？ ☞ 如何进行茬口安排？ ☞ 花生芽菜育苗有哪些方式？ ☞ 培育花生芽菜整齐鲜嫩的关键技术有哪些？ ☞ 花生芽菜播种前需要准备哪些工作？ ☞ 定植时需要注意哪些问题？ ☞ 室内环境调控的设施设备有哪些？ ☞ 如何进行精准环境调控？ ☞ 如何明确花生芽菜的水肥需求？ ☞ 物联网对于花生芽菜无土生产的运行原理是什么？ ☞ 怎样诊断花生芽菜的生理性病害？ ☞ 如何区分花生芽菜的病理性病害？ ☞ 花生芽菜绿色防控的核心是什么？ ☞ 如何实现绿色防控？ ☞ 花生芽菜采收分级的方法是什么？注意事项有哪些？ ☞ 花生芽菜采后保鲜的方法有哪些？ ☞ 如何提高花生芽菜的品质和产量？ ☞ 怎样提高经济效益？ ☞ 怎样才能更好地推广花生芽菜无土生产，促进当地农业发展？
学习资料	信息单、教材、精品课程网站等

知识链接

花生种子发芽后可作为芽菜食用，称为花生芽。花生芽苗菜富含白藜芦醇，具有抗衰老、抗氧化等功效，食用口味鲜嫩香甜，已成为一种健康时尚的保健食品，广受消费者喜欢。花生芽苗菜中的白藜芦醇含量是花生仁的 100 倍，而白藜芦醇是一种天然的预防药剂，能够有效预防癌症和心血管等疾病。白藜芦醇也是一种极具潜力的抗衰老天然有机物，因此，其市场前景非常广阔。为保证花生芽苗菜周年化生产供给，满足人们的消费需求，生产中常采用工厂化培育的方式生产。

花生芽苗菜生产工艺如下：选种→种子处理→浸种→催芽→种植管理→上架管理→日常管理→采收→冷藏保鲜→分级包装→产品保鲜→出厂销售或产品深加工。

花生芽苗菜是一种营养丰富的绿色食品，也可以作为其他微生物的良好培养基。花生芽苗菜在进行工厂化生产时，要做好催芽、光照、温湿度、水分等生产因素与环节的管理工作，营造一个干净、适宜的花生芽苗菜生长环境，才能实现稳产、高产的目标，确保生产出高品质的花生芽苗菜，满足人们日常消费的需求。

任务实施

任务一　生产前准备

子任务一　制订生产计划

二维码 9-1　花生芽菜无土栽培

根据当地气候条件和市场消费条件，选择相应的设施设备，节约资源、保护环境，使用科学技术，确保生产安全无公害，降低生产成本，培育高品质绿色花生芽菜。

一、花生芽菜种类与种植制度

确定品种、生产面积、生产方式等。

二、所需的农业生产资料

包括厂房、设施设备、生产工具、种子、消毒药等。

三、生产管理内容制订

1. 生产前准备

包括厂房、设施设备、生产工具、种子等。

2. 种子处理

包括选种、浸泡、催芽等。

3. 播种育苗

包括播种量、浇水、环境调控等。

4. 绿色防控

以农业防治为主，配合物理、生物防治，不直接使用环境友好型化学药剂。

5. 采收贮藏

明确收获时期、方法，使用工具、分级标准、贮藏保鲜等。

四、资金预算

包括土地租金、设施、农资、劳动力、管理费用等。

花生芽菜周年无土生产计划见表 9-1。

表 9-1　花生芽菜周年无土生产计划

序号	生产计划项目	具体实施	备注
1	花生芽菜种类与种植制度		
2	所需的农业生产资料		
3	生产管理内容制订		
4	资金预算		

子任务二　生产记录及生产记录保存

生产记录通常包括播种育苗、种植管理到采收销售的整个生产过程，如各项农事操作的日期、生育时期、生育情况、农事操作、方式、劳动力、完成情况等（表 9-2），同时记录病虫害的发生和防治情况（表 9-3）。一般农产品生产记录应当保存 3 年。

表 9-2　花生芽菜周年无土生产记录单

序号	日期	生育时期	生育情况	农事操作	方式	劳动力	完成情况	备注

表 9-3　花生芽菜周年无土生产药剂防治生产记录单

序号	日期	生育时期	病虫害防治情况	药剂名称	来源	用法用量	效果	备注

子任务三　培养室准备

在花生芽苗菜生产中，厂房的方位一般选择坐北朝南，四周空旷，保证通风散湿情况良好。每间培养房的大小设置为 5 m×5 m×5 m 较为适宜，每间培养房摆放 2 排培养架，培养架的宽度为 0.6 m 宽，每排培养架设有 5 层，层高为 0.5 m。

在花生芽苗菜生产前，要做好生产环境消毒处理，常采用烟剂熏蒸的方法进行消毒，以降低培养房内的湿度和病虫害。每间培养房用暗火点燃后熏蒸消毒，选用 22％的敌敌畏烟剂 500 g 加 45％的百菌清烟剂 250 g，混合使用；也可选择在培养房内撒生石灰，然后用硫黄粉进行密闭熏蒸消毒。在培养房进行消毒期间，禁止进行一切生产活动。

子任务四 育芽盘准备

生产花生芽选用的塑料育苗盘的规格为 54 cm×27 cm×6 cm，育苗盘的底部均有滤水孔。

在花生种子发芽的过程中，由于呼吸作用会产生许多热量，并有废气、黏液等排出，因此在生产前要对浸种所用的容器、种植盘等进行清洗、消毒，以免发芽期间发生病害。清洗消毒过程如下：首先将浸种所用的容器、种植盘用热洗衣粉溶液浸泡 15 min，取出后，再用清水冲洗干净，然后用 0.1%漂白粉水溶液再浸泡 15 min，取出后，再用清水彻底清洗干净便能使用。除此之外，生产工具也可以用热蒸气对其进行消毒，这样效果更好。

子任务五 种子选择

选择种子是蔬菜生产的关键环节，种子质量关乎发芽势、苗齐、苗壮。因此，选择饱满、均匀、新鲜、干燥、健康的优质种子可以培育壮苗、增加植株抗逆性，为产品器官的成熟打基础。要到正规的农资店购买大厂家生产的种子，并且各项手续齐全。应选择种子包衣处理，并检查包装袋标签标注的各项内容是否齐全真实。

选种的基本标准：应根据种子的颗粒大小、含油量、向地性、新鲜程度等进行选择(图 9-1)。

图 9-1 种子

一、根据种子的颗粒大小进行选择

花生的种子有大粒、中粒和小粒的区别，大粒种子的千粒质量在 800～1 300 g，中粒种子的千粒质量在 500～800 g，小粒种子的千粒质量在 300～500 g，选种时一般选择小粒花生种子为宜。

二、根据种子的含油量进行选择

选种时常选择含油量低的品种。这是因为高含油量的花生种子天气热时容易产生黄曲霉素，会使种子的发芽率及产品的品质降低。

三、根据种子的向地性进行选择

选种时应选择向地性一般的花生品种。原因是有些花生品种的向地性很强，生产过程中会出现芽苗菜的根穿透了种植盘的现象，甚至会出现胚轴穿过种植盘的现象，这会严重影响花生芽苗菜的产量与质量。

四、根据种子的新鲜程度进行选择

选种时必须选择新鲜的花生种子。做到随用种子随剥壳，这是因为剥壳后的花生种子在常温下发芽保质期只有 2～6 个月，而且保质期的长短跟周围环境息息相关，如温暖季节保质时间会变短，冷凉季节保质时间则要长一些，但是都不能越夏。通常为了贮藏剥了壳的花生种子，会将剥了壳的花生种子放在加了种子贮藏剂的铝箔袋中，密封贮藏。生产选种的时候，还要对剥好的花生种子进行精选处理，要剔除一些瘪小、虫蛀、破损、发霉、破碎、发过芽的劣质种子，选用颗粒饱满、大小均匀的优良种子。购买种子分析单见表 9-4。

表 9-4　购买种子分析单

名称	公司	经销商	手续	标签信息	单价	数量	总价	单据	评价

任务二　种子处理

子任务一　浸种

浸种之前，先要用臭氧水淘洗 2～3 次选好的种子，淘洗过程中尽量不要碰伤种皮；淘洗完成后，再进行 6～10 h 的清水浸种，要保证清水的用量大于种子体积 5 倍以上。一般浸种时间的长短和温度有关，如在温暖季节浸种的时间为 6～8 h，而在冷凉季节浸种的时间为 8～10 h，严冬季节直接用 30 ℃的温水浸种。浸种期间要适时对种子进行翻动，一般每隔 2～3 h 翻动 1 次。判断种子是否浸种完成，要看花生种子是否吸足水分、充分膨胀，直到表皮没有一点儿皱纹时，才能捞取种子，并用清水冲洗干净。

子任务二　催芽

将浸种好的种子均匀播入种植盘后，就要及时进行催芽处理。每天将单个摆开的种植盘用洒水壶淋透水 3～4 次。为了保证出芽的整齐度，在催芽期间，种植盘还要转动方向和位置 1～2 次，注意不要碰伤种皮。一般当温度保持在 20～25 ℃的条件下时，有 2～3 d 花生种子基本上都能出芽（图 9-2）。在催芽的过程中，及时用镊子剔除腐烂和没有出芽的种子。

图 9-2　花生芽

情况分析及体会

任务三　播种育苗

催芽完成后，要将种植盘摆放在培养架上，每天用洒水壶均匀淋透水2～5次，不同季节淋透水的次数不同，如春秋季一般每天淋透水3次；冬季寒冷，一般每天用20～30 ℃的温水淋透2次；夏季炎热，一般每天淋透水4～5次，最好是使用井水。培养房保证最佳的环境温度为25～28 ℃，温度偏低，生长较慢，如果温度低于15 ℃，要采取保温增温措施，如开空调暖风、关好门窗等；如果温度偏高，生产时易出现锈腐情况，这直接影响花生芽苗菜的品质与口感，当温度高于38 ℃时，要采取避暑降温措施，如开空调冷风、房屋覆盖遮阳网等。

在花生芽苗菜生产过程中，水分、温度、湿度对芽苗菜的产量和品质影响很大，因此一定要坚持“小水慢浇”原则，一旦出现芽体泛黄的迹象，应立即降低培养房的温度，加强其通风换气，保持空气清新。此外，花生芽苗菜的整个生产过程都不需要光照，因而一定要有良好的遮光设施。

情况分析

任务四　采收销售

子任务一　采收

当培养3～4 d时，花生种子的下胚轴已经有4～5 cm，且子叶尚未展开，种皮也未脱落，芽体呈乳白色或浅黄色时即开始采收。通常，每1 kg干花生种子可生产出3.5～4.0 kg花生芽苗菜。

子任务二　分级包装

花生芽苗菜去根后长约5 cm，芽体呈乳白色或浅黄色，分为一级、二级产品，直立合瓣的为一级，其他的产品为二级。为满足不同客户的需要，分装时一般以0.5 kg、1 kg、2.5 kg、5 kg进行分装。

子任务三　销售

分级包装好的产品就可立即出厂销售，对于一时销售不完的产品，要做好贮藏处理，即放入低温冷库中贮藏，花生芽苗菜在低温冷库中可保鲜贮存 10～12 d。也可以对花生芽苗菜进行加工处理后销售，如加工成泡椒花生芽，既可开袋即食，又可烹饪菜肴。

总结分析

活动评价单

学习情景		花生芽周年无土生产管理					
项次	项目要求		配分	评分细则	自评得分	小组评价	教师评价
素养（20 分）	纪律情况（7 分）	按时上课，不早退	2 分	缺勤全扣，迟到、早退出现 1 次扣 1 分			
		积极思考问题	4 分	根据上课回答问题情况得分			
		学习用品准备	1 分	自己主动准备好学习用品并齐全			
		执行教师要求		此为否定项，违规酌情扣 10～100 分，违反校规按校规处理			
	职业道德（8 分）	团结友爱	2 分	主动合作和帮助同学得 2 分；合作不积极得 1 分			
		吃苦耐劳	2 分	农耕劳作乐于吃苦得 2 分；敷衍行事得 0 分			
		严谨细致	2 分	对学习精益求精且效果明显得 2 分			
		知农、爱农	2 分	对农业生产有热情，用心学农得 2 分；被动学习得 1 分			
	阅读能力（5 分）	具有快速阅读能力，并理解要求	5 分	能快速明确任务要求并清晰表达得 5 分；能主动沟通指导都合格得 3 分；其余不得分			

续表

任务完成情况（80 分）	生产前准备	20 分	按要求实施并取得预期结果得 20 分；不符合要求逐项扣分			
	种子处理	20 分	按要求实施并取得预期结果得 20 分；不符合要求逐项扣分			
	播种育苗	20 分	按要求实施并取得预期结果得 20 分；不符合要求逐项扣分			
	采收销售	20 分	按要求实施并取得预期结果得 20 分；不符合要求逐项扣分			
合计		100 分				
总分（自评 10%，小组评价 30%，教师评价 60%）						
组长签字		教师签字				

知识拓展

二维码 9-2　泡沫箱无土栽培花生芽菜技术

二维码 9-3　绿豆芽周年无土生产

学习情景 2　豌豆苗菜周年无土生产

学习任务单

学习情景 2	豌豆苗菜周年无土生产
知识目标	☞ 了解豌豆苗菜的起源、种类、生育特征、市场定位等内容； ☞ 理解豌豆苗菜种子处理、催芽、播种、环境调控、绿色防控、采收分级的原理及方法； ☞ 掌握豌豆苗菜从生产方案制订到栽培管理的方法及技巧。
能力目标	☞ 能够设计豌豆苗菜生产管理方案； ☞ 能够根据市场的需求选择品种、播种育苗； ☞ 能够选择适宜的设施设备； ☞ 能够根据实际情况选择适合的育苗盘，并按要求播种； ☞ 能够根据豌豆苗的长势，适时进行环境调控、水肥管理； ☞ 能够及时诊断豌豆芽苗菜生育情况，适时适量进行绿色防控； ☞ 能够适时采收豌豆苗，并按标准分级、保鲜、销售； ☞ 能够自主分析解决问题，进行知识迁移。
思政目标	☞ 养成团结协作、吃苦耐劳、严谨细致的职业精神； ☞ 培养遵纪守法、保护生态的职业责任感； ☞ 树立知农、爱农、服务“三农”的使命感。
任务描述	根据市场需求、当地气候条件、栽培条件等因素，制订出科学合理的豌豆苗菜优质栽培管理方案，并对豌豆苗菜生产前准备、种子处理、催芽、播种育苗、环境调控、绿色防控、采收贮藏的整个栽培管理过程按要求实施任务，最终培育出优质高产的豌豆苗菜。
任务要求	☞ 按照任务资讯单内容，认真准备资讯问题； ☞ 按各项任务的具体要求，认真设计生产方案并实施； ☞ 严格按照要求实施各项任务，确保豌豆苗菜绿色优质生产； ☞ 严格遵守劳动纪律，认真踏实对待各项任务； ☞ 虚心学习并向同学、老师、企业师傅请教探讨问题； ☞ 认真观察并发现生产中的问题并合理分析解决问题； ☞ 分学习小组，分工协作实施任务，确保豌豆苗菜品质。

任务资讯单

学习情景 2	豌豆苗菜周年无土生产
资讯方式	阅读教材；浏览本课程精品在线开放课程及相关网站；查阅相关书籍；观看 PPT 课件、视频，认真听讲；调研当地豌豆苗菜生产及销售情况；请教老师、企业师傅。
资讯问题	☞ 豌豆苗菜无土生产的特点有哪些？ ☞ 如何选择豌豆苗菜的品种？ ☞ 如何进行茬口安排？ ☞ 豌豆苗菜育苗有哪些方式？ ☞ 培育豌豆苗菜整齐鲜嫩的关键技术要点是什么？ ☞ 豌豆苗菜播种前需要准备哪些工作？ ☞ 定植时需要注意什么？ ☞ 室内环境调控的设施设备有哪些？ ☞ 如何进行精准环境调控？ ☞ 如何明确豌豆苗菜的水肥需求？ ☞ 物联网对于豌豆苗菜无土生产的运行原理是什么？ ☞ 怎样诊断豌豆苗菜的生理性病害？ ☞ 如何区分豌豆苗菜的病理性病害？ ☞ 豌豆苗菜绿色防控的核心是什么？ ☞ 如何实现绿色防控？ ☞ 豌豆苗采收分级的方法是什么？注意事项有哪些？ ☞ 豌豆苗菜采后保鲜的方法有哪些？ ☞ 如何提高豌豆苗菜的品质和产量？ ☞ 怎样提高经济效益？ ☞ 怎样才能更好地推广豌豆苗无土生产，促进当地农业发展？
学习资料	信息单、教材、精品课程网站等

知识链接

豌豆苗，又称“龙须菜”“龙须豆苗”“蝴蝶菜”等，属于芽苗菜类，即小植体菜，主要食用器官是幼嫩茎叶和嫩梢。其含有丰富的蛋白质、脂肪、碳水化合物、17 种氨基酸、胡萝卜素及维生素 C 等，叶肉厚，纤维少，质感柔滑，味清香宜人。常吃豌豆苗还有健身作用。由于豌豆种子来源广，价格较低，种植不受场地限制，同时无土生产出来的豌豆苗健康、鲜嫩、营养丰富，深受广大消费者喜爱，经济效益较高，是栽培最为普遍的芽苗菜之一。

任务实施

任务一　生产前准备

子任务一　制订生产计划

根据当地气候条件和市场消费条件，选择相应的设施设备，节约资源、保护环境，使用科学技术，确保生产安全无公害，降低生产成本，培育高品质绿色豌豆苗菜。

二维码 9-4　豌豆苗菜无土生产

一、豌豆苗菜种类与种植制度

确定品种、生产面积、生产方式等。

二、所需的农业生产资料

包括厂房、设施设备、生产工具、种子、消毒药剂等。

三、生产管理内容制订

(1)生产前准备　包括厂房、设施设备、生产工具、种子等。
(2)种子处理　包括选种、浸泡、催芽等。
(3)播种育苗　包括播种量、浇水、环境调控等。
(4)绿色防控　以农业防治为主，配合物理、生物防治，不直接使用环境友好型化学药剂。
(5)采收贮藏　明确收获时期、方法，使用工具，分级标准、贮藏保鲜等。

四、资金预算

包括土地租金，设施、农资、劳动力、管理费用等。

豌豆苗菜周年无土生产计划见表 9-5。

表 9-5　豌豆苗菜周年无土生产计划

序号	生产计划项目	具体实施	备注
1	豌豆苗菜种类与种植制度		
2	所需的农业生产资料		
3	生产管理内容制订		
4	资金预算		

子任务二　生产记录及生产记录保存

生产记录通常包括播种育苗、种植管理到采收销售的整个生产过程，如各项农事操作的日期、生育时期、生育情况、农事操作、方式、劳动力、完成情况等(表 9-6)，同时记录病虫害的发生和防治情况(表 9-7)。一般农产品生产记录应当保存 3 年。

表 9-6　豌豆苗菜周年无土生产记录单

序号	日期	生育时期	生育情况	农事操作	方式	劳动力	完成情况	备注

表 9-7　豌豆苗菜周年无土生产药剂防治生产记录单

序号	日期	生育时期	病虫害发生情况	药剂名称	来源	用法用量	效果	备注

子任务三　生产环境准备

一、生产场地

可在温室、闲置厂房、房舍中进行无土培育生产。

二、生产用具

浸泡用的塑料桶或塑料盆，沥水用的塑料筐，专用育苗盘（规格为：长 60 cm、宽 25 cm、高 4 cm），发芽纸、喷头等。

三、栽培架

生产中采用铁制多层栽培架，栽培架高 150～180 cm、长 150 cm、宽 50 cm，分 3～4 层，层间距离控制在 30～40 cm。

四、水源

芽苗菜生产水质至关重要，用自来水最好，井水、河水需经处理后才可使用。

五、消毒

生产前要做好消毒工作，培育室、育苗盘等设施设备均需要消毒，这样才能确保生产出绿色豌豆苗菜。周年化生产，要在生产 1～2 批芽苗菜后，及时用漂白粉或生石灰对场地进行喷雾消毒。整个生产期间也要保持场地、用具和水源的清洁。

子任务四　种子选择

选择种子是蔬菜生产的关键环节，种子质量关乎到发芽势、苗齐、苗壮，因此，选择饱满、均匀、新鲜、干燥、健康的优质种子可以培育壮苗、增加植株抗逆性，为产品器官的成熟打下基础。要到正规的农资店购买大厂家生产的种子，并且各项手续齐全。应选择种子包衣处理，并检查包装袋标签标注的各项内容是否齐全真实。

为保障种子的高发芽率，应选择当年生产或贮存 1 年的新鲜种子。在品种选择上，要选择能同时以嫩梢、嫩荚、嫩籽粒和干籽粒供食的品种最为理想。用于生产豌豆苗的豌豆品种很多，但要以发芽率高且不易烂种的品种为宜。用于豌豆苗栽培的种子要选择种皮较厚、千粒重在150～180 g、表面光滑、近球形的种子。为保证发芽率达到95%以上，要选择纯度和净度高，发芽势强，抗病性强，产量高的品种。目前主要品种有'白玉豌豆''日本小英''麻豌豆''青豌豆'和'台湾豌豆'等。购买种子分析单见表9-8。

表9-8　购买种子分析单

名称	销售公司	经销商	手续	标签信息	单价	数量	总价	单据	评价

任务二　种子处理

子任务一　清选

可选用人工或机械进行盐水漂洗筛选种子，必须剔去虫蛀、残破、畸形、霉变的种子，以免在生长期间造成直接污染，引起烂种、烂芽及生长不齐等现象。

子任务二　浸种

浸种前需先晒种，晒种既可有效打破种子休眠，又可起到杀死有害病菌的目的。

1. 常温浸种

晒种后，浸种时要用超过干豆种重2～3倍的水量，浸泡时间为8～20 h(冬天浸泡时间长些)，浸种期间要换水2～3次，保持水的洁净。浸种完成的标志是：种子充分膨大，皱纹消失，透过种皮能看到胚根。此时已经达到种子最大吸水量的95%。浸种完成后，捞出种豆，先用清水淘洗2～3遍，然后放在塑料筐内沥去多余水分，备用。

2. 温汤浸种

经过晒种，将选好的种子放在55 ℃的温水中不断搅拌，浸泡约15 min，待水温降至25 ℃左右时，加入500倍的农保赞1号液肥，继续浸种5～6 h后，捞出备用。

子任务三　预生

将浸种完成的种子放入水桶，盖上湿布或用湿布包好保湿，放在20 ℃左右的环境下催芽预生。冬天需要24～48 h，其间要用清水淘洗2～3次，待种子冒出小芽即可播种。

情况分析及体会

任务三　播种育苗

子任务一　播种

育苗盘规格选用长 60 cm、宽 25 cm、高 5 cm 的塑料苗盘，先进行消毒处理。播种前，先在盘底垫一层浸湿的报纸、发芽纸、无纺布或白棉布中的任意一种，以免豌豆苗的根从盘底部的孔中穿出，同时也方便采收后清盘。播种时，要将催芽后的种子用清水淘洗干净，平播于盘中，每盘播种量为 500 g 左右。夏天因气温较高，播种量要适当减少，以便通风透气，也能防止烂种、烂根、烂苗的发生(图 9-3)。

图 9-3　播种

子任务二　叠盘

播完种后，每 10 个左右育苗盘叠放成一摞，每个育苗盘下面垫一个发芽纸或白棉布，上面盖一个发芽纸或白棉布，以达到保温、保湿、遮光的目的。叠放好的每摞育苗盘之间都要留出 2～3 cm 的空间，以加强通风透气，利于均匀出芽。每摞育苗盘不能紧挨着，以免造成空气郁闭，影响豌豆苗的正常生长。

子任务三　催芽

在催芽期间，棚室的温度要保持在 18～23 ℃，湿度要保持在 80%左右。每天喷淋 2 次左右，喷淋水温应控制在 18～25 ℃，喷水量以豌豆和育苗床喷湿，且育苗盘中不积水、不滴水为宜。若湿度过大，极易造成豌豆发霉腐烂。因此，及时做好通风排湿至关重要，同时要及时对豌豆浸泡或冲洗、冲刷，以免造成种豆发臭、发黏。如果发现烂种，要及时用镊子挑除糊化腐烂的豆种和周围粘有黏浆的豆种，以免感染其他豆种，还要用腐菌清 1 g 兑 20～24 ℃的温水 15 kg，对整盘豆苗（尤其是病害处）进行喷洒消毒。出芽后结合每次喷水，将育苗盘的上下、前后、左右进行调换位置，以使其受光受温一致，达到出芽整齐一致的目的。当芽苗长到顶盘时就要放到栽培架上生长。

子任务四　育苗管理

经过 2 d 左右催芽，芽苗已经长至 2～3 cm，此时，就应将苗盘移至栽培架上进行管理。需要注意的是，因夏天温度较高，种子在发芽过程中产生的积温容易造成烂种，可提早将育苗盘放在栽培架上；而冬季温度较低，种子在发芽过程中产生的积温有利于芽苗的生长，可适当晚一点上架，只要芽苗不顶到上面的育苗盘，就可继续叠盘催芽（图 9-4）。

图 9-4　苗期管理

1. 温度

豌豆苗生长的最适温度为 18～25 ℃，若温度超过 30 ℃时，豌豆苗生长受阻，若低于 14 ℃时，豌豆苗生长缓慢。夏季，当温度超过 30 ℃时，可采用遮阳、喷雾、强制通风、逆反通风以及开启冷气机等方式达到降低温度的目的；冬季，当温度低于 14 ℃时，可利用电暖气、热风炉、煤火炉等增加温度。

2. 水分

豌豆苗生长的适宜湿度为 70%～80%，湿度过大，芽苗容易霉变腐烂，因此，要在保证湿度适宜的前提下，注意通风换气，以免烂苗。若出现小部分烂苗现象，可以提前采收；若烂苗比较严重时，要及时进行销毁处理。

喷水时，要根据天气情况适时、适量喷水，如阴雨（雪、雾）天时要少喷水，高温干燥天时要多喷水，喷水量以湿透育苗床为宜，不可使育苗盘内有积水。除此之外，也要根据芽苗的大小进行喷水，如芽苗高度在 5 cm 以下时少喷水，5 cm 以上时多喷水。一般情况每天喷水 2～3 次，以育苗盘内不积水、不滴水为准。冬季在放下草苫之后就不要再喷水。

3. 光照

在强光下，豌豆易长成绿色的大叶苗，虽然产量高，但是纤维多、品质差；而在弱光下，易长成嫩黄色的龙须苗，尽管产量较低，但是纤维少、品质好。生产者可根据市场需求确定光照的模式。在夏天，阳光强烈，生产时一般都要覆盖遮阳网，这样既能降低光照又能降低温度，对芽苗的正常生长十分有利。

在生产过程中，当株高在 3～5 cm 及以下时，要保持黑暗环境，株高达到 3～5 cm 及以上后，就可以开始见光进行绿化；在 2 000～3 000 lx 光照强度下，一般需要 3～4 d 就能完成绿化。生产过程中要严格控制培养盘的光照条件，否则生产出的豌豆苗纤维化严重，直接影响口感，甚至不能食用。同时，还要根据豌豆苗的向光性，不断变化育苗盘方向和位置，让豌豆苗采光均匀，避免其弯曲着向一个方向生长，让出产的豌豆苗产品达到笔直挺立、高矮整齐一致的目标。

情况分析及体会

任务四　绿色防控

豌豆苗的病害较少，主要为根腐病，但病害严重时，可直接造成绝产绝收（图 9-5）。

图 9-5　根腐病

一、发病规律

根腐病多发生在夏季高温季节，而春季温度较低时，发病也最轻。通常携带病原的有种子、栽培器皿、人员、车辆、尘土等，已发过病的育苗盘携带病原的概率很高，重复使用时一定要做好消毒处理。

二、防治措施

选用抗病品种，播种前对种子、生产工具等做好消毒处理，可用 0.1% 的高锰酸钾浸种 15～20 min，冲洗干净后再进行催芽。育苗盘及生产工具等可用漂白粉或高锰酸钾浸泡、消毒，育苗场地需每周用漂白粉或石灰消毒一次。

因豌豆苗生长较快，又不能长时间存放，因此，要根据销量制订生产计划，以免生产的豌豆苗不能及时销售，造成经济损失。

情况分析及体会

任务五　采收

一、采收标准

经过 15～25 d 的生产过程，豌豆苗高度已达到 10～15 cm，且有 4～5 片真叶，整齐一致，顶部复叶始展开或已充分展开，茎端 7～8 cm 柔嫩未纤维化，无烂根、烂茎，无异味，此时芽苗呈浅黄绿色或绿色，就可以采收上市销售。

二、采收方法

采收时，要用利刀在根部以上 2～3 cm 处剪下幼苗，装袋或装盒进行销售，也可整盘活体上市销售（图 9-6）。

三、生产周期及投入产出比

豌豆苗的生产周期较短，在适温（18～25 ℃）条件下整个生产过程仅需 10 d 左右，冬季温度低时，15 d 左右也能完成生产。每盘净菜产量为 300～350 g，其投入产出比约为 1∶0.8，如果为家庭自用生产，每盘以采收 2～3 茬计算，投入产出比会更高。

豌豆苗菜可实现再生栽培，即在第 1 次采收后，由于豌豆种子中还有大量的营养，可以利用剩余营养使幼苗再生长一次，这样不但减少了浪费，而且增加了经济效益。如果要进行再生栽培，在第 1 次采收时，一定要注意不能把豌豆的种子割伤，也不能把芽基（图 9-7）割除，以免种子受到感染和损伤生长点。在割取幼苗时，割取位置距离豆粒不能太远，一般是在表层豆粒 0.5 cm 左右，若留茬过长，则会引起幼苗生出两个或两个以上的分枝，从而影响生长期和品质。进行再生栽培时的管理和第 1 次生产时的管理要求基本一致，除了日常管理外，还要特别注意经常检查，剔除烂豆、病豆，以免引起病害的发生，再生栽培以收获 2～3 茬为宜。

图 9-6　采收

图 9-7　芽基

总结分析

活动评价单

学习情景 2		豌豆苗菜周年无土生产					
项次	项目要求		配分	评分细则	自评得分	小组评价	教师评价
素养（20 分）	纪律情况（7 分）	按时上课，不早退	2 分	缺勤全扣，迟到、早退出现 1 次扣 1 分			
		积极思考问题	4 分	根据上课回答问题情况得分			
		学习用品准备	1 分	自己主动准备好学习用品并齐全			
		执行教师要求		此为否定项，违规酌情扣 10～100 分，违反校规按校规处理			
	职业道德（8 分）	团结友爱	2 分	主动合作和帮助同学得 2 分；合作不积极得 1 分			
		吃苦耐劳	2 分	农耕劳作乐于吃苦得 2 分；敷衍行事得 0 分			
		严谨细致	2 分	对学习精益求精且效果明显得 2 分			
		知农爱农	2 分	对农业生产有热情，用心学农得 2 分；被动学习得 1 分			
	阅读能力（5 分）	快速阅读能力，并理解要求	5 分	能快速明确任务要求并清晰表达得 5 分；能主动沟通指导都合格得 3 分；其余不得分			
任务完成情况（80 分）	生产前准备		15 分	按要求实施并取得预期结果得 10 分；不符合要求逐项扣分			
	种子处理		15 分	按要求实施并取得预期结果得 10 分；不符合要求逐项扣分			
	播种育苗		20 分	按要求实施并取得预期结果得 20 分；不符合要求逐项扣分			
	绿色防控		15 分	按要求实施并取得预期结果得 15 分；不符合要求逐项扣分			
	采收		15 分	按要求实施并取得预期结果得 15 分；不符合要求逐项扣分			
合计			100 分				
总分（自评 10%，小组评价 30%，教师评价 60%）							
组长签字			教师签字				

知识拓展

二维码 9-5　家庭芽苗菜自动化栽培装置

二维码 9-6　香椿芽苗菜无土生产

模块十　多年生蔬菜绿色生产

学习情景　黄花菜多年生生产管理

学习任务单

学习情景	黄花菜多年生生产管理
知识目标	☞ 了解黄花菜的起源、种类、生育特征、市场定位等内容； ☞ 理解黄花菜育苗方式、栽培管理、绿色防控、采收分级的原理及方法； ☞ 掌握黄花菜从生产方案制订到栽培管理的方法及技巧。
能力目标	☞ 能够设计黄花菜栽培管理方案； ☞ 能够根据市场的需求选择品种，培育壮苗； ☞ 能够根据实际情况选择适合的种植方式，并按要求定植； ☞ 能够根据黄花菜的长势，适时进行环境调控、水肥管理、植株调整； ☞ 能够及时诊断黄花菜生育情况，适时适量进行绿色防控； ☞ 能够适时采收黄花菜，并按标准分级、保鲜、销售； ☞ 能够自主分析解决问题，进行知识迁移。
思政目标	☞ 养成团结协作、吃苦耐劳、严谨细致的职业精神； ☞ 养成遵纪守法、保护生态的职业责任感； ☞ 树立知农、爱农、服务“三农”的使命感。
任务描述	根据市场需求、当地气候条件、栽培条件等因素，制订出科学合理的黄花菜优质栽培管理方案，并对黄花菜播种育苗、栽培管理、绿色防控、采收分级等的整个栽培管理过程按要求实施任务，最终培育出优质高产的黄花菜。
任务要求	☞ 按照任务资讯单内容，认真准备资讯问题； ☞ 按各项任务的具体要求，认真设计栽培方案并实施； ☞ 严格按照要求实施各项任务，确保黄花菜绿色优质生产； ☞ 严格遵守劳动纪律，认真踏实对待各项任务； ☞ 虚心学习并向同学、老师、企业师傅请教探讨问题； ☞ 认真观察并发现生产中的问题并合理分析解决问题； ☞ 分学习小组，分工协作实施任务，确保黄花菜品质。

任务资讯单

学习情景	黄花菜多年生产管理
资讯方式	阅读教材；浏览本课程精品在线开放课程及相关网站；查阅相关书籍；观看 PPT 课件、视频，认真听讲；调研当地黄花菜栽培及销售情况；请教老师、企业师傅。
资讯问题	☞ 黄花菜栽培特点有哪些？ ☞ 如何选择黄花菜的品种？ ☞ 黄花菜育苗有哪些方式？ ☞ 培育黄花菜壮苗的关键技术要点有哪些？ ☞ 黄花菜移植定植前需要准备哪些工作？ ☞ 定植时需要注意哪些问题？ ☞ 如何进行精准环境调控？ ☞ 如何明确黄花菜的水肥需求？ ☞ 水肥一体化对黄花菜生产的作用有哪些？ ☞ 怎样诊断黄花菜的生理性病害？ ☞ 如何区分黄花菜的病理性病害？ ☞ 黄花菜绿色防控的核心是什么？ ☞ 如何实现绿色防控？ ☞ 黄花菜采收分级的方法是什么？注意事项有哪些？ ☞ 黄花菜采后保鲜的方法有哪些？ ☞ 如何提高黄花菜的品质和产量？ ☞ 怎样提高经济效益？ ☞ 怎样才能更好地推广黄花菜栽培优质栽培模式，促进当地农业发展？
学习资料	信息单、教材、精品课程网站等

知识链接

人们常说“等得黄花菜都凉了”，那么什么是黄花菜呢？黄花菜是多年生宿根草本蔬菜，营养丰富，味鲜质嫩；可鲜食，也可加工食用，主要产品是将含苞欲放的花蕾加工而成的干制品，干制后的花蕾形状细且长，色泽金黄，故又名“金针菜”。

二维码 10-1　黄花菜生产简介

一、黄花菜的起源

黄花菜，又名萱草、金针菜、黄花草、安神菜，为百合科萱草属多年生宿根草本蔬菜，其品种有黄花菜、黄花、萱草及红萱 4 种。黄花菜原产于亚洲及欧洲的温带地区，在国外常作观赏植物，我国早在 2 000 多年前就将其进行人工栽培，属于我国的特产蔬菜。

二、黄花菜的价值

黄花菜具有食用价值、药用价值、观赏价值等。

1. 食用价值

黄花菜中的蛋白质、脂肪、碳水化合物、钙、磷、铁、胡萝卜素、核黄素等的含量都高于其他蔬菜。另外，还含有多种氨基酸，这些都是人体必需的营养物质。作为食材，以食干制花蕾为主，可炒食、凉拌和煮汤。鲜黄花菜中含有秋水仙碱，因此鲜食可能会引起中毒，所以在食用鲜黄花菜时，烹饪前应用开水煮烫，其后进行浸泡，除去汁水，且在烹饪时烹饪时间应适当延长。

2. 药用价值

黄花菜性味甘凉，含有谷氨酸、琥珀酸、天门冬素、秋水仙碱、海藻糖酶等成分，具有止血、消炎、清热、利湿、消食、明目、安神等功效。

3. 观赏价值

黄花菜是花卉园艺方面的珍品，其春季萌发早，绿叶丛生极为美观，叶似兰草，翠绿丛生，开花后，花色鲜艳美丽，花如蛱蝶，红黄点点，摇风弄影，丰韵可人；又因品种繁多，四季有花，故常布置在庭院、树丛中的草地、花境等地方作为观赏植物，具有很高的观赏价值。黄花菜也可以作为切花。夏季，可以观赏艳丽多姿的黄花菜花朵，而其优美的叶丛，自春至深秋始终保持鲜绿，均具有绿色观赏的效果。此外，黄花菜是多年生草本植物，根系比较发达，能有效地保护水土，防止水土流失。

三、黄花菜的植物学特征

黄花菜有分蘖习性，在长江中下游地区一般每年抽生 2 次青苗。第一次在春季 2—3 月，称作春苗(图 10-1)。到 8—9 月采蕾期结束，割去黄叶和枯薹后不久，发生第二次分蘖，称为冬苗。冬苗在长到初霜时便枯死。

1. 根

黄花菜根系发达，根群多分布在 30 cm 左右深的土层中。黄花菜的根系可分为肉质根和纤细根两类。肉质根从短缩的根状茎的茎节上长出，又可分为纺锤根和圆柱根；秋冬季是黄花菜积累养分的重要阶段，大部分纤细根在此期间从肉质根尖端长出。随着植株的生长，短缩茎上发生的纺锤根不断上移，即为“跳根”特性，因此在生产管理上应培土和增施有机肥。

图 10-1　春苗

2. 茎

黄花菜的茎可分地上花葶(假茎)和地下根茎两部分。花葶上有花蕾，长 80～130 cm，上端有 4～6 个分枝，分枝长 9～15 cm。地下根茎也叫短缩茎。

3. 叶

黄花菜的叶条形或剑形，基出，互生二列，平行叶脉，叶子背面呈龙骨状突起。

4. 花

花薹于 5—6 月从叶丛中长出，顶端形成 4～8 个花枝，聚伞花序(图 10-2)。每个花枝可着生 10 个左右的花蕾。一个花薹可陆续形成 20～120 个花蕾，可持续采收 1～2 个月。

图 10-2　花

5. 果实和种子

蒴果，长圆形有棱，长 3～5 cm。每个果实内含种子约 20 粒，种子呈黑色且有光泽，千粒重为 20～25 g。

四、黄花菜的生长发育周期

黄花菜为多年生宿根植物，一生分幼苗期、幼株期、成株期和衰老期 4 个时期，能连续生长 20～30 年。一般种植后第 2～3 年属于幼龄期阶段，植株分蘖少且产量低；第 4～6 年为成株期阶段，其产量逐渐升高，直到最高；第 8～9 年后逐渐进入衰老期阶段，此时开花数量逐渐减少，采收期缩短，产品质量降低。第 10～15 年后，应及时更新植株。

黄花菜在 1 年中的生长发育过程可分为苗期、抽薹期、开花期和休眠越冬期 4 个时期。

1. 苗期

从幼叶出土到花薹开始显露。此阶段大约需 90 d，长出 16～20 片叶。春苗是黄花菜营养生长的旺盛期，主要作用是为生殖生长阶段积累养分。在开春后应及时进行灌水追肥等田间管理，促进春苗健壮生长。

2. 抽薹期

从花薹显露到开始采摘花蕾，此阶段的生长大约需 30 d。抽薹期对水分很敏感，缺水会延迟抽薹，花薹少且细，花蕾少并易脱落。

3. 开花期

从开始采收到采收结束，需 30～60 d，采收期间应保持充足的水肥供应，进而延长花期并提高花蕾质量。

4. 休眠越冬期

霜降后，地上组织受冻枯死，短缩茎保留在土壤中越冬。休眠期应及时培土以保护幼芽不受冻害，同时做好冬灌，为来年春苗早生快长打下基础。

五、黄花菜生长对环境要求

1. 温度

黄花菜地上组织不耐寒，遇霜时即枯萎，地下组织能耐 −22 ℃的低温，甚至在极端气温达到 −49 ℃的高寒地区也可安全越冬。当平均气温达 5 ℃以上时幼芽即可萌发，叶丛生长适温为 14～20 ℃，抽薹开花适温为 20～25 ℃。

2. 光照

黄花菜喜光，对光照强度适应范围较广，能够在相对强光为 17% 的条件下正常生长，但在光照充足的条件下生长发育会更好。可与果园、桑园进行间作。

3. 水分

黄花菜耐旱能力较强。抽薹前需水量较小，抽薹后需水量逐渐增多，特别是盛蕾期需水量最多。高温、干旱等条件均可引起花蕾不能正常发育而脱落，采收期缩短，产量和品质受到影响。阴雨天越多则越易落蕾，遇暴雨会导致落蕾加重。

4. 土壤与营养

黄花菜对土壤的适应性广，且能在瘠薄的土壤中生长发育，在 pH 5.0～8.6 的土壤中都可生长。

二维码 10-2　黄花菜生产计划

任务实施

任务一　制订生产计划

黄花菜是多年生宿根草本蔬菜，定植前的准备尤为重要，提前制订好生产计划，有利于稳步推进后续的生产工作。

子任务一　品种选择

提前制订出科学的黄花菜生产计划，有利于把控生产中的各个生育时期的农业措施及其方式方法等，确保黄花菜绿色生产工作的稳步推进，从而收获高品质高产量的产品。

一、品种选择

黄花菜在我国的种植历史悠久，变种多样。

(一)按中国国家地理标志产品分类

主要有山西大同花、陕西沙苑金针菜、四川渠县花、浙江仙居花、江苏大乌嘴等。

(二)按花形分类

按照花形分类，常见的有马蔺黄花、线黄花、短棒黑嘴黄花菜、高葶黄花、沙苑黄花等。

1. 马蔺黄花

马蔺黄花菜的植株生长健壮，抗旱、抗寒性强，叶片的特征为：基出叶，一般有 14～20 片，长度在 80～130 cm，宽度在 1.5～3.5 cm，花茎的高度在 90～130 cm，上端有 3～4 个分枝，长均在 8～12 cm，且每花茎上有花蕾 20～64 朵，最多者达 100 朵。

花蕾顶端有黑紫色斑点，长度约 15 cm，有 6 片花瓣，花瓣长约 10 cm，花药呈黄色。筒部长 4～5 cm，加工成的干菜身条较粗，肉质较薄，每千克大约有 1 600 条左右，生产中亩产 40～75 kg，高产时可达到 175 kg。

2. 线黄花

线黄花菜抗寒抗旱特性很好，品质极佳，但是产量低，亩产一般在 30～75 kg。高产者可达到 100 kg。叶片的特征为：基出叶，有 12～16 片，叶片长度在 50～100 cm。每花茎上生有 20～30 朵花蕾，花蕾长 10～12 cm，通身淡黄色，无黑嘴，花瓣 6 片，花瓣长度 7～8 cm，花药呈黄色。筒部长 3～4 cm，干菜身条较细，肉质较厚，每千克有 2 000 条左右。

3. 短棒黑嘴黄花菜

黑嘴黄花菜产量较低，一般亩产 40～50 kg，高产可达到 100 kg。叶片的特征为：基出叶较少，8～10 片，长度 80～120 cm，叶片宽为 1.5～2.0 cm，花茎高 100～130 cm，上部有 2～3 个分枝，各分枝长 14～17 cm，每葶一般生有花蕾 30～35 朵。花蕾短而粗，长约 10 cm，嘴部有黑色斑点，花色淡黄，花为褐色，筒部长只有 2.5～3.0 cm。

4. 高葶黄花

高葶黄花菜的产量相对较低，亩产 40～50 kg，高产时可达到近 100 kg。叶片的特征为：基出叶，有 12～14 片，叶的长度大约在 120 cm，宽 2.0～2.5 cm。花葶较高，可达到 180 cm，上部有分枝 3～4 个，每葶生花蕾 30～35 朵，花蕾长约 13 cm。筒部长度在 3 cm 左右，嘴部无黑色斑点，花蕾呈黄色稍带翠绿色。

5. 沙苑黄花

沙苑黄花菜主栽地区在陕西省大荔县，该品种植株生长势强，花薹高度可达到 100～150 cm。花蕾呈金黄色，长 10～12 cm，一般每个花薹生 20～30 个花蕾，最多的可达 50～60 个，采摘时期一般在 6 月上旬。

（三）以花分类

1. 早熟品种

（1）'四月花'

'四月花'又名'芒种花'，抗病力强，较耐寒，生长势较强，植株高度可生长到 110 cm，分蘖力中等，生育期约 138 d，5 月底可以采收，采收期 25～40 d，亩产干蕾可达到 70～100 kg。

花蕾的特点为：花蕾较瘦长，鲜花蕾长 11～12 cm，干花蕾长约 10 cm，干花金黄，有褐嘴，肉质脆且甜。

（2）'五月花'

'五月花'是湖南邵东县地方品种，属于中熟偏早品种，生育期约 160 d，6 月中旬开始采收，采收期为 50～60 d。植株生长势强，分蘖力强，叶片较宽。

花蕾的特点为：鲜花蕾长 12～13 cm，干花蕾长约 11 cm，百蕾干重 40 g，干花呈黄白色，嘴黄绿，味甜，品质较好。

2. 中熟品种

（1）'荆州花'　'荆州花'抗逆性强，耐旱，较抗叶枯病和锈病。植株生长势强，分蘖力强，叶片较软而披散，呈长带形。6 月下旬开始采收，采收期 50～70 d。

花蕾的特点为：花蕾大且粗长，单株着蕾数多，干花蕾长约 10.3 cm，呈金黄色，蕾尖有暗褐色斑点（俗称"黑嘴"）。

（2）'茶子花'　'茶子花'生育期约 170 d，6 月下旬开始采收，采收期 40～52 d。植株生长势强，分蘖力强，栽植后 4 年左右即可进入盛产期，较'荆州花'早 1～2 年。

花蕾的特点为：花蕾较肥大，干花蕾长约 10 cm，尖端呈绿色，无褐嘴，干花蕾呈淡黄色，外形美观，味甜且脆，肉质丰厚，品质好。

（3）'茄子花'　'茄子花'俗称'鸡爪花'，植株抗病性较强，生育期约 160 d，6 月下旬开始采收，采收期 50～60 d，产量较高，亩产可达到 150～220 kg。

花蕾的特点为：鲜花蕾长约 10.5 cm，蕾尖稍带紫褐色，味甜且脆，肉质丰厚，品质较好。

（4）'猛子花'　'猛子花'又名'棒槌花'，植株耐旱，抗病性较强，生育期约 190 d 左右，6 月初开始采收，采收期 60～70 d。植株分蘖较迟，单株着蕾数较多，丰产性好，亩产 150～

250 kg。

(5)‘长嘴子花’ ‘长嘴子花’的植株生长势中等，株型较松散，分蘖力较弱，苗期生长缓慢，6 月中下旬开始采收，采收期 60～70 d。

花蕾的特点为：鲜花蕾长 13～15 cm，百蕾干重 43 g，干花淡黄白色，无褐嘴，外形美观，味甜且脆，品质好。

(6)‘白花’ ‘白花’是湖南祁东县地方良种，适应性强，耐旱、抗病，植株生长势强，株型紧凑，分蘖力强。生育期 180～190 d，6 月中旬开始采收，采收期 60～80 d，产量较高，亩产 150～250 kg。

花蕾的特点为：鲜花蕾长 12 cm，百蕾干重 42 g，无褐嘴，味甜且脆，品质好。

3. 晚熟品种

‘中秋花’又叫‘细叶子花’，是湖南邵东县的地方品种。植株适应性强，易“毛蔸”，每种植 10 年需更新，生育期 200 d，成熟较迟，一般 7 月下旬开始采收，采收期约 40 d，亩产 100～150 kg。生长势中等，较矮，分蘖力强。叶片细长，鲜花蕾长 10 cm，干花蕾长 9 cm，干花呈黄白色，无褐嘴，外形美观，味甜且脆，品质好。

二、黄花菜栽培季节

黄花菜一般可以分为春季和秋季两季种植，南方春季种植通常在 3—5 月，秋季种植通常在 9—11 月；而东北地区春季一般在 4 月下旬至 6 月上旬完成播种，秋季从下霜开始到上冻前都可以播种。

三、品种选择原则

可根据当地种植条件、市场要求、饮食文化、栽培习惯、气候条件因地制宜选用适宜的品种，有利于获得较好的经济效益。

子任务二 制订生产方案

依据当地气候条件，调查市场需求和行业状况。制订出科学的生产方案，确保生产安全无公害，降低生产成本，培育高品质黄花菜，从而实现节约资源、保护环境。

一、黄花菜种类与种植制度

确定黄花菜品种、种植面积、种植方式(间作、套种、是否换茬等)。

二、所需的农业生产资料

包括种子、肥料、农药、生产工具、黄板等。

三、田间生产的具体内容制订

1. 播前准备

明确材料工具等。

2. 播种育苗

播种时间、播种量、播种方法、播种深度、覆盖方式、管理方式等。

3. 田间管理

包括水管理、肥管理、中耕除草等。

4. 病虫害防治

以农业防治为主，配合物理、生物防治，少量使用环境友好型化学药剂。

5. 采收贮藏

明确收获时期、方法，使用工具、分级标准、贮藏、加工等。

四、资金预算

资金预算包括土地租金、农资与劳动力费用、管理费用等。

五、确定生产计划

多年生黄花菜生产方案见表 10-1。

表 10-1　多年生黄花菜生产方案

序号	生产方案项目	具体实施	备注
1	黄花菜种类与种植制度		
2	所需的农业生产资料		
3	生产管理内容制订		
4	资金预算		

子任务三　生产记录及生产记录保存

生产记录通常包括播种育苗、种植管理到采收销售的整个生产过程，如各项农事操作的日期、生育时期、生育情况、农事操作、方式、劳动力、完成情况等（表 10-2），同时记录病虫害的发生和防治情况（表 10-3）。一般农产品生产记录应当保存 3 年。

表 10-2　黄花菜多年生产农事操作生产记录单

序号	日期	生育时期	生育情况	农事操作	方式	劳动力	完成情况	备注

表 10-3 黄花菜多年生产药剂防治生产记录单

序号	日期	生育时期	生育情况	药剂名称	来源	用法用量	效果	备注

任务二 育苗方式

黄花菜可采用分株(蔸)繁殖、切片繁殖、扦插繁殖、芽块繁殖等无性繁殖方法。生产上一般不采用种子繁殖。目前,黄花菜的组织培养繁殖尚处于研究试验阶段,尚未大面积推广。

一、分株繁殖法

分株繁殖法具有操作简单,成活率高,不需育苗,投产快等优点,但是此方法繁殖速度慢,且不便于远途调运种苗,这也是分株繁殖法的缺点。

分株繁殖是一种常见的无性繁殖方法,一年四季均可进行,但以春、秋两季为最佳。常用的分株繁殖有 2 种方式:第 1 种是将母株全部从土壤中挖出并重新进行分栽,这种方式比较简单,操作简便;第 2 种方式是选择采挖母株丛的部分组织作为繁殖材料,具体操作过程为:选择花蕾多、品质好、生长健壮的植株,从母株的一侧挖出 1/4～1/3 分蘖株,除去泥土,并将其一株一株地分开,然后剪去根茎下部的老、病根,保留 1～2 层约 10 cm 的新根,栽植于大田中即可。

二、切片繁殖法

切片繁殖法的优点是操作简单、繁殖速度快、效果好。具体操作过程为:时间选在 8 月下旬至 10 月上旬,首先挖出植株,按芽片依次分开,同时要剪除部分叶和根系,只保留 3～5 cm 大小的叶和 5～7 cm 的根,然后用小刀把根茎均匀地切成 2～6 片,切开后用 50%多菌灵 1 200 倍液浸泡 1～2 h,最后捞出根茎并晾干水分,放入苗床培育 2 个月后就可以移栽大田。

三、扦插繁殖

黄花菜采收后,可从花葶中部或上部选生长点明显、鲜绿的苞片,在生长点的上下各留 15 cm 左右的地方剪开,就可以进行扦插繁殖。扦插的方式有 2 种,第 1 种是将其弯曲成弧形平插到土中,两端均要埋入土中,保证苞片处有生长点的部分露出地面,稍覆细土保护;第 2 种是将剪下的插条按 30°的倾角斜插,深度要保证土能够盖严芽处。

为防止插条失水而影响成活率,当天剪的插条最好当天插完。插后连续两天必须浇透水,使插条与土壤紧密接触,土壤水分需保持在 40%左右,约 1 周后可见长根生芽。在冬季扦插时,要做好防寒措施。经过扦插育苗和后期的培育,一般每株分蘖数多者有 12 个,最少 5 个,第 2 年就可以开花。

四、芽块繁殖法

芽块繁殖法的优点包括繁殖系数高、繁殖速度快、生产成本低、技术性强等。黄花菜的根状茎上有交替排在肉状茎两侧的隐芽，若主侧芽受到损伤时，隐芽便可萌发。因此，按照隐芽的分布情况，可把 6～9 年生母株根状茎用刀切成长 1 cm 左右并带有 1 个隐芽的芽块，要保证每个芽块带有肉质根 3～6 条，长度 2～5 cm。这种芽块可直接放入苗床培育，一般生长到两个月后就可定植。每个单株可分 4～10 个芽块，芽块繁殖春秋两季均可进行，但以秋季为好。

情况分析及体会

任务三　栽培管理

黄花菜产地环境应选择在无污染和生态条件良好的地区，符合《绿色食品产地环境技术条件》(NY/T 391—2000)，并具有可持续生产能力，以生产出安全健康的黄花菜。

二维码 10-3　黄花菜培养管理

一、土壤条件

黄花菜为多年生宿根蔬菜，适应性强，对土壤要求不严格，在 pH 为 5～8.6 时都可以栽培，但由于栽植后一般要连续生长 10 余年，为保证其健壮生长，所以黄花菜适于生长发育的土壤应地势平坦、水源清洁、土壤肥沃疏松、无污染。

二、整地

采用适当的机械进行除草、深耕、施肥、起垄、铺滴管、覆膜等农事操作，有利于实现黄花菜轻简化生产，提高工作效率及质量，降低生产成本(图 10-3)。

图 10-3　整地

深翻后晒田 10 d 以上，深翻深度 40 cm 以上，并且要结合深翻每 667 m^2 施腐熟优质农家肥 3 000 kg、过磷酸钙 50 kg、氮肥 20 kg。采用人工或机械化施基肥，具体施肥量可根据土壤肥力情况适当调整。

三、移栽定植

1. 时期

黄花菜一般在春、秋两季进行栽植，但以秋季栽植为主。秋季栽植黄花菜，当年便可发冬苗，抽生新根，并进行叶芽分化，为来年春季生长和夏秋抽薹开花做好准备。而春季栽植是在冬苗落叶后至翌年春苗发生前进行的，一般在当年抽薹开花的较少。

2. 移栽定植

栽植前应剪去块状肉质根和根颈部的黑色纤细根，每丛种苗只保留长度为 3.3～5.0 cm 的 1～2 层新根。黄花菜常用的定植形式有单行穴栽和宽窄行穴栽两种。宽窄行栽植能充分利用光能，便于机械化的田间管理和采收。通常，宽行约 90 cm，穴距为 30～40 cm；窄行约 60 cm，穴距为 40～50 cm。每个穴内的芽片数量因环境条件和生长习性而异，一般 3～5 片。黄花菜栽植的深浅与盛产期迟早有密切关系，栽植稍浅，一般以 15 cm 左右为宜，分蘖快，可提早 1～2 年进入盛产期。

四、田间管理

黄花菜的田间管理要重点注意水肥管理、中耕培土、除草等。

1. 水分管理

浇水的原则是见干见湿，灌溉时期和灌水量依据自然降水、植株生长阶段、水分蒸腾和土壤墒情等因素随时调整，使土壤湿润深度保持在 15～20 cm，土壤相对湿度保持在 60%～65%。

出苗后及时滴灌浇水，出苗后 15～20 d，植株需水量开始增大，而后抽薹期、现蕾期、花期的水量逐渐增加，以提高产量，否则若缺水会引起落蕾减产现象；花期结束后，用水量减少。

2. 养分管理

春季出苗前，结合浅中耕施 1 次催苗肥，每亩追施复合肥 30 kg，施肥后及时浇水，以促使春苗健壮生长。

抽薹前，施 1 次催薹肥，每亩追施复合肥 30 kg，促使粗壮薹的产生、多分枝、早现蕾。

采收旺期，施 1 次催蕾肥，每亩追施复合肥 15～20 kg，可使后期花蕾增大增多且不易脱落，延长采摘期。

采摘中后期每隔 1 周喷施 1 次 0.3%左右的磷酸二氢钾溶液或 0.2%硼酸溶液，以便壮蕾和防止落蕾。

在冬苗未抽薹之前宜结合翻耕施 1 次冬苗肥，每亩追施腐熟厩肥 2 000 kg，促使早发冬苗，使其旺盛生长，为翌年抽生花茎积累营养物质。

冬苗枯萎到春苗萌发前，要合理施肥，每亩可施腐熟的厩肥约 2 000 kg。施肥时可随意将厩肥倒在株丛上，但在入冬前应将其打碎耙平，以保护幼芽越冬，还可为第二年黄花菜的生长提供充足的基肥。

3. 中耕培土

黄花菜生长周期长，田间易生杂草，且采摘期经常被践踏，导致土壤紧实不透气，所以应中耕松土，以增加土壤的透气性。

春苗萌发前应先施肥再中耕，株间稍浅，行间稍深，为 10～15 cm，抽薹前进行 2～3 次的浅中耕，深 6～7 cm，直到封垄为止。

花蕾采收后应及时把残留的花薹及老叶割除，行间土进行深翻且深度应在 30 cm 以上。

五、生产中常见问题及对策

（一）落蕾

花期高温缺水、前期氮肥使用量过多、后期养分供应不足、缺少微量元素硼、光照不足、暴风雨气候、采收不及时以及病虫害等都会导致黄花菜落蕾。

预防措施：花期适当多浇水，中耕松土时可增施有机肥和硼肥，注重氮、磷、钾肥的搭配施用，合理密植，预防和防治病虫害，及时采收等均可有效减少落蕾的发生。

（二）更新复壮

黄花菜一般高产稳产的年限能够达到 10～15 年，若生长年限太长，会因根株密集，分蘖过多，土壤理化性质变化而发生“毛蔸”现象（“毛蔸”后的植株生活力衰退，无效分蘖增多，叶片变短且窄，抽蔓时间较晚，花幕矮小，分枝少，花蕾减少且细，产量和品质显著降低）。生产中为了避免“毛蔸”现象的发生，常需要进行更新复壮。更新复壮分为部分更新（半更新）和全部更新。部分更新是指在秋季挖土或播种前，将老龄株连根挖出，把 1/3 或 1/2 的株丛作为种苗进行移栽，更新后的老龄株第二年仍可保持良好的品质，但是过 2～3 年后则要全部更新；全部更新是指将老龄株丛全部从土壤中挖出，选择品种优良且健壮的株苗重新栽植。在生产中，可将两种方法搭配使用，分批更新，以保证产量和品质。

移栽定植及其管理直接影响产品的品质及产量，因此要因地制宜，适时进行科学合理管控，让它苗壮成长。

情况分析及体会

任务四　绿色防控

科学合理地进行绿色防控能够生产出高品质绿色黄花菜。

一、防治原则

黄花菜病虫害的绿色防控要坚持“预防为主，综合防治”的植保方针，协调农业防治、生物防治、物理防治和化学防治等措施。禁止使用剧毒、高毒、高残留农药药剂防治，要严格按照中华人民共和国原农业部(现农业农村部)第199号公告的要求选用农药，严格按照农药使用的安全间隔期采收，确保黄花菜的安全、优质，以获取最佳的社会效益和经济效益。

二维码10-4 黄花菜绿色防控

二、防治对象

黄花菜的主要病害有锈病、根腐病、叶枯病、叶斑病等。主要虫害有蚜虫、蓟马、红蜘蛛、蛴螬等。

三、黄花菜病害绿色防控

(一)锈病

1. 症状

黄花菜锈病俗称黄锈病，又称"铁浆病"，是为害黄花菜最重、对产量影响最大的一种病害。其主要为害叶片和花茎，发病初期先在叶片及花茎上出现黄色或鹅黄色菱形小斑，即夏孢子堆，以后表皮破裂，散发出大量铁锈状粉末。发病后期，病部产生黑色长椭圆形或线条状的冬孢子堆，严重时病斑密布，表皮翻卷，病叶变黄，短时间内叶片和花茎即呈红褐色并坏死干枯，至花蕾干瘪或凋谢脱落。开始时仅发生于1～2株黄花菜，以后逐渐传到相邻植株，再蔓延到全田，严重影响产量。多雨高温，种植过密，地势低湿，排水不良，偏施氮肥的田块，更易发病。

2. 农业防治

①选用抗病品种。

②加强水肥管理。多施有机肥，氮、磷、钾配合施用，防止偏施氮肥；生长期适时追肥，要追施催薹肥。选择地势高、排水良好的土壤，或高畦栽培。

③加强管理，合理密植，及时除草，尤其注意铲除败酱草。黄花菜采摘完毕，应抓好秋培，及时清除老叶枯薹并销毁。

④适时更新，提早复壮，提高抗病能力。

3. 化学防治

在发病初期，即中心病株期，采用50%多菌灵可湿性粉剂600～800倍液、75%百菌清可湿性粉剂600倍液，每隔7～10 d喷1次，连喷2～3次。

(二)叶枯病

1. 症状

叶枯病是黄花菜最重要的病害之一，主要为害叶片和花薹。发病时由叶尖或叶缘开始，出现褐色病斑，边界清楚，逐渐成为深褐色。随病害发展，很多病斑连在一起成为褐色条斑，严重时导致叶片枯死。花薹染病后会呈现水浸状病变，后变褐色至深褐色长圆形或椭圆形斑，湿度大时，斑面生黑色霉层，即病菌分生孢子梗和分生孢子。

2. 农业防治

①选择抗性强的品种。

②选择地势平坦、排水良好、通风的地块种植，开好“三沟”，雨后及时排水，避免田间积水或湿度过大。

③多施腐熟的有机肥，追施苗肥和催薹肥，以氮肥为主，配合施用磷、钾肥，提高黄花菜抗性。

3.化学防治

在发病初期每 667 m^2 可用 50%多菌灵可湿性粉剂 100 g，或 80%代森锰锌可湿性粉剂 100 g 兑水喷雾，隔 7～10 d 喷 1 次，连喷 2～3 次。

四、黄花菜虫害的绿色防控

(一)蓟马

1.症状

蓟马成虫和若虫多集中在叶背面或花薹的心叶夹缝中为害叶片、心叶及嫩薹，影响茎薹和花蕾的正常生长。若虫有畏光性，白天多栖在叶片背面，早、晚或阴天活动为害。成虫活泼，能飞善跳，又能借风力传播。成虫和若虫锉吸植株幼嫩组织汁液，花梗上有黄褐色锉吸痕迹，受害花蕾短小，形成“弯头菜”，失去商品价值。

2.农业防治

①早春清除田间杂草和残枝落叶，集中烧毁或深埋，消灭越冬成虫和若虫。

②勤浇水可消灭地下的若虫和蛹，勤除草可减轻为害。

3.物理防治

利用蓟马趋蓝色的习性，在田间设置蓝色粘虫板诱杀成虫。粘板高度与作物持平。每亩设置 20～30 张为宜。

4.化学防治

可选用 20%氯虫苯甲酰胺 SC 10 mL/667 m^2 喷雾防治，喷雾要细致，每 10 天 1 次，连续 2 次即可防治。同时注意采收前用药安全间隔期。由于若虫有畏光性，最好在早晨露水未干时或傍晚进行。

(二)蛴螬

1.症状

蛴螬主要以幼虫为害根部。幼虫蛴螬啃食菜苗根部，造成根际腐烂、植株矮小、叶色发黄；成虫金龟子啃食叶片，造成大量缺刻。为害严重时可造成黄花菜减产。

2.农业防治

①在栽植前和收获后深翻土地，将耕层内的害虫翻到地表，促其自然死亡。

②施用腐熟后的有机肥，避免施用未腐熟的有机肥，施用有机肥时可混入杀虫剂一起使用；还可以使用碳酸氢铵、腐殖酸铵、氨水、氨化过磷酸钙等化学肥料，其散发的氨气对蛴螬有一定的趋避作用。

3.物理防治

利用金龟子的趋光性，采用频振式杀虫灯诱杀。

4.化学防治

①种植前使用新高脂膜进行拌种，可有效趋避地下害虫，防止病菌感染。

②在越冬幼虫活动盛期(4月中旬至5月上旬)和卵孵化盛期至低龄幼虫期(7月中下旬)，使用5%毒死蜱，在根际两侧开沟施入，随即覆土灌水。

③在6月下旬和7月中旬，金龟子出土高峰时段，选择晴朗无风、高温天气的傍晚，48%毒死蜱进行地面喷雾，杀死出土成虫金龟子，以大幅度减少卵量。

④地上部表现受害症状时，对矮小、黄化植株，可用药灌根。

五、农药安全间隔期

农药安全间隔期主要是指从最后一次施药至作物收获的间隔天数，即自喷药后到农药残留量降到最大允许残留量所需的时间。通常，安全间隔期受蔬菜品种、各种药剂的代谢速度和季节的影响。因此，在黄花菜生产中，严格按照农药使用说明，确保最后一次喷药与收获之间的时间必须大于安全间隔期，同时严禁在安全间隔期内收获黄花菜。

对于黄花菜病虫害的防治，作为新时期农业技术人员要保证食品安全和生态安全，使用绿色防控，以实现经济和社会双重效益。

情况分析及体会

二维码 10-5　黄花菜采收贮藏

任务五　采收贮藏

适时采收能够确保黄花菜产品品质，便于运输，能保障消费者的最佳口感；而产品分级能针对不同消费市场进行不同的销售策略，以提高经济效益，促进黄花菜产业的良性发展。

一、采收时间

适时采收是保证黄花菜产品质量，实现高产、稳产的关键措施。黄花菜的采收期一般在30 d左右。通常在开花前1～2 d采摘完毕。不同类型的黄花菜开花时间不同，采收时间也不同。具体采摘时间应根据不同品种而定，但气候条件也会影响开花时间，晴天开花时间晚，可稍迟些采收；阴雨天水分充足，花蕾生长快，开放早，采收时间应适当提前。

二、采收方法

(一)采收前准备

采收前10 d不宜过多浇水。

(二)采收

采收时动作要轻,要避免碰伤花茎和小花,以带花蒂不带梗,茎梗和花蕾交接处断离为好。每一株应自上而下、由外向里逐一循序采收。

(三)采收后管理

黄花菜摘了之后应立即进行包装贮藏处理,一般没有经过处理的放置不要超过 5 h,否则就会开花,造成后期很难保存。

黄花菜采收后,应该抓好田间管理。及时割去老叶,留桩高 55 cm 左右,减少养分和水分的消耗,利于早发秋苗、促进分蘖。

三、产品分级标准

产品分级能够对产品进行不同定位销售,满足不同消费者的需求,可提高经济效益。

(一)基本要求

菜条饱满,颜色金黄,裂嘴少,油分大,弹性强,无杂质,无异味。

(二)等级划分

分级一般根据黄花菜的品种、大小、采收成熟度进行分级,分级标准可参考表 10-4。

表 10-4　黄花菜分级标准

等级	要求
一等菜	色泽金黄,油性大,条子粗壮均匀,少量裂嘴不超过 1 cm,无霉变、无杂质、无虫蛀。
二等菜	色泽黄,油性中,条子粗壮均匀,少量裂嘴不超过 1.5 cm,半截轻油条不超过 5%,无霉变、无杂质、无虫蛀。
三等菜	色泽淡黄,油性少,条子细短,裂嘴多,半截油条菜不超过 10%,无霉变、无杂质、无虫蛀。

四、包装

黄花菜加工上应注重包装,首先将分好等级的黄花菜一根一根捋直,每包 100 g、250 g、350 g、450 g 包装,然后 10 袋成箱,做到从内到外精制美观。

五、贮藏

新鲜黄花菜采摘后的保鲜时间非常短,采摘后 1 天左右就会发现其品质开始下降。黄花菜保鲜贮藏是非常重要的,延长其食用保鲜期的方法有低温贮藏、生物保鲜、化学保鲜、辐照保鲜、气调保鲜等。

(一)贮藏条件

贮藏条件要求清洁卫生,远离污染源,干燥、防雨、防潮、防虫、防鼠、无异味等。

(二)贮藏方式

1. 低温贮藏

温度是影响采后植株新陈代谢的重要因素。低温能够抑制黄花菜氧化衰老酶的活性,可抑制叶绿素和还原糖的降解和消耗，使黄花菜保持良好的色泽和营养价值。0～2 ℃下黄花菜的贮藏效果最好，−1 ℃是黄花菜的最低贮藏温度。

2. 生物保鲜

生物保鲜包括利用微生物菌体及其代谢产物的保鲜、天然提取物的保鲜以及基因工程保鲜。一般市场上较为常见的方式主要是通过天然提取物——壳聚糖来处理黄花菜。壳聚糖能在果蔬表面形成半透性的膜，改变果蔬内部的气体环境，减少蒸腾损失，保持黄花菜的品质并延长保鲜期，其成本较低、实施方便。

3. 化学保鲜

化学保鲜是通过利用防腐剂、抗氧化剂等添加剂对黄花菜进行保鲜的一种技术。化学保鲜处理黄花菜是一种常用的方法，常用的保鲜剂有亚硫酸盐、没食子酸丙脂等。用硫氢化钠溶液处理黄花菜，显著降低了黄花菜的呼吸作用以及膜脂过氧化反应，延长了贮藏期。

4. 辐照保鲜

辐照保鲜是利用辐照能量杀灭果蔬中的微生物及昆虫，抑制新鲜果蔬的生命活动并破坏其酶活性，达到保鲜的作用，如电子束辐照、射线辐照等。但辐照保鲜会对黄花菜的色泽、风味物质产生一定的影响，而且成本较高。

5. 气调保鲜

气调保鲜技术是在冷藏的基础上通过人为改变环境中的气体成分而达到保鲜的一种技术，主要通过调节环境中的氧气和二氧化碳的浓度，来抑制果蔬的呼吸作用、酶促褐变等。

可通过分析多种保鲜贮藏方法的差异、应用范围，对不同保鲜功效进行评估，选择合适的贮藏方法。

黄花菜的适时采收、按规定分级、科学贮藏能够保证产品食用品质，可以提高商品价值，延长黄花菜的销售周期及范围，增加经济价值。

总结分析

活动评价单

学习情景			黄花菜多年生产管理				
项次	项目要求		配分	评分细则	自评得分	小组评价	教师评价
素养（20分）	纪律情况（7分）	按时上课，不早退	2分	缺勤全扣，迟到、早退出现1次扣1分			
		积极思考问题	4分	根据上课回答问题情况得分			
		学习用品准备	1分	自己主动准备好学习用品并齐全			
		执行教师要求		此为否定项，违规酌情扣10～100分，违反校规按校规处理			
	职业道德（8分）	团结友爱	2分	主动合作和帮助同学得2分；合作不积极得1分			
		吃苦耐劳	2分	农耕劳作乐于吃苦得2分；敷衍行事得0分			
		严谨细致	2分	对学习精益求精且效果明显得2分			
		知农爱农	2分	对农业生产有热情，用心学农得2分；被动学习得1分			
	阅读能力（5分）	快速阅读能力，并理解要求	5分	能快速明确任务要求并清晰表达得5分；能主动沟通指导都合格得3分；其余不得分			
任务完成情况（80分）	制订生产计划		10分	按要求实施并取得预期结果得10分；不符合要求逐项扣分			
	育苗方式		20分	按要求实施并取得预期结果得20分；不符合要求逐项扣分			
	栽培管理		20分	按要求实施并取得预期结果得20分；不符合要求逐项扣分			
	绿色防控		20分	按要求实施并取得预期结果得20分；不符合要求逐项扣分			
	采收贮藏		10分	按要求实施并取得预期结果得10分；不符合要求逐项扣分			
合计			100分				
总分（自评10%，小组评价30%，教师评价60%）							
组长签字			教师签字				

知识拓展

二维码 10-6 鲜黄花菜祛毒处理

二维码 10-7 黄花菜不开花怎么办

参考文献

[1] 王秀峰.蔬菜栽培学各论[M].4版.北京:中国农业出版社,2011.

[2] 刘艳华.蔬菜生产技术[M].2版.北京:机械工业出版社,2018.

[3] 胡繁荣.蔬菜生产技术(南方本)[M].2版.北京:中国农业出版社,2019.

[4] 练华山,欧阳丽莹.蔬菜生产技术(南方本)[M].北京:中国农业出版社,2020.

[5] 郭世荣,孙锦.无土栽培学[M].北京:中国农业出版社,2018.

[6] 颜志明.无土栽培技术[M].北京:中国农业出版社,2017.

[7] 陈杏禹,于红茹.设施蔬菜栽培[M].北京:中国农业出版社,2017.

[8] 陈宋玉.黄瓜种植技术及病虫害防治措施[J].栽培技术,2021(8):53-54.

[9] 陈阔.黄花菜绿色高产栽培技术[J].农业开发与装备,2018(5):176-178.

[10] 岳新丽,王慧,等.黄花菜水肥一体化高产栽培技术[J].种植技术,2022(3):166-168.

[11] 刘宏斌,黄学萍,李胡英.嘉鱼县绿色食品结球甘蓝栽培技术[J].长江蔬菜,2015(9):28-29.

[12] 蔡武华.豇豆露地高产栽培及病虫害防治技术分析[J].农业开发与装备,2019(10):184.

[13] 王承芳.豇豆无公害高产栽培技术[J].现代农业科技,2019(16):75-76.

[14] 王晓芸.结球甘蓝地膜高效栽培技术[J].栽培技术,2021(6):45-46.

[15] 王永强.结球甘蓝高效栽培及病虫害防治技术[J].农技服务,2016,10(33):69-71.

[16] 韦金福,陈德麟,吕达军.辣椒栽培管理技术及产业发展对策[J].南方农业,2021,15(35):21-23.

[17] 张超,徐丹,刘康妮,等.连栋玻璃温室NFT水培生菜栽培技术[J].温室园艺,2022(10):12-15.

[18] 康振宇,张忠义,成铁刚,等.黄瓜集约化穴盘嫁接育苗技术[J].中国农技推广,2017(5):36-37.

[19] 周海霞,李芳霞,吴小波.保护地黄瓜优质安全高效栽培关键技术[J].北方园艺,2020(13):170-173.

[20] 李林芳.马铃薯覆膜种植技术与增产原因探究[J].广东蚕业,2021(5):81-81.

[21] 薄秀娟.马铃薯高产高效种植技术的应用[J].栽培技术,2022(7):45-47.

[22] 庄岩.马铃薯种植管理及病虫害防治技术[J].乡村科技,2022(3):69-71.

[23] 朱振华,刘雨婷,冯岩,等.上海地区早春茬设施樱桃番茄高产栽培技术[J].上海蔬菜,2021(5):29-31.

[24] 邢雪茹.设施番茄无公害栽培技术[J].现代农业,2019(2):6-7.

[25] 高业祥.设施蔬菜的育苗技术[J].园艺与种苗,2019,39(3):24-26,29.

[26] 张桂君,周茜,王清,等.生菜采后保鲜技术研究现状[J].保鲜与加工,2021,21(1):135-140.

[27] 赵根,吴伟丽,陈丽萍,等.生菜的 NFT 工厂化栽培技术[J].农业科技通讯,2016(9):264-265.

[28] 吴萍,张凤兰,余阳俊,等.大白菜精量播种简约化节水种植技术研究与应用[J].中国蔬菜,2021(7):56-61.

[29] 齐红伟,刘正鲁,周俊国,等.生菜植物工厂栽培技术[J].长江蔬菜,2021(1):33-34.

[30] 王瑞,戴润芳.水肥一体化技术在辣椒生产上的应用研究[J].土肥植保,2020(9):138,140.

[31] 王辉.白菜种植技术及病虫害防治策略,世界热带农业信息[J].2022(2):80-81.

[32]徐桂平.白菜种植技术与病虫害防治措施分析[J].农机与农艺,2020(12):64-65.

[33] 匡晓玲.湖南祁东县露地黄花菜有机栽培技术[J].农业工程技术·综合版,2022(6):70-71.

[34] 徐明磊,孙亚楠.温室番茄嫁接栽培技术[J].乡村科技,2021(3):62-63.

[35] 李春.无公害辣椒保护地生产提质增效栽培技术[J].农业科技通讯,2022(6):270-272.

[36] 刘忠巍,孙淑凤,王玉霞,等.香椿芽苗菜生产技术[J].黑龙江农业科学,2011(6):161-162.

[37] 廖晨,彭晓云,谢亮等.植物工厂营养液膜技术管道水培生菜高效栽培及采后处理技术[J].肥料与健康,2021(12):27-31.

[38] 于丽艳,张德全,宋波等.白菜的种植管理方法[J].园艺特产,2019(21):72.

[39] 王同军.芽苗菜生产栽培设施建设技术的研究与应用[J].长江蔬菜,2020(10):16-19.

[40] 郭文场,刘佳贺,李悦.芽苗菜的生产和食用(1)[J].特种经济动植物,2018(11):46-47.

[41] 梅再胜,吕晓妮,黄林平,等.花生芽的两种生产技术[J].科学种养,2017(10):28-29.

[42] 刘宁芳,宋善玲.花生芽苗菜工厂化生产初探[J].南方农业,2019(3):41-42.